I0891729

GÉRAULD DE CORDEMOY

SIX DISCOURS SUR LA DISTINCTION ET L'UNION DU CORPS ET DE L'ÂME

DISCOURS PHYSIQUE DE LA PAROLE

TEXTES CARTÉSIENS EN LANGUE FRANÇAISE

Directeur : Denis MOREAU

Cette série fait partie de la collection « Bibliothèque des textes philosophiques » dirigée par Emmanuel Cattin.

Paru

AMELINE (Claude), *Traité de la volonté* suivi de *L'Art de vivre heureux*, éd. par S. Charles, 2009.

ARNAULD (Antoine), *Des vraies et des fausses idées*, éd. par D. Moreau, 2011.

CORDEMOY (Gérauld de), *Six discours sur l'union et la distinction du corps et de l'âme* suivi de *Discours physique de la parole*, éd. par K. S. Ong Van Cung, 2015.

DUPUY DU GREZ (Bernard), *Traité sur la peinture*, éd. par D. Dauvois, 2011.

LANION (François de), *Méditations sur la métaphysique* suivi de FÉDÉ (René), *Méditations métaphysiques*, éd. par J.-C. Bardout, 2009.

POULAIN DE LA BARRE (François), *De l'égalité des deux sexes. De l'éducation des dames. De l'excellence des hommes*, éd. par M.-F. Pellegrin, 2011.

À paraître

BOSSUET, *De la connaissance de soi-même* suivi du *Traité du libre-arbitre*, éd. par L. Devillairs.

DANIEL (Gabriel), *Voyage du monde de M. Descartes* suivi *de Suite du Voyage du monde de M. Descartes*, éd. par M. Devaux.

DESGABETS (Robert), *Critique de la critique…* suivi *de Traité de l'indéfectibilité des substances*, éd. par E. Faye.

DU ROURE (Jacques), *La philosophie divisée en toutes ses parties* suivi de *Abrégé de la vraie philosophie*, éd. par X. Kieft et J.-C. Bardout.

LA FORGE (Louis de), *Traité de l'esprit de l'homme*, éd. par Ph. Drieux.

LAMY (Bernard), *Entretiens sur les sciences*, éd. par G. Radica.

LAMY (François), *Les premiers éléments des sciences*, éd. par S. Charles.

POISSON (Nicolas), *Commentaires ou Remarques sur la méthode de M. Descartes*, éd. par D. Moreau.

RÉGIS (Sylvain), *Système de philosophie*, éd. par D. Kolesnik-Antoine.

ROHAULT (Jacques), *Entretiens sur la philosophie*, éd. par J. Poulain.

BIBLIOTHÈQUE DES TEXTES PHILOSOPHIQUES

TEXTES CARTÉSIENS

GÉRAULD DE CORDEMOY

SIX DISCOURS SUR LA DISTINCTION ET L'UNION DU CORPS ET DE L'ÂME

DISCOURS PHYSIQUE DE LA PAROLE

Édition, présentation et notes
par
Kim Sang ONG-VAN-CUNG

PARIS
LIBRAIRIE PHILOSOPHIQUE J. VRIN
6, place de la Sorbonne, V^e^

2016

En application du Code de la Propriété Intellectuelle et notamment de ses articles L. 122-4, L. 122-5 et L. 335-2, toute représentation ou reproduction intégrale ou partielle faite sans le consentement de l'auteur ou de ses ayants-droits ou ayants-causes est illicite. Une telle représentation ou reproduction constituerait un délit de contrefaçon, puni de deux ans d'emprisonnement et de 150 000 euros d'amende.

Ne sont autorisées que les copies ou reproductions strictement réservées à l'usage privé du copiste et non destinées à une utilisation collective, ainsi que les analyses et courtes citations, sous réserve que soient indiqués clairement le nom de l'auteur et la source.

© *Librairie Philosophique J. Vrin*, 2016

ISSN 0249-7972

ISBN 978-2-7116-2092-0

Imprimé en France

www.vrin.fr

INTRODUCTION

L'HOMME SELON CORDEMOY

L'homme est l'objet de la philosophie de Cordemoy. Il y est conçu comme un esprit uni au corps, par la correspondance entre les pensées et les mouvements corporels. En se fondant sur la thèse cartésienne de la distinction réelle de l'âme et du corps, la démarche de Cordemoy consiste à analyser le corps et l'âme et à examiner ensuite le rapport de ces « deux ouvrages, dont chacun à part est admirable, et qui font un composé surprenant »[1]. Et si Cordemoy emprunte un certain nombre de thèses à Descartes, l'ordre des questions diffère par rapport à celui des *Méditations métaphysiques*. En effet, dans la métaphysique cartésienne, l'existence de la pensée est la première certitude et le modèle de toute certitude. En outre, le rapport des idées aux choses existantes dont elles sont les idées est rigoureusement thématisé. Enfin, l'union de l'âme et du corps est retrouvée au terme de l'analyse métaphysique. Avec Cordemoy, l'accent est plutôt mis sur la distinction réelle de l'âme et du corps. Il ne développe pas une théorie des idées. Et il souligne, dans un style plus proche de Malebranche que de Descartes, que si l'expérience de la pensée est la preuve que l'existence de l'âme est plus assurée que celle du corps, nous n'avons néanmoins pas une idée claire de l'âme[2].

Chez Descartes en effet, la distinction réelle de l'âme et de corps est une *conclusion* de la métaphysique. L'union est ainsi l'une des trois notions primitives, qui ne peuvent être entendues que par elles-mêmes, car « pour l'âme et le corps ensemble, nous n'avons que celle de leur union, de

1. Voir la Préface des *Six Discours*, p. 77.
2. *Discours physique de la parole,* ajouté à la quatrième édition, ici même, p. 246.

laquelle dépend celle de la force qu'a l'âme de mouvoir le corps, et le corps d'agir sur l'âme, en causant ses sentiments et ses passions »[1]. L'union de l'âme et du corps est une notion primitive ; il s'agit là d'un fait, à savoir que le composé est donné à lui-même, et ce fait n'est pas objet de démonstration. Il s'éprouve dans le sentiment de la douleur ou du plaisir et dans les émotions. L'union est plutôt l'objet d'une expérience, celle de l'action du corps sur l'âme, dans le phénomène passionnel, et celle de l'action de l'âme sur le corps, dans l'exercice de la volonté.

Étant un fait d'expérience, l'union des deux substances distinctes n'est pas, comme telle, difficile à concevoir, au contraire de ce que soutiennent les auteurs du second XVIIe siècle, Spinoza, Malebranche ou Leibniz. Chez Descartes, l'âme humaine est certes une substance immatérielle, indivisible et inétendue, et le corps humain, une substance ou plutôt un mode de la substance étendue[2], qui est matériel, étendu et divisible. Mais « les choses qui appartiennent à l'union de l'âme et du corps, ne se connaissent qu'obscurément par l'entendement seul, ni même par l'entendement aidé de l'imagination ; mais elles se connaissent très clairement par les sens »[3]. Ce que souligne Descartes, c'est que, n'étant pas du conseil de Dieu, il est au-delà de notre pouvoir de connaître quelles fins a eues Dieu en unissant substantiellement l'âme et le corps, dans la création de l'homme. Et ce que l'esprit n'est pas capable de concevoir clairement, c'est la distinction *et à la fois* l'union de l'âme et du corps. Car cela signifierait les penser *à la fois* comme deux choses réellement différentes et comme une seule et même chose.

Pour envisager véritablement l'union de l'âme et du corps, il suffit néanmoins d'avoir les raisons métaphysiques qui prouvent la distinction de l'âme et du corps présentes à l'esprit, à l'arrière-plan de nos recherches anthropologiques. Si l'on veut envisager l'union de l'âme et du corps de façon véridique, il ne s'agit pas d'oublier complètement les raisons métaphysiques qui permettent de conclure que l'âme est réellement distincte du

1. Descartes, *Lettre à Elisabeth,* 21 mai 1643, dans l'édition Adam et Tannery des *Œuvres de Descartes*, en 11 volumes, Paris, Vrin-CNRS, 1964-1974, (noté AT, suivi du n° de volume en chiffre romain, et de la page en chiffre arabe), AT, III, 665. Nous donnons parfois la traduction de certains textes dans l'édition de F. Alquié des *Œuvres philosophiques* de Descartes, en trois volumes, Garnier, 1973, (notée FA, numéro du volume, et page).

2. « Le corps en général, est une substance, c'est pourquoi aussi il ne périt point ; mais [...] le corps humain, en tant qu'il diffère des autres corps, n'est formé et composé que d'une certaine configuration de membres, et d'autres semblables accidents » (*Abrégé des Méditations suivantes,* AT, IX, 10 ; en latin, VII, 14, l. 5-9).

3. *Lettre à Élisabeth,* 28 juin 1643, AT, III, 691-692.

corps. Car, en s'en souvenant comme de conclusions, on peut se représenter véridiquement leur union dont la notion n'est pas différente de « celle que chacun éprouve en soi-même sans philosopher ; à savoir, qu'il est une seule personne, qui a ensemble un corps et une pensée, lesquels sont de telle nature que cette pensée peut mouvoir le corps, et sentir les accidents qui lui arrivent »[1].

Descartes fournit une explication de la difficulté à se représenter la distinction et ensemble l'union de l'âme et du corps, qui est liée au bon usage de nos facultés. La distinction réelle de l'âme et du corps est posée grâce à une abstraction de l'entendement et elle doit être connue pour éviter les confusions dans les sciences, comme de se représenter par imagination l'esprit, l'étendue ou Dieu[2]. Mais si la distinction réelle de l'âme et du corps est justifiée théoriquement, comme condition « transcendantale » de la connaissance des choses, l'union est avérée pratiquement. Ce serait une erreur et un contresens de considérer la distinction réelle de l'âme et du corps comme réalisée existentiellement et dans la pratique. Si chacun éprouve toujours en soi-même, sans philosopher, l'union de l'âme et du corps, c'est qu'elle est une notion primitive. Elle est une notion qui n'est pas déduite et elle rend compte du fait que nous nous sentons exister comme *une* personne.

Cordemoy part de la distinction réelle de l'âme et du corps et bien qu'il n'utilise pas le terme d'occasionnalisme, on admet généralement qu'il participe à son élaboration. Cependant, ce qui inaugure la réflexion occasionnaliste ne réside pas seulement dans un effort pour résoudre un problème, prétendument posé par Descartes – celui de la relation de l'âme et du corps – mais avant tout dans une révision critique de la notion de cause. L'occasionnalisme consiste en effet en une explication de la nature de la cause du mouvement des corps, selon laquelle Dieu seul cause ce mouvement. Il s'agit d'une thèse sur la nature physique et métaphysique de la causalité. Les corps n'ont pas de mouvement par soi, mais par Dieu. Et la volonté n'est pas non plus la cause du mouvement de notre corps, comme on le voit par expérience, puisque beaucoup de nos mouvements échappent à notre volonté. Pour Cordemoy, l'occasionnalisme constitue une réponse à ce qui est pour nombre de lecteurs de Descartes *le problème* de l'anthropologie cartésienne. Ils se demandent en effet comment la distinction réelle de l'âme et du corps peut être réconciliée avec l'union substantielle qui caractérise la personne humaine. Et comment l'âme, qui est une substance

1. *Ibid.*, AT, III, 694.
2. *Ibid.*, AT, III, 693-694.

hétérogène à la substance étendue, peut-elle causer le mouvement dans les corps ? Autrement dit, comment deux substances opposées peuvent-elles interagir l'une sur l'autre ? Ce questionnement indique que l'union de l'âme et du corps n'est pas du tout conçue par les successeurs de Descartes comme une notion primitive. Et c'est à partir du problème de la relation de l'esprit au corps que se développent, au second XVIIe siècle, différentes explications *générales* des relations causales dans la nature : l'occasionnalisme de Malebranche, l'harmonie préétablie de Leibniz, ou l'égalité des attributs Pensée et Étendue dans l'unique Substance selon Spinoza.

Certaines raisons historiques, et aussi philosophiques, expliquent que Cordemoy, qui se considère comme pleinement cartésien, se sépare pourtant de Descartes sur des points d'importance, pour adopter la thèse atomiste et développer une conception de la causalité caractéristique de l'occasionalisme.

On assiste au XVIIe siècle à un renouveau de l'atomisme. Gassendi publie, en 1649, les *Animadversiones in Decimum Librum Diogenes Laertii,* et les *Syntagma Philosophicum* en 1658, si bien que, vers la moitié du siècle, l'atomisme est établi comme une importante école de pensée, non seulement dans les librairies, mais dans les cercles informels où les tenants de la nouvelle philosophie naturelle échangent leurs idées. Pour les atomistes, anciens et modernes, les atomes sont des corps insensibles, indivisibles, et entre ces corps indivisibles, il y a le vide, un espace dépourvu de tout corps. Les atomistes anciens, et les modernes qui les suivent, partagent avec Descartes le souci d'expliquer le comportement des corps par la grandeur, la figure et le mouvement des petites particules. Les qualités sensibles des corps sont expliquées par des corps plus petits et imperceptibles, de figures et de grandeurs différentes, qui manquent des propriétés sensibles (la couleur, la saveur, le froid etc.) qu'ils sont supposés expliquer.

Il est utile de rappeler que Descartes a été mis en contact avec l'hypothèse atomiste dès 1618, par le biais d'Isaac Beeckman, qui était lui-même atomiste, et que le jeune Descartes a soutenu un temps la thèse atomiste. Mais déjà, la *Regula* XIV, qui est certes une élaboration tardive du texte des *Regulæ*, assimile le corps et l'espace et paraît impliquer le rejet des corps indivisibles. En tous les cas, il est clair que, dès 1630, la conception de Descartes est fermement anti-atomiste. Descartes explique la condensation et la raréfaction sans avoir recours à l'atomisme. Ainsi, « ces petits corps qui entrent lorsqu'une chose se raréfie, et qui sortent lorsqu'elle se condense, et qui passent au travers des choses les plus dures, sont de même substance que ceux qui se voient et qui se touchent ; mais il ne les faut pas imaginer comme des atomes, ni comme s'ils avaient quelque dureté, mais comme une substance extrêmement fluide et subtile, qui remplit les pores des autres corps »[1].

L'occasionnalisme occupe pour sa part une place centrale dans la métaphysique du second XVIIe siècle. Il est soutenu par Clauberg, Clerselier, La Forge, Cordemoy lui-même et par Geulincx, et il est développé systématiquement par Malebranche. Dans cette conception, les changements que produit un corps sur un autre quand il le percute, ou bien ceux qu'un corps peut causer en un esprit à l'occasion de la sensation, ou encore ceux qu'un esprit peut causer en un corps par une action volontaire, sont en réalité directement le fait de Dieu. Dieu produit les sensations dans l'esprit à l'occasion d'événements corporels appropriés à cet effet, et il cause aussi les mouvements volontaires. Dieu est la cause réelle du mouvement de mon bras quand je décide de le lever, mon acte de volonté n'en est que l'occasion. L'occasionalisme soutient donc que toute créature finie est causalement impuissante, et que seule la substance infinie, Dieu, exerce la véritable efficace causale dans la nature. Les choses finies ne sont pas les vraies causes, mais seulement les occasions, ou les causes occasionnelles, qui se prêtent à l'exercice de la toute-puissance divine ou de sa causalité efficiente. Les lois de la nature, instituées par Dieu, ont pour finalité de gouverner les relations entre la cause efficiente et les causes occasionnelles qui se prêtent à son activité. Cette doctrine constitue une réponse au problème du rapport de l'esprit au corps évoqué plus haut, mais il faut souligner qu'elle a en réalité pour vocation d'être une doctrine générale de la causalité – physique et métaphysique – qui résout la question de savoir si la création continuée des substances par Dieu est compatible avec une reconnaissance de l'efficace des causes naturelles, ou des causes secondes.

Pour comprendre le mouvement des idées qui, au second XVIIe siècle, met l'occasionnalisme et l'atomisme au cœur des débats métaphysiques, physiques et anthropologiques, il faut savoir que pour la génération des cartésiens de ce siècle, la réception du cartésianisme passe par la lecture du *Traité de l'homme* et du *Monde*. En 1664, quatorze ans après la mort de Descartes, avant que Cordemoy ne publie, en 1666, *Le Discernement du Corps et de l'Âme en six Discours pour servir à l'éclaircissement de la physique*[2], Clerselier donne une édition du *Traité de l'homme* de Descartes, rédigé vers 1632-1633, avec des notes de Louis de La Forge qui,

1. *Lettre à Mersenne*, avril 1630, AT, I, 139-140.

2. Dans l'édition des *Œuvres complètes de Cordemoy*, par son fils Louis-Gérauld, en 1704, le titre sera modifié en *Six Discours sur la Distinction et l'union du corps et de l'âme*.

le premier, thématise le terme cartésien d'« occasion » dans les termes de l'occasionalisme.

Descartes, partant de la distinction réelle de l'âme et du corps, se propose, dans le *Traité de l'homme,* de décrire le corps d'un côté, puis l'âme. Il devait traiter ensuite de leur union, mais son ouvrage est resté inachevé. *L'Homme,* tel que Descartes l'a laissé, est une description du corps humain, supposé tout formé, et de son fonctionnement comme celui d'une « machine » qui se meut et réagit aux excitations externes sans avoir besoin de l'âme. Si l'ouvrage annonce que l'âme sera jointe à ce corps, le texte s'interrompt avant qu'il « ne passe à la description de l'âme raisonnable » (AT XI, 200). Les disciples de Descartes ont donc composé ce qui leur semblait devoir constituer l'achèvement de ce traité. Ils proposent des solutions aux problèmes majeurs de la doctrine de Descartes, en s'efforçant autant que possible d'être en accord avec ses textes, et du moins avec l'esprit du cartésianisme dont ils se voulaient les héritiers.

En cette année 1664, *Le Monde,* texte lui aussi inachevé, est également publié, à part du *Traité de l'homme.* Les deux volets de ce que Descartes a envisagé comme un seul et unique ouvrage[1] subsistent comme deux fragments séparés, l'un qui concerne la nature inorganique et l'autre la description de l'homme. Dans *Le Monde,* l'explication du mécanisme qui gouverne la physique est mise en place à partir d'une genèse idéale, dans laquelle les différents éléments se différencient progressivement, grâce aux lois du mouvement, qui distinguent des configurations plus ou moins stables des parties élémentaires de la matière. Cette même année, Cordemoy publie un *Discours sur l'Action des corps* qui est un échantillon de l'ouvrage plus vaste qu'il publiera en 1666. Et cette première œuvre de Cordemoy est proposée dans le cadre de l'édition du *Monde* de Descartes. Elle est en effet insérée dans le même volume qui comprenait aussi un

1. Dans la cinquième partie du *Discours de la méthode,* Descartes fournit un résumé du grand ouvrage resté inédit, comprenant à la fois *Le Monde* et *L'Homme,* où il explique qu'il passait de la description des corps inanimés et des plantes à celle des animaux et de l'homme (AT,VI, 45). « J'avais décrit après cela l'âme raisonnable, et montré comment il ne suffit pas qu'elle soit logée dans le corps humain ainsi qu'un pilote en son navire, sinon peut-être pour mouvoir ses membres, mais qu'il est besoin qu'elle soit jointe et unie plus étroitement avec lui, pour avoir, outre cela, des sentiments et des appétits semblables aux nôtres, et ainsi composer un vrai homme » (*ibid.*, p. 59). Il est probable que Descartes résume ce qu'on aurait dû trouver dans ce grand ouvrage et qu'on ne trouve pas à cette époque, ni à la publication des *Principes* en 1644, où dans la partie IV, art. 188, il avoue n'avoir pas pu « faute d'expériences et de loisir » rédiger ces textes sur les plantes et les animaux qui devaient précéder la description de l'homme.

troisième texte sur les fièvres, rédigé par Rohault. Comme on le voit, la configuration des textes cartésiens, dans laquelle Cordemoy inscrit sa réflexion, comprend *Le Monde* et le *Traité de l'homme,* considérés comme deux fragments épars d'un unique Livre qui n'a jamais été publié par Descartes dans son intégralité.

Cordemoy envisage sa propre philosophie comme un discours de physique, qui relève du champ de l'explication mécanique, laquelle repose en dernier ressort sur la distinction réelle de l'âme et du corps. Son intention est de développer ce discours physique dans le cadre d'une description de l'homme et d'introduire les développements métaphysiques, théologiques et éthiques, qui constituent l'horizon véritable de la connaissance de l'homme. Le *Discours Physique de la Parole* de 1668, souvent considéré comme le *Septième Discours*, fournit alors une conception de la nature du composé humain, de la communication entre l'âme et le corps et entre les êtres humains, et entre les purs esprits. La réflexion sur le langage, dont les analyses se déploient à la fois dans la dimension physiologique et dans l'ordre de la signification, permet de discerner « le domaine propre de l'homme » [1]. La distinction entre signes naturels et signes artificiels, la méditation sur l'éloquence et sa vérité, et en général la mise en valeur de l'affectivité raisonnable, caractérisent le langage humain.

Dans la présente introduction, nous nous arrêterons brièvement sur certains éléments biographiques. L'édition de Pierre Clair et François Girbal fournit une introduction biobibliographique conséquente, et des ouvrages classiques, donnés en bibliographie, situent l'homme et le philosophe Cordemoy dans son siècle. Les traits importants de l'œuvre de Cordemoy – l'atomisme, l'occasionalisme, et le langage comme signe de la raison humaine – sont les trois objets principaux de notre présente introduction. Nous demanderons en quoi l'atomisme, et l'occasionalisme sur lequel il repose, permettent à Cordemoy de rendre compte de l'individualité des corps, puis en quel sens l'analyse du langage illustre l'unité propre de l'homme, comme union du corps et de l'âme. Nous suivrons ces deux enjeux, parce que la question de l'individu, et au-delà celle de l'homme, est le cœur de la philosophie de Cordemoy.

1. Voir Geneviève Rodis-Lewis, *L'Anthropologie cartésienne, Paris,* P.U.F., 1990.

CORDEMOY, UN « AVOCAT PHILOSOPHE »[1]

Gérauld de Cordemoy est né à Paris le 6 octobre 1626. Il est le fils de Gérauld de Cordemoy, né en 1591, bourgeois de Paris, titulaire d'un diplôme de maître ès-arts, qui fut précepteur et professeur de langues. La formation du père de Cordemoy a peut-être été un terreau fertile pour sa propre vocation. On ne sait, à vrai dire, pas grand-chose de l'enfance ni de l'adolescence de Cordemoy. On sait que Cordemoy épouse Marie de Chézelles dont il a quatre enfants ; l'aîné Louis-Gérauld naît le 7 décembre 1651 à Paris, c'est lui qui donne en 1704 l'édition des *Œuvres de Feu Monsieur Cordemoy, Conseiller du Roy, Lecteur ordinaire de Monseigneur le Dauphin, de l'Académie Françoise,* avec Privilège du Roy, à Paris, chez Christophe Rémy.

Cordemoy embrasse la carrière d'avocat à titre de charge honorifique plutôt que par vocation, mais avec un goût néanmoins très manifeste pour la rhétorique et l'éloquence et avec le souci de la vérité qui font selon lui la valeur de l'exercice des fonctions juridiques. Ses véritables intérêts intellectuels se trouvent du côté de la philosophie cartésienne. Il fréquente assidûment les cercles cartésiens, où la philosophie de Descartes, dans sa dimension scientifique et métaphysique, fait l'objet d'exposés et de discussions. La plupart des positions opposées au cartésianisme y sont minutieusement examinées, celles d'Aristote et des Écoles, de Lulle, Paracelse, Gassendi ou encore de Hobbes. Cordemoy a assisté, dès 1657, aux conférences du Père Maignan, un théologien « cartésianisant » qui réfléchit sur la notion de création continuée. Le Père Maignan critique la causalité communément attribuée aux créatures et il préfère parler de concours divin. Ce sont là les premiers germes de l'occasionalisme où Cordemoy a pu puiser certains arguments pour développer par la suite sa conception. Cordemoy prend aussi part aux travaux de l'Académie de l'abbé Bourdelot, qui a été parrainée à sa naissance par le prince de Condé.

1. On trouve des exposés sur la vie et l'œuvre de Cordemoy dans J. Prost, *Essai sur l'atomisme et l'occasionalisme dans la philosophie cartésienne,* Paris, H. Paulin, 1907 ; A. G. Balz, *Cartesian studies,* New York, Columbia University Press, 1951, p. 3-27 ; G. Boas, « Cordemoy and Malebranche » dans *Dominant Themes of Modern Philosophy. A history,* New York, The Ronald Press Co., 1957 ; Gérauld de Cordemoy (1626-1684), *Œuvres philosophiques,* avec une Étude bio-bibliographique, édition critique par Pierre Clair et François Girbal, (volume 6 dans la collection « Le Mouvement des idées au XVIIe siècle », dir. par André Robinet), Paris, P.U.F., 1968 ; et J.-F. Battail, *L'Avocat, philosophe Géraud de Cordemoy* (1626-1684), La Haye, Martin Nijhoff, 1973. C'est à ce dernier ouvrage que nous empruntons le titre de ce paragraphe et la majorité de notre information.

Il participe également à celle de Monmort. Dans cette société de cartésiens, on trouve des jésuites, des médecins célèbres, membres de l'Académie royale, tels Pequet, Mariotte ou Roberval, et des philosophes et savants, tels de Launoy, Rohault, Clerselier et Mersenne. Gassendi, Pascal y participèrent aussi. Dans ces cercles, on se préoccupait beaucoup de sciences et en particulier de physique. C'est donc de cette manière que Cordemoy se forme à la philosophie cartésienne. Et dès 1658-1659, il partage ses propres opinions sur l'union de l'âme et du corps en proposant à ses amis un discours sur l'occasionalisme, qui deviendra le cinquième *Discours* du *Discernement de l'âme et du corps.*

Cordemoy commence à publier dans ce registre de la philosophie cartésienne en 1664, mais les années fécondes sont 1666 à 1668. Dans ses *Mémoires pour servir à l'histoire des hommes illustres,* Nicéron fournit, à propos du *Discernement du corps et de l'âme,* le commentaire suivant: « l'auteur suit ici les principes de Descartes auquel cependant il ne s'attache point de telle sorte qu'il ne s'en éloigne en quelques endroits. Du reste, il s'exprime avec beaucoup d'élégance et de netteté » (tome 37, p. 45, éd. Paris, 1735, cité par J.-F. Battail, *op. cit.,* p. 14). Cordemoy est donc parfaitement intégré à cette communauté de cartésiens qui perpétuent et développent les idées de Descartes. Il participe ainsi, le 24 juin 1667, à la cérémonie religieuse à la mémoire de Descartes en l'église Sainte Geneviève.

Cependant les thèses de Cordemoy sont loin d'être unanimement acceptées par les cartésiens. Sa physique est contestée. Rohault refuse d'admettre le vide, Régis, l'atomisme. Mais la réaction la plus véhémente vient de Desgabets qui, dans une lettre à Clerselier, expose les raisons de son rejet de l'atomisme de Cordemoy hors de l'« orthodoxie » cartésienne. Nous la détaillons dans l'annotation du *Premier Discours.* À ses yeux Cordemoy a abandonné un bastion du cartésianisme, celui de l'étendue comme substance, et ainsi il offre un soutien à la position des gassendistes. À vrai dire les deux atomismes concernés sont différents ; l'atomisme est à caractère empiriste chez Gassendi, et rationaliste de part en part chez Cordemoy qui se méfie des sens et qui considère la physique comme une discipline rationnelle, ou si l'on veut, *a priori*.

En 1667, l'année du transfert des cendres de Descartes à Paris, Cordemoy rédige le 5 novembre une lettre au P. Cossart, jésuite, pour défendre la philosophie cartésienne. Le texte est intitulé *Copie d'une Lettre Écrite à un sçavant Religieux de la Compagnie de Jésus pour montrer* 1) *Que le Système de M. des Cartes et son opinion touchant les bestes, n'ont rien de dangereux.* 2) *Et que tout ce qu'il en a écrit, semble estre tiré du premier Chapitre de la Genèse*. Cette Lettre est publiée en 1668, puis sous le pseudonyme de Desfournelles, avocat à Paris, en 1669. En 1668, Cordemoy publie le second ouvrage que nous proposons au lecteur, *Un Discours physique de la parole,* sur le langage comme prérogative humaine. C'est ce texte dont certaines parties sont raillées dans le *Bourgeois Gentilhomme* (1670) de Molière (Acte II, scène IV).

On peut se demander quel est précisément l'objet des moqueries de Molière. Est-ce la platitude des descriptions de Cordemoy ? Est-ce l'aspect inutilement technique, la pédanterie et l'esprit de sérieux, d'un savoir philosophique qui paraît tenir de la lapalissade en se contentant de décrire ce que chacun fait facilement ? Mais ces descriptions sont loin d'être inutiles. En effet le savoir dont Cordemoy se fait le porte-parole, celui du mathématicien Wallis, auquel il emprunte une part de sa classification des voyelles et des consonnes, et ensuite la réflexion sur le langage de Bernard Lamy, qui est en partie inspirée de Wallis et de Cordemoy, ont ouvert l'espace théorique nécessaire à une théorisation et à une pratique de la rééducation des muets [1]. En outre, la description phonologique est la base de la phonétique historique [2]. Et, en définitive, ainsi que l'écrit Geneviève Rodis-Lewis : « Molière a donc tort de s'en moquer : certes son "Bourgeois" est "ridicule" de traiter "sa servante d'ignorante, parce qu'elle ne sait pas ce qu'elle fait quand elle prononce un U", tel "qui croirait ne pouvoir manger" s'il ignore l'anatomie et les secrets de la digestion.

1. Bernard Lamy est un oratorien, ami de Malebranche, à ne pas confondre avec un autre de ses amis, le bénédictin François Lamy. Dans *La Rhétorique ou l'art de parler,* (éd. de 1678, référée à la 4e éd. augmentée, avec une Lettre du R. P. Mascaron au P. Lamy, prêtre de l'Oratoire, Paris, F. & P. Delaulne, in-12, 1715), Lamy écrit, à propos de Wallis, et dans la foulée de son enthousiasme pour la lecture de Amman : « Cet admirable maître des muets […] forme avec ses mains dans leurs organes la disposition qui est nécessaire pour prononcer chaque lettre. Il presse leurs lèvres l'une contre l'autre, et il les sépare ; il leur fait étendre la langue, ou la replier, l'enfler selon que cela est nécessaire. Dans les lettres à la prononciation desquelles le nez contribue, il leur presse cette partie de la manière qui convient » (Livre III, chap. I, p. 193). Aussi ne doit-on « plus mépriser une recherche qui a appris le secret de faire parler les muets » (p. 196). Voir aussi les éditions critiques de cet ouvrage de Lamy établies par B. Timmerman, Paris, P.U.F., 1998 et C. Noille-Clauzade, Paris, Champion, 1998.

2. Bernard Lamy remarque, dès 1675, que « ceux qui recherchent l'étymologie ou l'origine des nouvelles langues, pour faire comprendre comment elles viennent des anciennes, ont soin de rapporter quelles ont été les différentes manières de prononcer en différents temps, et comment par ces différentes manières les mots ont été changés de telle sorte qu'ils paraissent tout autres qu'ils n'étaient dans leur première origine » (Livre I, chap. XV, p. 82-83, provenant de l'appendice de 1675).

La valeur scientifique des descriptions phonétiques échappe aux rires, et leur portée est non seulement thérapeutique, mais spéculative »[1].

Un autre aspect de l'œuvre de Cordemoy est constitué par un écrit politique publié aussi en 1668 et intitulé *De la Réformation d'un Etat,* dont le sous-titre est *Que la Réformation d'un Etat dépend de l'éducation des enfants ; et comment il faut les élever,* qui, sous forme d'épître, propose le récit d'un songe à son ami Fleury. On trouve en outre dans l'édition de 1704 deux petits *Traités de métaphysique,* qui ont bien des affinités avec les grandes œuvres de Malebranche, et que J.-F. Battail incline à dater entre fin 1668 et 1670. Ils développent succinctement les points suivants 1) Ce qui fait le bonheur et le malheur des esprits ; 2) Que Dieu fait tout ce qu'il y a de réel dans nos actions sans nous ôter la liberté ; 3) Des sensations, qui regardent le corps ; et d'où vient que l'âme confond ces sensations avec leurs objets. L'objet essentiel de ces petits textes est de montrer respectivement la part de Dieu et la part de l'homme dans *nos* pensées et *nos* volitions.

L'amitié de Cordemoy avec Bossuet est à l'origine de nombreux changements dans la vie de Cordemoy. Il rencontra Bossuet le 22 octobre 1668 au Châtelet, où André d'Ormesson prononçait un discours ; il devait avoir lu les ouvrages de Cordemoy dès leur parution, puisqu'il émet certaines réserves à leur sujet dans son *Traité sur le libre-arbitre*. Nommé en 1670 précepteur du Dauphin, il confie en 1673 à Cordemoy la place de lecteur ordinaire du Dauphin. Bossuet entretient une cour au sein même de la cour du roi Louis XIV, jusqu'en 1682. Ce petit groupe de philosophes (Cordemoy et son ami Fleury, Pélisson, l'abbé Renaudot, l'abbé Saint Luc, La Bruyère, l'abbé de Longuerne, et plus tard Fénelon), à la vocation quasi encyclopédique, se réunissait ainsi à Saint-Germain, ou à Versailles.

Bossuet incita Cordemoy à écrire une histoire de France à des fins pédagogiques, afin d'instruire le Dauphin. Il s'y consacra jusqu'à sa mort, en 1684. L'histoire de la monarchie que Cordemoy rédigea s'interrompt au règne de Charlemagne. Il écrivit en outre différents petits traités, dont des observations sur l'histoire et sur son usage dans l'éducation des princes.

Grâce aux appuis de Bossuet, et en dépit d'intrigues, Cordemoy fut élu à l'Académie française en 1675.

Pour Cordemoy, la philosophie est la discipline du discernement de chaque chose, comme principe pour un raisonnement sans préjugés. Mais

1. Voir G. Rodis-Lewis, « Un Théoricien du langage au XVIIe siècle : Bernard Lamy », repris dans *L'Anthropologie cartésienne,* Paris, P.U.F., 1990, ici p. 267-268.

il la considère en outre comme une discipline qui n'a pas sa fin en elle-même et se justifie plutôt par une dimension pratique, en particulier par sa finalité politique qui consiste à former des citoyens. Comme il l'écrit dans le *Discernement,* il convient de s'y adonner et de « la posséder assez pour qu'on puisse en faire un divertissement, mais se garder de préférer ce divertissement au service qu'on peut rendre à sa famille, à son pays » [1]. C'est ce qui explique qu'il ait consacré après 1668 la majorité de ses réflexions à des sujets de philosophie politique, à l'éducation et à l'histoire.

Son œuvre philosophique a été l'objet d'un intérêt, et d'une considération remarquable, de la part des philosophes qui marquèrent le second XVIIe siècle. Cordemoy a rencontré Leibniz durant le séjour de ce dernier à Paris entre 1672-1674, et le même Leibniz évoque, dans une lettre à Bossuet de 1679, leur rencontre chez le duc de Chevreuse. Cordemoy a lu et apprécié la *Recherche de la Vérité,* et Malebranche a lu Cordemoy, son aîné, il a accepté certaines de ses thèses et en a rejeté d'autres.

L'ATOMISME ET LA PHILOSOPHIE CARTÉSIENNE

Cordemoy considère que l'étendue et le mouvement ne peuvent pas fournir un principe d'individuation suffisant pour envisager les corps comme de véritables *substances étendues*. C'est dans le *Premier Discours – Des Corps et de la matière –* des *Six Discours sur la distinction et l'union du corps et de l'âme* qu'il présente et justifie l'hypothèse atomiste en physique. Cette dernière rend compte de la nature de la matière. Grâce aux corps qui sont, selon Cordemoy, des substances étendues, on dispose d'un principe d'individuation de la matière, ou du moins d'un principe de composition différenciée des portions de matière, susceptible d'expliquer la nature et le mouvement de la matière inanimée, et d'éclairer, mieux que ne l'a fait Descartes, la nature et le mouvement de la matière vivante. La question de l'individualité corporelle est centrale pour Cordemoy. La notion d'individu ou d'indivisible, au sens étymologique d'*individuus,* permet à Cordemoy de caractériser la substance de manière péripatéticienne, et cette redéfinition nous donne l'occasion d'envisager dans un contexte doctrinal précis le statut problématique de la substance étendue chez Descartes.

1. Voir la « Préface » de cet ouvrage.

Cordemoy refuse en effet l'identification cartésienne du corps et de l'étendue [1], laquelle implique l'affirmation de la divisibilité à l'infini de l'étendue et le refus de l'atomisme. En accord avec la conception péripatéticienne de la substance, entendue comme individu, comme *atomon,* Cordemoy soutient que si, selon Descartes, les corps sont de véritables substances étendues, ils sont, contrairement à ce que son illustre prédécesseur affirme, nécessairement indivisibles. Et Cordemoy retourne contre Descartes l'accusation de s'être fié plus à ses sens qu'à sa raison. En effet, « parce que tout ce que nous voyons ainsi étendu est divisible, nous joignons tellement la notion de ce qui est étendu, à la notion de ce qui est divisible, que nous croyons divisible tout ce qui est étendu » (*supra*, p. 85). En se fondant sur le témoignage des sens, « matière » et « corps » sont pris pour des synonymes. Mais, comme la raison a une plus grande autorité que les sens dans la philosophie de la nature, ce n'est pas l'examen de la matière par les sens, mais, comme l'explique Descartes, une « inspection de l'esprit », qui permet d'en connaître la nature.

La nature de la matière s'explique à partir d'éléments constitutifs – les corps, « *substances étendues* », qui sont « plusieurs » ; leur étendue se termine à qu'on nomme leur figure. Une substance ne pouvant pas, par essence, être divisée, les corps sont indivisibles et leur figure est invariable. Le fait que ces corps insensibles soient continus les rend impénétrables : tout atome exclut tout autre atome. Cordemoy ne fait, comme on le voit, aucune référence à l'expérience sensible ; chaque atome pris individuellement est trop petit pour affecter nos sens, mais « toutes leurs étendues paraissent dans une masse, comme si ce n'était qu'une même étendue » (p. 84). Si l'on considère, comme Descartes, que l'étendue est divisible, c'est qu'on étend indûment ce que nous savons de la matière aux propriétés des corps. Or la matière n'est qu'un assemblage de corps. On conçoit dès lors clairement qu'il faut un grand nombre d'atomes pour faire la moindre portion de matière sensible. Chaque corps en est une partie et chaque assemblage de corps est considéré comme une portion : on a affaire à un tas si elles demeurent sans liaison mutuelle, à des liqueurs si elles coulent les unes entre les autres, et à des masses si elles sont accrochées ensemble.

La différence entre corps et matière est radicalement mise en relief et elle oblige à distinguer entre « étendue » et « quantité ». L'étendue est ce

1. Voir Descartes, *Principes de la philosophie,* II, art. 4, AT, IX-2, 65 : « La nature de la matière, ou du corps pris en général, ne consiste point en ce qu'il est une chose dure, ou pesante, ou colorée, ou qui touche nos sens de quelque autre façon, mais seulement en ce qu'il est une substance étendue en longueur, largeur et profondeur ».

qui convient au corps, et au corps seul. Quant à la quantité, c'est-à-dire au nombre plus ou moins élevé de corps dans les tas, les liqueurs et les masses, elle est une propriété de la matière. « Ainsi, chaque corps n'est point une quantité, quoi qu'il soit une partie de la quantité, comme l'unité n'est pas un nombre, quoi qu'elle fasse partie du nombre » (p. 90).

Aristote considérait que la quantité est un prédicat de la substance composée et qu'elle se rapporte à la substance qui est la première catégorie, de même que les autres catégories (la qualité, le lieu, le temps, la passion, l'action, etc.) se disent de la substance. À la question « qu'est-ce que c'est ? », on répond « une substance », et c'est à partir de la prédication essentielle qu'il est possible de connoter la substance individuelle comme ayant telle quantité, telle qualité, telle relation à telle autre substance, etc. Or Descartes a réduit la catégorie de la quantité à l'étendue en longueur, largeur et profondeur. L'étendue et ses modes – la grandeur, la figure et le mouvement – constituent, selon lui, l'essence des corps [1]. Ainsi, fort de l'identification cartésienne de la substance matérielle à l'étendue, Cordemoy utilise la catégorie aristotélicienne de « quantité » pour caractériser une portion de matière et la densité des corps qui la composent. Car prêter l'étendue à la matière, comme le fait Descartes, c'est aux yeux de Cordemoy confondre le corps et la matière : toute masse, ou toute quantité de matière, est un amas de substances, et pas une substance. Elle ne paraît avoir d'étendue que parce que chacun des corps composants en a une. On peut dès lors appeler « matière première » un assemblage de corps, et « matière seconde », l'assemblage de plusieurs portions de même nature.

C'est donc correctement que nous appelons « corps » ce qui ne peut pas se diviser. Et nous parlons à bon droit de notre « corps », car bien qu'il se ramène à un amas d'un nombre considérable de petits corps, et qu'il soit de la matière, ses parties concourent à un même tout, pour lequel porter atteinte à un élément, c'est léser l'ensemble. Cordemoy justifie sa conception du corps par l'explication de l'usage juridique du mot. Le corps dont parlent les jurisconsultes désigne en effet ce qu'on ne peut diviser sans le détruire (un cheval, un esclave), alors qu'une quantité n'est qu'un amas

1. Voir *Le Monde*, chap. VI, AT, XI, 35-36 : « Si je ne me trompe, toute la difficulté qu'ils [les disciples des écoles] éprouvent en la leur [conception de la matière] ne vient que de ce qu'ils veulent la distinguer de sa propre quantité et de son étendue extérieure, c'est-à-dire de la propriété qu'elle a d'occuper de l'espace… Mais ils ne doivent pas aussi trouver étrange si je suppose que la quantité de la matière que j'ai décrite ne diffère non plus de sa substance que le nombre fait des choses nombrées, et si je conçois son étendue ou la propriété qu'elle a d'occuper de l'espace non point comme un accident, mais comme sa vraie forme et son essence ».

de choses qui subsistent sans dépendance les unes des autres (le vin, l'huile...): «dans toutes les rencontres où l'on voit de la matière, dont l'arrangement doit nécessairement produire un certain effet qui serait détruit si cet arrangement l'était par la division des parties de cette matière, on lui donne le nom de corps, parce qu'on la regarde comme indivisible» (p. 89).

Pour quelle raison Cordemoy est-il amené à se ranger aux thèses atomistes, pourtant récusées par Descartes ? On peut s'interroger en effet sur ce qui, dans le cartésianisme, a favorisé la thèse atomiste que soutient Cordemoy, alors qu'elle est très clairement critiquée par Descartes dans *Le Monde,* dans *Les Principes de la philosophie,* et à plusieurs endroits de la Correspondance [1]. Dans le *Monde,* la conception cartésienne de la matière étendue implique la divisibilité infinie, ou plutôt indéfinie [2], des corps, et sans se ranger à l'horreur du vide des péripatéticiens, Descartes soutient son impossibilité [3]. Quel est le principe de la récusation cartésienne de l'atomisme, que Cordemoy est amené à renverser? Le cœur du litige repose sur la conception cartésienne de la substance étendue, et sur sa capacité à rendre compte de l'individualité, ou de la substantialité, des corps. La confusion des corps et de la matière, que Cordemoy impute à Descartes, prend sens dans le contexte général du problème de l'individualité corporelle dans le cartésianisme. Descartes a laissé sans solution une question essentielle : la matière forme-t-elle une substance unique, position qui préfigurerait le spinozisme, ou bien les choses matérielles sont-elles autant de substances ?

L'argument principal du rejet cartésien de l'atomisme repose sur la nature corporelle étendue en longueur, largeur et profondeur [4], de sorte «qu'il ne peut y avoir des atomes, ou des parties de corps qui soient

1. *Lettre à Mersenne,* avril 1630, AT, I, 139-140. On trouve à plusieurs endroits le rejet des atomes, par ex. dans les *Lettres à Morus* de 1649, 5 février 1649, AT,V, 273-274, 15 avril 1649, AT, V, 341-342, pour la traduction, voir FA, III, 875-877, et 906-909 ; mais dès 1630, la position cartésienne est fixée, et on la retrouve dans *Le Monde* (1633), *Les Météores* (1637), AT,VI, 238-239, dans les *Responsiones,* AT, VII, 85-86, 106, 163, et dans *Les Principes,* aux parties I, art. 26 ; II, art. 20, 34, III, 51 ; IV, art. 112-113, AT, IX-2, 36 ; 74 ; 82 ; 128 ; 260.

2. Voir *Le Monde,* chap. III, AT, XI, 12 : «chaque corps peut être divisé en des parties extrêmement petites. Je ne veux point déterminer si leur nombre est infini ou non ; mais du moins il est certain qu'à l'égard de notre connaissance il est indéfini et que nous pouvons supposer qu'il y en a plusieurs millions dans le moindre petit grain de sable qui puisse être aperçu de nos yeux».

3. Voir *Le Monde,* chap. IV, AT, XI, 16-23.

4. Les *Principes de la philosophie,* II, art. 4, AT, IX-2, 65.

indivisibles, ainsi que quelques philosophes ont imaginé. D'autant que, si petites qu'on suppose ces parties, néanmoins, parce qu'il faut qu'elles soient étendues, nous concevons qu'il n'y en a pas une entre elles qui ne puisse être encore divisée en deux ou plus grand nombre d'autres plus petites, d'où il suit qu'elle est divisible »[1]. Les corps ne peuvent pas être constitués de parties indivisibles, comme le soutiennent les atomistes, car si les parties sont étendues, elles ne sont pas indivisibles, et si elles ne sont pas étendues, ce ne sont pas des corps, et elles ne peuvent pas être des parties véritables des corps. Pour autant que les corps sont des substances étendues, leurs seules propriétés sont l'extension géométrique et ses modes, la grandeur, la figure et le mouvement. Il en découle qu'une propriété manifeste de l'extension est sa divisibilité[2].

Les Principes de la philosophie font appel à l'argument de la toute-puissance divine pour réfuter l'atomisme. « Car, de ce que nous connaissons clairement et distinctement qu'une chose peut être divisée, nous devons juger qu'elle est divisible, parce que, si nous en jugions autrement, le jugement que nous ferions de cette chose serait contraire à la connaissance que nous en avons. Et quand même nous supposerions que Dieu eût réduit quelque partie de la matière à une petitesse si extrême, qu'elle ne puisse être divisée en d'autres plus petites, nous ne pourrions conclure pour cela qu'elle serait indivisible, parce que, quand Dieu aurait rendu cette partie si petite qu'il ne serait pas au pouvoir d'aucune créature de la diviser, il n'a pu se priver soi-même du pouvoir qu'il avait de la diviser, à cause qu'il n'est pas possible qu'il diminue sa toute-puissance »[3].

Il peut paraître curieux de voir Descartes utiliser la toute-puissance divine pour nier les atomes et le vide. Car, au Moyen-Âge tardif, après les condamnations de 1277, l'argument est utilisé au contraire contre Aristote

1. *Ibid.*, art. 20, AT, IX-2, 74. Sur l'implication de la divisibilité par la définition de la matière comme étendue, *cf.* Exposé géométrique des *Secondes Réponses,* AT, IX, 126 : « dans la nature des corps ou d'une chose étendue la divisibilité y est comprise (car nous ne concevons point de chose étendue si petite, que nous ne la puissions diviser, au moins par la pensée), il est vrai de dire [...] que tout corps est divisible ».

2. *Lettre à Mersenne,* 11 mars 1640, « il n'y a point de quantité qui ne soit divisible en une infinité de parties », AT, III, 36. Voir aussi au même, le 30 septembre 1640, AT, III, 191 : « la seule signification du mot implique contradiction à savoir d'être corps et d'être indivisible ».

3. *Principes,* II, 20, AT, IX-2, 74. Voir aussi *Lettre à Mersenne,* 28 octobre 1640, à propos des Anges : « s'il en avait (de l'extension) nous le pourrions diviser du moins par notre imagination, ce qui suffirait pour assurer qu'il n'est pas indivisible ; car si nous le pouvions ainsi diviser, un ange le pourrait diviser réellement (AT, III, 214). Vers 1642, c'est la puissance divine que Descartes invoque plus directement, en la liant explicitement à la distinction entre l'esprit et le corps (voir la *Lettre à Gibieuf,* 19 janvier 1642, AT, III, 477).

et le péripatétisme arabe, pour examiner l'hypothèse du vide. Certes, il faut souligner que les censures théologiques n'avaient pas pour objectif les progrès de la philosophie naturelle, mais l'assujettissement de la philosophie et de la Faculté des Arts à la théologie et à la Faculté de théologie. Mais les condamnations ont néanmoins servi de point d'appui pour développer et examiner ces nouvelles hypothèses en philosophie de la nature, contraires au péripatétisme : l'existence du vide, l'infinité de l'univers, la pluralité des mondes. Ainsi, au XIVe siècle, Guillaume d'Ockham et les Calculateurs d'Oxford ont fait un usage « épistémologique » de l'argument de la toute-puissance divine. Guillaume, dans le *Prologue* du *Commentaire des Sentences,* met en valeur la séparabilité de l'acte de la pensée et de la présence de la chose. Les Calculateurs d'Oxford ont envisagé *a priori* les hypothèses de l'existence du vide et de l'infinité de l'univers.

Dans le passage de Descartes, nous avons affaire à ce type d'usage « épistémologique » plutôt qu'à une invocation théologique de la toute-puissance divine. L'argument est destiné à asseoir la négation des atomes, et du vide, sur une nécessité logique et non sur un fait expérimental. L'argument vient confirmer la divisibilité à l'infini de la matière, parce que l'entendement conçoit, avec clarté et distinction, l'étendue comme divisible. En effet Dieu peut faire tout ce que nous pouvons penser[1]. L'argument sert à rendre une contradiction, ou une impossibilité logique, manifeste une fois les vérités éternelles établies ; un tel argument met en valeur le trait essentiel de l'intelligibilité de l'idée d'étendue : par sa réalité substantielle, l'étendue indéfinie exclut le vide et comme « la seule signification du mot implique contradiction à savoir d'être un corps et d'être indivisible »[2], l'existence des atomes est impossible. La matière ne comporte donc pas d'*individua,* au sens étymologique d'*indivisibles*.

Descartes semble considérer que la substantialité de l'étendue suffit à conférer l'unité à la substance matérielle. Et pourtant c'est le corps pris en général, l'ensemble des corps, qui est une substance – comme il apparaît clairement dans le passage suivant des *Principes,* « il y a une certaine

1. Descartes fait usage de cet argument dans *Les Méditations,* en vue de prouver la distinction réelle de l'âme et du corps : « Parce que je sais que toutes les choses que je conçois clairement et distinctement, peuvent être produites par Dieu telles que je les conçois, il suffit que je puisse concevoir clairement et distinctement une chose sans une autre, pour être certain que l'une est distincte de l'autre, parce qu'elles peuvent être posées séparément, au moins par la toute-puissance de Dieu » (AT, IX, 62). Mais la stratégie employée afin d'établir la divisibilité réelle de tout corps est analogue à celle de la distinction réelle entre l'esprit et le corps, cf. *Lettre à Gibieuf,* 19 janvier 1642, AT, III, 476-477.

2. *Lettre à Mersenne,* 30 septembre 1640, AT, III, 191.

substance étendue en longueur, largeur et profondeur, qui existe à présent dans le monde avec toutes les propriétés que nous connaissons manifestement lui appartenir. Et cette substance étendue est ce qu'on nomme proprement le corps, ou la substance des choses matérielles »[1]. L'étendue indéfinie est douée d'unité ; elle est le plein, elle n'est pas indivisible, et les parties qu'elle admet sont solidaires. De la même manière, dans la *Synopsis,* Descartes met en parallèle l'indestructibilité des substances pensantes et individuelles avec la permanence du *corpus in genere sumptum*, tandis que le corps humain peut facilement périr car, « en tant qu'il diffère des autres corps, [il] n'est formé et composé que d'une certaine configuration de membres »[2] et il n'est « plus le même, de cela seul que la figure de quelques-unes de ses parties se trouve changée ». Les corps particuliers, et les corps humains aussi, ont une réalité seulement modale.

Cependant, Descartes soutient aussi que les choses matérielles sont autant de substances. C'est le cas dans les textes qui utilisent des exemples comme la pierre[3], un habit[4], la main[5], les parties de la matière[6]. L'étendue et les choses matérielles sont alors dans un rapport ontologique inverse : ce sont les corps qui sont substances, et par rapport à eux l'étendue, la figure et le mouvement sont plutôt des modes, ou des attributs. Ainsi, dans la *Troisième Méditation,* quand je pense à la pierre comme à une substance, ou une chose, étendue c'est sur le modèle de l'*ego* qui est chose pensante, *res cogitans*. Sans savoir pour le moment que l'étendue existe, j'ai une idée suffisamment claire de l'étendue, de la figure, de la situation, et du mouvement local pour pouvoir les considérer comme certains modes de la substance ou de la chose, et, ajoute la traduction française, « comme les vêtements sous lesquelles la substance corporelle nous apparaît »[7]. La pierre est une substance étendue, et l'étendue, la figure et le mouvement, sont ses modes. Que l'étendue figure dans ce texte parmi les modes de la substance doit être en partie mis au compte de notre ignorance provisoire de l'existence et de la nature de l'étendue, et à la rémanence du vocabulaire scolastique, car l'étendue n'est pas, à vrai dire, un mode de la substance

1. *Principes,* II, 1, AT, IX-2, 64.

2. *Synopsis sex sequentium Meditationum,* AT, VII, 14 ; *Abrégé des six Méditations suivantes,* AT, IX, 10.

3. Voir *Méditation Troisième*, AT, IX, 35.

4. Voir *Sixièmes Réponses,* n° 7, AT, IX, 235, et plus bas, n° 10, AT, IX, 240.

5. Voir *Quatrièmes Réponses,* AT, IX, 173.

6. Voir la *Lettre à Gibieuf,* 19 janvier 1642, AT, III, 474-478.

7. AT, IX, 35.

corporelle comme la figure et le mouvement, mais plutôt sa nature, son essence, c'est-à-dire l'attribut principal qui suffit à faire connaître la substance [1].

Le passage ajouté par la traduction française des *Meditationes* reprend l'exemple du vêtement, des *Sextae Responsiones,* où Descartes se livre à une critique de la notion d'accident ou de qualité réelle [2]. On voit que ce qui se joue dans cette critique, c'est une transformation de la notion scolastique et péripatéticienne de la substance. Nous inclinons en effet à considérer cette hésitation, concernant le statut de la substance étendue – les corps matériels ou le corps pris en général – comme la trace d'un bouleversement en profondeur de la notion scolastique de substance. Descartes écrit en effet : « j'avoue bien, à la vérité, qu'une substance peut être appliquée à une autre substance ; mais, quand cela arrive, ce n'est pas la substance qui prend la forme d'un accident, c'est le seul mode ou la façon dont cela arrive : par exemple, quand un habit est appliqué sur un homme, ce n'est pas l'habit, mais être *habillé,* qui est un accident ». Considéré en soi, un habit est une substance, mais rapportée à un homme cette substance peut être appelée qualité, elle ne devient cependant pas un accident *réel.* En effet, ce qui est un accident pour l'homme, considéré comme substance auxquels les habits se rapportent, c'est d'être habillé.

Descartes procède à une réforme de la notion péripatéticienne et scolastique de substance, similaire à celle qui s'opérait implicitement dans la *Règle* XIV, où il confère à trois formules leur sens respectif : « l'étendue occupe le lieu », « le corps a de l'étendue » et « l'étendue n'est pas le corps ». Les deux premières formules sont des énoncés formulés grâce à un concept de l'imagination. Dire que l'extension occupe le lieu, c'est souligner l'impénétrabilité de ce qui occupe le lieu. Or l'imagination, qui est une faculté corporelle, ne représente pas l'extension sans son sujet (ce qui est étendu). C'est du point de vue de l'imagination que les énoncés « l'étendue occupe le lieu » et « l'étendu occupe le lieu » sont identiques. La formule « l'étendue occupe le lieu » est prononcée à partir de l'entendement qui choisit l'extension comme sujet plutôt que le corps, à la différence du point de vue de l'imagination exprimé dans la formule « l'étendu occupe le lieu ». Dire que l'étendue n'est pas le corps permet de souligner

1. Conformément au texte des *Principia,* I, art. 53, AT, VIII, 25.

2. Dans l'un et l'autre cas, celui de la Transsubstantiation eucharistique, et celui de l'application correcte du concept de la pesanteur comme qualité réelle pour expliquer l'union de l'âme et du corps, alors qu'il est erroné en philosophie naturelle, il s'agit bien de rectifier, ou d'amender, un vocabulaire traditionnel profondément inadéquat.

qu'elle est la raison véritable de l'impénétrabilité du corps. L'entendement rend distinct, par une distinction de raison, ce qui resterait autrement confondu par l'imagination.

La *Règle* XIV préfigure la théorie cartésienne des distinctions des *Principes de la philosophie,* et en effet, selon les *Principes,* seul l'entendement peut comprendre distinctement que la substance ne soit pas son attribut principal, et penser par intellection le sujet (ou substrat) dans son écart, mais non dans la séparation, avec l'attribut [1]. Le sujet, ou le substrat, ne peut pas être conçu, c'est-à-dire représenté par l'imagination, comme séparé de son attribut, ce qui en ferait une abstraction, une substance toute nue, sans son attribut principal. Et l'entendement lui-même n'a d'ailleurs pas d'intuition de l'essence nue de la substance [2], même s'il peut avoir l'intellection de la distinction de raison de la substance et de son attribut principal. Ainsi, l'étendue diffère de la substance par une distinction de raison [3]. La substantialité de l'étendue, c'est selon le point de vue de l'entendement celle du corps pris en général, et selon le point de vue de l'imagination, qu'adopte la conception scolastique, celle des choses corporelles, *ce* qui est étendu. Ce qui compte aux yeux de Descartes, c'est que connaître le corps consiste à déterminer précisément les facultés mobilisées par une telle connaissance, de sorte que l'esprit connaisse selon le mode de connaissance qui convient au genre de choses à connaître; la substance n'apparaît guère que vêtue, elle se donne à l'entendement comme substance pensante ou bien étendue, et la chose corporelle apparaît étendue à l'imagination. Nous connaissons la substance dans ou par ses attributs; ce qui ne veut néanmoins pas dire par inférence à partir des attributs [4]. On en a la preuve, par exemple, à propos du *Je pense, i. e.* de la

1. *Principes de la philosophie,* I, art. 62-64, AT, IX-2, 53-54. Voir J.-M. Beyssade, « "L'étendue n'est pas le corps" (*Regulae XIV,* AT, X, 444, l. 18) », dans *Descartes au fil de l'ordre,* Paris, P.U.F., 2001.

2. Cf. *Principes,* I, art. 63, AT, IX-2, 53-54 : « Il est même plus aisé de connaître une substance qui pense ou une substance étendue que la substance toute seule, laissant à part si elle pense ou si elle est étendue ; parce qu'il y a quelque difficulté à séparer la notion que nous avons de la substance de celle que nous avons de la pensée et de l'étendue ».

3. La théorie cartésienne de l'abstraction repose sur la théorie des distinctions. Elle suppose une conception de la substance différente de celle des médiévaux, ainsi que j'ai tenté de le montrer dans K.-S. Ong-Van-Cung, « Substance et distinctions chez Descartes, Suarez et leurs prédécesseurs médiévaux » dans *Descartes et le Moyen Âge,* J. Biard et R. Rashed (éd.), Paris, Vrin, 1997.

4. On aurait tort de lire de cette façon l'article 52 des *Principes de la philosophie.* L'accent est mis plutôt sur le fait que l'on a raison de conclure que la substance existe, autrement dit que la connaissance de l'attribut qui est présent fait connaître aussi néces-

chose pensante, dont l'existence est connue dès que la pensée est posée dans son immatérialité. L'énumération des modes de la chose qui pense ne conduit pas à l'affirmation de son existence ; elle en est précédée. La plus grande connaissance des attributs ou des modes d'une substance la fait mieux connaître [1].

Mais, aux yeux des modernes, il fallait choisir, Descartes ne pouvait pas prétendre que les corps sont des substances et qu'ils sont des parties d'une substance. Les divergences entre les successeurs de Descartes proviennent ainsi du choix de chacun sur cette question ; ou bien la substance étendue, ou bien les corps substances. Et ils s'accordent alors à considérer que la conception cartésienne de l'étendue ne permet pas d'expliquer précisément ce qui détermine l'existence de tel ou tel corps ; elle échoue à expliquer que l'étendue soit le principe d'individuation des corps matériels.

Dans le *Premier Discours,* Cordemoy considère que les arguments de Descartes à l'encontre de la thèse atomiste ne sont pas convaincants : que ce soit la division de l'étendue à l'infini ; ou le mouvement comme principe d'une telle divisibilité ; ou encore la négation du vide, au motif qu'un vase vide verrait ses parois se toucher. Concernant le premier inconvénient, il écrit « lorsque j'ai voulu supposer avec eux [*sc.* Descartes et les cartésiens] que la matière était une substance, et qu'une substance se pouvait diviser, qui sont les deux choses du monde les plus éloignées de ce qu'on en peut connaître par la lumière naturelle, ils ne m'ont donné aucune satisfaction. Quand je leur ai demandé si cette substance, qu'ils croient divisible, l'est à l'infini, comme il me semblait que leur supposition le donnait à entendre, ils m'ont répondu que non, mais qu'elle l'était indéfiniment. Quand je les ai priés de m'expliquer cette division indéfinie, ils me l'ont fait entendre de la même manière que tout le monde entend l'infini. Et pour achever avec un peu de bonne foi un discours si plein d'obscurité, ils m'ont avoué qu'à la vérité il y a quelque chose d'inconcevable en cela, mais qu'il fallait

sairement la présence de la substance. La redéfinition cartésienne de la substance consiste à l'appréhender comme une chose existante, autrement dit non pas comme un objet ou une chose en général, mais comme ce qui est toujours déjà ontologiquement situé comme une chose corporelle, ou une chose pensante ou encore une chose qui relève de l'union de l'âme et du corps. Une idée est donc idée de quelque chose, parce qu'elle est représentative *de* quelque chose. Nous développons ce point et les conséquences qu'il faudrait en tirer dans Kim Sang Ong-Van-Cung, *L'Objet de nos pensées. Descartes et l'intentionnalité*, Paris, Vrin, 2012.

1. Voir pour la substance corporelle *Les Principes de la philosophie,* II, art. 9, AT, IX-2, 68.

nécessairement que cela fût de la sorte. Or il me semble qu'il n'y a pas la même obscurité en ce que je propose. Je dis que chaque corps est une substance étendue, et par conséquent indivisible, et que la matière est un assemblage de corps, et par conséquent divisible en autant de parties qu'il y a de corps ; cela me semble clair » (p. 86-87).

Descartes envisage en effet l'infinité des particules de la matière : « Pensez que chaque corps peut être divisé en des parties extrêmement petites. Je ne veux pas déterminer si leur nombre est infini ou non ; mais du moins il est certain qu'à l'égard de notre connaissance, il est indéfini, et que nous pouvons supposer qu'il y en a plusieurs millions dans le moindre petit grain de sable qui puisse être aperçu de nos yeux » [1]. Mais, comme on le sait, il préfère réserver à Dieu seul le terme « infini » ; l'étendue est donc indéfinie et indéfiniment divisible. Bien que nous ayons une claire et distincte intelligibilité de l'idée d'infini, nous n'en avons pas la compréhension ; la notion d'indéfini se prête mieux à la représentation imaginaire. Si l'*infini* exprime la positivité de l'être du Dieu tout-puissant, la notion d'*indéfini,* introduite par Descartes, traduit l'impuissance à embrasser la totalité de la matière et à s'arrêter à un terme dans sa division [2]. La critique finale de Cordemoy s'appuie sur le texte de l'article 35 de la *Seconde partie* des *Principes,* où de l'aveu même de Descartes, « bien que nous n'entendions pas comment se fait cette division indéfinie, nous ne devons point douter qu'elle ne se fasse, parce que nous apercevons qu'elle suit nécessairement de la nature de la matière, dont nous avons déjà une connaissance très distincte, et que nous apercevons aussi que cette vérité est du nombre de celles que nous ne saurions comprendre, à cause que notre pensée est finie ».

Cependant, quand Descartes met en relief le rôle de critère joué par l'entendement dans la séparation des idées complètes, *i. e.* des idées de choses complètes, ou de substances, dans le contexte de la philosophie naturelle, le terme « indéfini » est requis par l'hypothèse même des trois éléments, car la division est arrêtée théoriquement à certaines particules de grandeurs différentes, composant l'unique matière du monde. C'est cette théorie, présente dans *Le Monde* et *Les Météores,* et développée dans la *Troisième partie* des *Principes de la philosophie* [3], qui rend compte de

1. *Le Monde,* AT, XI, 12.

2. Voir *Premières Réponses,* AT, IX, 89-90 ; *Principes*, I, 26, AT, IX-2, 36 ; et *Entretien avec Burman,* AT, V, 167.

3. *Le Monde,* chap. III, et chap. V, AT, XI, 10-23 ; *Les Météores,* Discours premier, AT, VI, 233-237 ; *Principes,* III, art. 43-70 ; IV, 25 et 26, AT, IX-2, 123-140 ; 213-214.

l'unité et de la divisibilité de la matière à partir de la composition de petites parties indéfinies, qui sont autant de choses complètes. La division *effective* de la matière en parties indéfiniment petites est requise de manière qu'en se déplaçant la substance matérielle, incompressible et non susceptible d'augmenter, ne produise pas de vide. La conception selon laquelle la matière du monde doit être indéfiniment divisible, et parfois indéfiniment divisée, empêche qu'il y ait un endroit qui soit dépourvu de corps. La « fiction », ou le « scénario » théorique, des trois éléments procure une genèse idéale du monde plein, dans l'état actuel de mouvement et de repos, et elle est l'œuvre de l'imagination réglée par l'entendement, qui dès lors peut se représenter correctement les parties indéfiniment petites de la matière ; pour l'ensemble de la physique, il en découle une certitude qui est plus que morale, quasiment métaphysique [1].

Cette théorie suppose le mouvement à l'origine de la formation de ces particules, et c'est un tel appel au mouvement que conteste Cordemoy en présentant le deuxième inconvénient du refus cartésien des atomes. Avant de l'envisager, illustrons le rôle de l'entendement quand il opère une distinction réelle entre les parties de la matière. Dans la *Lettre au Père Gibieuf* de janvier 1642, Descartes rappelle la règle d'évidence, ou de vérité, selon laquelle nous ne pouvons avoir de connaissance des choses que par les idées que nous en concevons, n'en devons juger que suivant ces idées, et penser que tout ce qui répugne à ces idées est impossible et implique contradiction. Suivant cette règle, il soutient que « nous n'avons aucune raison pour assurer qu'il n'y a point de montagne sans vallée, sinon que nous voyons que leurs idées ne peuvent être complètes, quand nous les considérons l'une sans l'autre, bien que nous puissions, par abstraction, avoir l'idée d'une montagne, ou d'un lieu qui va en montant de bas en haut, sans considérer qu'on peut aussi descendre par le même de haut en bas. Ainsi nous pouvons dire qu'il implique contradiction qu'il y ait des atomes ou des parties de matière qui aient de l'extension et toutefois qui soient indivisibles, à cause qu'on ne peut avoir l'idée d'une chose étendue, qu'on ne puisse avoir aussi celle de sa moitié, ou de son tiers, ni par conséquent sans qu'on la conçoive divisible en deux ou en trois » [2]. La montagne et la

1. C'est en effet ainsi que Descartes rend compte des phénomènes. La physique ne saurait être entièrement déductive et les principes doivent pouvoir rencontrer le détail des phénomènes. C'est ainsi que la physique est conduite à mettre en place des suppositions ou des hypothèses qui se vérifient d'autant plus qu'elles sont plus explicatives, autrement dit qu'elles rendent mieux compte de l'expérience, voir *Principes*, IV, art. 205-206, AT, IX-2, 323-325.

2. *Lettre à Gibieuf*, 19 janvier 1642, AT, III, 477.

vallée ne peuvent pas plus être séparées l'une de l'autre, par notre entendement, que l'idée de Dieu et de son existence, comme l'explique la *Méditation Cinquième*. Montagne et vallée, Dieu et son existence, ne sont pas des idées complètes si on les pense l'une sans l'autre ; il ne peut y avoir de distinction réelle entre la montagne et la vallée, Dieu et son existence.

De même, l'entendement n'est pas en mesure de séparer l'idée d'une chose étendue de sa moitié, ou de son tiers, etc. Le mouvement de la division est celui d'une divisibilité croissant à l'indéfini. L'idée d'une chose étendue, et celle de sa moitié, de son tiers, ou de son quart etc. ne sont pas complètes l'une sans l'autre. Et Descartes justifie l'impossibilité des atomes du fait même que la moitié d'une particule matérielle peut être conçue comme complète, sans que l'esprit engendre par abstraction deux idées en réalité incomplètes: «de cela seul que je considère les deux moitiés d'une partie de matière tant petite qu'elle puisse être comme deux substances complètes, *et quarum ideae non redduntur a me inaedaquatae per abstractionem intellectus,* je conclus certainement qu'elles sont réellement divisibles». Et, en effet, dans les *Principes,* avant de démontrer la réalité de la matière, Descartes précise «qu'en cas qu'elle existe, quelque partie que nous puissions déterminer de la pensée, doit être distincte réellement de ses autres parties» (*atque si existat, unamquamque ejus partem, a nobis cogitatione definitam, realiter ab aliis ejusdem substantiae partibus esse distinctam*)[1]. Il y a donc une distinction réelle entre les substances corporelles, et entre les particules, car les parties de l'espace peuvent être pensées les unes indépendamment des autres.

À la lecture de ces textes, on se demande comment Descartes peut prétendre que les corps sont des substances – la distinction réelle est, comme on l'a rappelé, une distinction entre des substances – et qu'ils sont aussi des *parties* de la *substance* étendue[2] ? Une telle ambiguïté explique les divergences entre les successeurs de Descartes : Cordemoy choisit la première option – les corps sont des substances – et il est conduit à

1. *Principes*, I, 60, AT, IX-2, 51 ; AT, VIII, 28 pour le latin.

2. G. Rodis-Lewis, dans *L'Individualité selon Descartes,* Paris, Vrin, 1950, souligne que ni l'unité ni la pluralité déterminée ne s'appliquent à la matière, et avec la distinction *de numero,* c'est la notion même d'individualité qui est inadéquate chez Descartes. Elle cite certains passages de l'ouvrage de J. Laporte, *Le Rationalisme de Descartes,* Paris, P.U.F., 1945, «Epiméthée», 1988 : «On ne trouve pas d'individualité dans les substances corporelles réduites à elles-mêmes, pour la raison que la matière est divisible à l'infini» ; «La véritable unité [...] est étrangère à la nature de la substance matérielle». La substantialité n'est pas nécessairement liée à la distinction des individus et les apparentes apories proviennent d'une confusion entre les deux notions.

l'atomisme ; « comme chaque corps n'est qu'une même substance, il ne peut être divisé »[1]. À la multiplicité des substances corporelles, qui pour être réellement distinctes, devraient, selon Cordemoy, être également indivisibles, s'oppose l'unité de l'étendue, en soi indivisible. À l'opposé de l'option suivie par Cordemoy, selon Spinoza, les corps sont des modes finis, des parties de la substance. L'Étendue est douée d'une infinité pleine et continue, elle est de soi indivisible et les parties qu'y discerne notre imagination ne sont que des modes relatifs[2]. L'unité de la Substance, conçue sous son Attribut Étendue, est fondée, alors que chez Descartes, la matière ne se laisse pas cerner dans une notion précise, ni en sa totalité, ni en ses parcelles. Descartes attribue à l'imagination la détermination des *partes extra partes*[3], tandis que l'intellect *conçoit* un corps continu d'une grandeur indéterminée. Et la poursuite indéfinie de la division est source de « captions » pour l'imagination[4]. Spinoza s'accorde avec Descartes à ce propos. Mais pour Descartes, à la différence cette fois de Spinoza selon lequel l'infini est totalement compréhensible, cette division dépasse en réalité les bornes de l'entendement humain ; pour Descartes, la puissance sans limites de Dieu peut réaliser une division actuelle à l'infini, et si notre esprit s'élève jusqu'à cette hypothèse, il reconnaît qu'il est fini et renonce à la *comprendre*.

Malebranche, pour sa part, fait de la contingence de la connexion entre les parties de l'étendue le fondement de leur distinction en autant de substances : la continuité des corps ne se maintient pas à l'aide de petits liens indivisibles, « car la partie A est très certainement une substance aussi bien que B, et par conséquent il est clair que A peut exister sans B ou séparé de B, puisque les substances peuvent exister les unes sans les autres, parce que autrement elles ne seraient pas des substances »[5]. Ce qu'on peut concevoir seul est une substance, or il est possible d'imaginer seul un pied cube d'étendue sans penser à autre chose, donc cette étendue est la substance, et la figure cubique en est une modification. Mais la partie est aussi réellement substantielle que le tout et s'en distingue métaphysiquement. « Même si l'étendue créée n'était qu'une masse informe sans mouvement,

1. Cordemoy, *Six Discours*, I, § 2.

2. Spinoza, *Éthique* I, 15, sc., et voir aussi la *Lettre* XII.

3. Descartes, *Lettre à Morus*, 5 février 1649, n° 1-4, AT, V, 267-275 ; trad. FA, III, 875-884.

4. *Lettre à Clerselier*, juin ou juillet 1646, AT, IV, 446-447 ; FA, III, 661.

5. Malebranche, *La Recherche de la Vérité*, VI, II, chap. IX, dans Malebranche, *Œuvres complètes*, Paris, Vrin-CNRS, 1958-1968, notées *OC*, suivi du n° du volume et de la page ; ici, *OC*, II, 424.

il y aurait une infinité de parties différentes dont on pourrait former Paris, Rome, des cubes, des sphères qui seraient toutes des substances particulières de cette substance infinie, et toutes de même attribut, c'est-à-dire toutes étendues et de même nature, toutes des substances, mais plus ou moins grandes »[1]. Bien que chaque objet renvoie à l'étendue infinie dont il est une partie, chacune d'elles peut être conçue indépendamment des parties annexes, ce qui assure sa substantialité. Car antérieurement aux déterminations physiques des corps, la distinction des substances a un fondement qui est ontologique : « Je sais bien qu'un pied cube est de même nature que toute autre étendue, mais ce qui fait qu'un pied cube est distinct de tout autre, c'est son existence. Qu'il y ait des êtres de même ou de différente nature si cela se peut, ou qu'il n'y ait rien qui l'environne, il sera toujours ce qu'il est ». Malebranche concilie la pluralité des corps créés, qui existent concrètement, et l'unité de leur essence, grâce à la notion de l'étendue intelligible. Et parce que la différence entre l'idée de l'étendue, douée de propriétés nécessaires, et la réalité contingente de ses parties, n'est pas proposée comme critère par Descartes, ce dernier, contrairement à Malebranche, peut paraître osciller, selon les textes, entre l'unité et la multiplicité des substances matérielles.

Cordemoy formule un autre inconvénient au rejet des atomes. « Un autre inconvénient que je remarque en l'opinion de ceux qui disent que la matière même est une substance étendue, c'est qu'ils ne sauraient faire concevoir un corps à part sans supposer un mouvement, tellement que, selon leur doctrine, on ne peut concevoir un corps en repos entre d'autres corps ; car supposé qu'il leur touche, cette doctrine enseigne qu'il ne fait plus qu'un même corps avec eux. Cependant il me semble que nous avons une idée bien claire et bien naturelle d'un corps parfaitement en repos entre d'autres corps, dont aucun n'est en mouvement, et que cette idée bien claire et bien naturelle d'un corps parfaitement en repos entre d'autres corps, dont aucun n'est en mouvement, et que ce que je dis de chaque corps s'accorde tout à fait bien avec cette idée » (p. 87).

Pour Descartes, c'est le mouvement qui est l'origine physique des corps déterminés. Dans *Le Monde,* il propose de concevoir la matière comme un corps, parfaitement solide, qui remplit également toute la longueur, largeur et profondeur de l'espace. La divisibilité effective de la matière est conditionnée par la supposition du mouvement à l'origine des

1. Malebranche, *Correspondance avec J.-J. Dortous de Mairan,* édition nouvelle précédée d'une introduction sur « Malebranche et le Spinozisme », par J. Moreau, Paris, Vrin, 1947 (p. 140 pour la citation).

choses matérielles, « Dieu la divise [*i. e.* la matière] véritablement en plusieurs parties, les unes plus grosses, les autres plus petites, les unes d'une figure, les autres d'une autre, telles qu'il nous plaira de les feindre. Non pas qu'il les sépare pour cela l'une de l'autre, en sorte qu'il y ait quelque vide entre deux : mais pensons que toute la distinction qu'il y met consiste dans la diversité des mouvements qu'il leur donne »[1]. Mais, pourrait-on objecter, comment le mouvement peut-il naître au sein du plein ? Pour que mouvement se propage et opère la division, la fluidité de la matière est requise, mais cette matière ne peut devenir fluide que par le mouvement…

Leibniz, critiquant pour sa part la réduction cartésienne de la matière à l'étendue, soutient que loin d'être principe de discrimination des divers corps, des mouvements opposés seraient indiscernables dans un contenu indifférencié : « aucune figure ou limite et distinction de parties diverses ne prend naissance dans une masse parfaitement homogène, indifférenciée et pleine, sinon par le mouvement même. Donc, si le mouvement ne contient aucune marque de distinction, il n'en donnera non plus aucune à la figure » (*De Ipsa Natura,* § 13). Mais, selon Descartes, le recours à Dieu suffit, « pour la cause générale de tous les mouvements qui sont dans le monde, je n'en conçois point d'autre que Dieu, lequel dès le premier instant qu'il a créé la matière a commencé de mouvoir diversement toutes ses parties, et maintenant par la même action qu'il conserve cette matière, il conserve aussi en elle tout autant qu'il y en a mis »[2]. La distinction des parties de la matière ainsi que la diversité des mouvements commencent dès le premier instant, où Dieu crée la matière.

La possibilité d'une division indéfinie acquiert une réalité actuelle grâce au mouvement ; « il faut que toutes les petites parcelles auxquelles on peut imaginer qu'une telle partie est divisée, lesquelles véritablement sont innombrables, s'éloignent quelque peu les unes des autres ; car, si petit que soit cet éloignement, il ne laisse pas d'être une vraie division »[3]. C'est de cette façon qu'il faut envisager l'existence de la matière subtile[4]. Les parties de la matière sont froissées dans la portion étroite des tourbillons non concentriques, la vitesse du mouvement compensant la petitesse du lieu. Descartes nous offre un univers métaphorique somptueux pour

1. Descartes, *Le Monde,* chap. VI, AT, XI, 34.
2. *Lettre à Newcastle,* octobre 1645, AT, IV, 328.
3. *Principes,* II, 34, AT, IX-2, 82.
4. *Lettre à Mersenne,* 9 janvier 1639, AT, II, 487.

décrire les différents états de la matière insensible qui tisse de façon sous-jacente la matière telle que nous voyons.

L'hypothèse des tourbillons rend compte de la conservation de la quantité de mouvement dans un univers plein. Cette «raclure ou poussière» (*Principes,* III, 51) est dépourvue d'individualité: ses particules infinitésimales se divisent en s'adaptant aux recoins qu'elles remplissent. Tout en constituant la *forme* du premier élément, «elles n'ont aucune figure arrêtée» (*ibid.*, III, 52). Et cette division indéfinie n'affecte que «quelques parties de la matière», d'autres «demeurent indivises» (*ibid.*, II, 34-35). Certaines, émoussées par le frottement, forment le second élément fluide et transparent, répandu dans les cieux. Son mouvement, moins rapide que la matière subtile, l'est encore infiniment plus que celui des raclures anguleuses qui restent entre les globules, et par leurs cannelures s'emboîtent pour constituer les solides du troisième élément (*ibid.*, III, 93).

L'unité de mouvement dans l'unité d'une même matière fonde une certaine individualité de ses parties. «Par un corps, ou bien une partie de matière, j'entends tout ce qui est transporté ensemble, quoiqu'il soit peut-être composé de plusieurs parties qui emploient cependant leur agitation à faire d'autres mouvements» (*ibid.*, II, 25). Il est important de se rappeler que la condamnation de Galilée avait conduit Descartes à renoncer à publier *Le Monde.* Or, ans les *Principes de la philosophie,* il prend position pour l'héliocentrisme (I, 71). La thèse de la relativité permet de décrire le mouvement de la terre à partir du soleil, pris comme référentiel fixe, mais elle autoriserait aussi de prendre la terre comme référentiel.

Bien sûr, cette unité du corps par le mouvement est précaire et relative à la situation de mouvement qui est considérée : « Je prends ici, et je prendrai toujours ci-après, pour une seule partie, tout ce qui est joint ensemble, et qui n'est point en action pour se séparer ; encore que celles qui ont tant soit peu de grosseur, puissent aisément être divisées en beaucoup d'autres plus petites : ainsi un grain de sable, une pierre, un rocher, et toute la terre même pourra ci-après être prise pour une seule partie, en tant que nous n'y considérons qu'un mouvement tout simple et tout égal » [1]. Une note du *Monde* souligne même qu'il n'y a d'absolu dans le mouvement que la séparation mutuelle de deux corps dont les surfaces s'écartent [2]. La notion de surface joue ainsi un rôle déterminant dans l'individualisation des objets corporels.

1. *Le Monde,* chap. III, AT, XI, 15. Voir *Principes*, III, 16-19.

2. Dans les *Manuscrits inédits,* éd. Foucher de Careil, 1859, Première partie, p. 64-66, Foucher de Careil donne la traduction suivante : « il n'y a rien d'absolu dans le mouvement

L'individualité apparente des objets matériels n'est pas fondée sur l'identité substantielle, puisque dans la multiplicité des mouvements tourbillonnaires qui emportent les particules de matière, l'unité du mouvement qui caractérise un corps est relative au découpage sensible, aussi subjectif que précaire, qui repose sur une ressemblance de l'aspect extérieur ; « *nous pouvons dire* que la Loire est la même rivière qui était, il y a dix ans, bien que ce ne soit plus la même eau, et peut-être aussi qu'il n'y ait plus aucune partie de la même terre qui environne cette eau » [1]. Comme on le voit, la théorie des trois éléments assure la divisibilité de la matière tout en fondant sa division effective en parties ; grâce au mouvement, Descartes parvient à concilier l'idée que les corps sont des substances et qu'ils sont les parties de la substance étendue, mais ce qui est à l'horizon de son geste théorique, c'est le refus du vide, l'affirmation de l'unicité de la matière étendue au sein du monde, et le refus de la pluralité des mondes.

Cordemoy souligne un quatrième inconvénient de la position des cartésiens. Leur négation du vide s'appuie sur des arguments assez faibles néanmoins allégués par Descartes : « quelques-uns soutiennent que, si tous les corps qui remplissent un vase étaient détruits, les bords du vase seraient réunis. J'avoue que je n'entends pas ce raisonnement, et je ne puis concevoir ce que fait un corps à la subsistance de l'autre. Il pourrait bien être que les corps qui entourent le vase, poussant ses bords, le brisassent, s'ils n'étaient soutenus au-dedans par d'autres corps. Mais de dire que, dès qu'on aurait ôté tous les corps du dedans, les bords se dussent rapprocher, sans que rien ne poussât ces mêmes bords, et de faire un argument contre le vide par cette supposition, j'avoue, si c'est un bon argument, que je n'en connais pas la force, et je crois voir très clairement que deux corps pourraient subsister si loin l'un de l'autre qu'on en pourrait mettre entre eux un très grand nombre, ou n'y en mettre aucun, sans que cela les rapprochât ni reculât » (p. 91). L'ensemble de la discussion se situe sur le mode de raisonnements *a priori*. Descartes a commenté l'expérience du Puy-de-Dôme et les analyses du jeune Pascal ; il ne considère pas qu'elles

que la séparation de deux corps en mouvement l'un d'avec l'autre. [...] Quand j'ai dit que le mouvement et le repos étaient contraires, j'ai entendu au regard du même corps, qui en effet se trouve dans une situation contraire, quand sa surface se sépare d'un autre corps ou quand elle n'en est pas séparée. ». Le texte latin se trouve aussi en AT, XI, 656 : « Nihil est absolutum in motu praeter separationem *duorum* corporum motorum ab invicem... Cum autem dixi motum et quietem esse contraria, id intellexi respectu *ejusdem corporis*, nempe quod contrario modo se habeat, cum ejus superficies ab *alio corpore* separetur, quam si non separetur ».

1. *Lettre à Mesland,* 9 février 1645, AT, IV, 165.

mettent en évidence l'existence du vide, mais plutôt la porosité du verre qui laisse entrer l'air subtil dans l'espace laissé vacant par le poids du mercure.

L'exemple du vase dans les *Principes,* II, art. 18, se fonde sur le même genre de nécessité *a priori,* qui explique le refus des atomes : « il n'y a point de liaison nécessaire entre le vase et un tel corps qui le remplit, mais [...] elle est si absolument nécessaire entre la figure concave qu'a ce vase et l'étendue qui doit être comprise en cette concavité, qu'il n'y a pas plus de répugnance à concevoir une montagne sans vallée, qu'une telle concavité sans l'extension qu'elle contient, et cette extension sans quelque chose d'étendu, à cause que le néant, comme il a été remarqué plusieurs fois, ne peut pas avoir d'extension. C'est pourquoi, si on nous demande ce qui arriverait, en cas que Dieu ôtât tout le corps qui est dans un vase, sans qu'il permît qu'il en rentrât d'autre, nous répondrons que les côtés de ce vase se trouveraient si proches qu'ils se toucheraient immédiatement. Car il faut que deux corps s'entre-touchent, lorsqu'il n'y a rien entre eux deux, parce qu'il y aurait de la contradiction que ces deux corps fussent éloignés, c'est-à-dire qu'il y eût de la distance de l'un à l'autre, et que néanmoins cette distance ne fût rien : car la distance est une propriété de l'étendue, qui ne saurait subsister sans quelque chose d'étendu ». Il y a un lien *a priori* entre la chose matérielle et son étendue, et corrélativement une impossibilité de séparer réellement quelque chose d'étendu et son extension. La contingence du lien entre le contenant (le vase) et son contenu (un liquide, de l'air, etc.) se fonde sur l'impossibilité de séparer le vase de son extension ; s'il était vide, et pas rempli d'un air transparent, il se réduirait à sa propre extension ; ses parois se toucheraient.

Cordemoy perçoit judicieusement que dans un univers plein, il n'y aurait *a priori* aucun corps qui puisse être en repos entre deux autres corps, de même qu'aucun mouvement ne serait possible. Cette aporie induit une conclusion opposée à celle que soutient Descartes : l'existence du vide. La reprise de la catégorie aristotélicienne de « quantité », entendue désormais au sens physique de quantité de matière, donne un contenu physique à la notion de masse, considérée comme le nombre des corps d'une portion de matière, simples agrégats (« tas »), liquides (« liqueurs ») ou solides (« masses »), impliquant l'existence d'intervalles entre les corps : « trous » et « pores », selon qu'ils sont visibles ou pas.

Qu'en est-il en définitive de l'unité et individualité des corps chez Cordemoy ? Descartes considère l'individualité faible des corps, fondée sur la contingence du mouvement ; et tout en rejetant les atomes et le vide, il rend compte de la composition de la matière du monde à partir de l'hypothèse d'une division effective de la matière.

Cordemoy va-t-il au-delà d'une individualité des portions de matière, constituée par leur composition à partir des corps individuels, ou encore des atomes ? Il est manifeste qu'il n'a pas une conception de la substance corporelle comme unité d'action. Et selon Leibniz, l'atomisme ne peut donner lieu qu'à une explication de la matière en termes d'unité de composition, c'est-à-dire simple unité d'agrégat. En ce sens, une telle matière est morte, inerte, et son unité est seulement phénoménale, ses actions ne sont pas les actions d'un suppôt, comme il le dit au contraire de la substance au § 8 du *Discours de Métaphysique* ; et, dans l'atomisme, la substantialité des parties de la matière n'est pas centrée sur leur puissance d'agir. Les corps sont insensibles et imperceptibles, seule la matière est objet de perception, et son unité est contingente ; elle est le fruit d'une agrégation de corps. De ce fait l'occasionnalisme – théorie générale de la causalité, rappelons-le, où les corps sont impuissants à causer le mouvement, et où Dieu seul cause le mouvement dans la matière et l'arrache à son inertie – s'accorde avec une telle conception agrégative de la matière, et avec sa détermination contingente de l'individualité des corps ; il rend compte des relations de causalité au sein de l'union de l'âme et du corps, laquelle apparaît chez Cordemoy plutôt comme une juxtaposition, comme une relation de proximité intense, c'est-à-dire comme une correspondance, une communication, quoique tout à fait contingente. Dans cette conception occasionnaliste, Dieu arrache le monde à son inertie, et la volonté, ordonnée au Bien universel, est la faculté la plus excellente en l'homme ; elle peut l'aider à résister à sa passivité et à l'emprise des passions.

Il convient de remarquer que l'accent mis par Cordemoy sur le sens aristotélicien de la substance corporelle, dans le contexte de la mécanique, et de l'atomisme, modernes, lui permet de redonner une signification nouvelle à un vocabulaire péripatéticien tombé en désuétude : matière première, matière seconde, forme ; et ainsi, dans le *Deuxième Discours,* Cordemoy réintègre dans le cadre de l'explication mécanique les différents mouvements, ou changements (la génération, la corruption, l'altération, l'accroissement, le décroissement), analysés dans la *Physique* d'Aristote, et que Descartes, en déconstruisant les notions de forme, et de qualité réelle, avait écartés au profit du seul mouvement local. Un tel souci permet à Cordemoy de rendre compte, grâce aux lois de la mécanique, et au vocabulaire de l'altération de la forme, de la dissolution des sucs organiques, du dessèchement des aliments, de la fermentation, de la transformation du blé en farine et en pain, de la digestion, etc. Il est attentif au principe de la mécanique, selon laquelle la seule combinaison des lois physiques permet de passer par une transition presque insensible des minéraux aux corps organisés les plus perfectionnés. Et dans le *Discours Troisième,* grâce au modèle de la machine, développé par Descartes au *Discours de la méthode,* V, il parvient à expliquer l'unité de la machine corporelle par la circulation du sang.

Cordemoy s'accorde avec la conception cartésienne de l'unité du corps humain. En effet, dans la *Lettre à Mesland,* du 9 février 1645, Descartes a distingué l'unité précaire du corps en général de celle du corps d'un homme, laquelle est plus réelle en dépit du fait que notre corps change de l'enfance à l'âge adulte, et dans l'âge adulte lui-même, sans que nous pensions pour cela avoir un corps différent à chaque moment de la vie. L'unité du corps est conférée par l'âme unie à ce corps, dans la totalité de ses parties, plutôt que par le corps lui-même, là où pour les cartésiens en général, et pour Cordemoy aussi, il ne fait aucun doute que le corps humain a une unité propre fondée sur la convergence finalisée de ses opérations vitales. C'est ce que laissait déjà entendre Descartes, bien qu'il soit moins précis quant à la dimension de finalité présente au sein de l'union de l'âme et du corps : « il est besoin de savoir que l'âme est véritablement jointe à tout le corps, et qu'on ne peut pas proprement dire qu'elle soit en quelqu'une de ses parties à l'exclusion des autres, à cause qu'*il est un et en quelque façon indivisible, à raison de la disposition de ses organes qui se rapportent tellement tous l'un à l'autre que, lorsque quelqu'un d'eux est ôté, cela rend tout le corps défectueux*. Et à cause qu'elle est d'une nature qui n'a aucun rapport à l'étendue ni aux dimensions ou autres propriétés de la matière dont le corps est composé, mais seulement à tout l'assemblage de ses organes »[1].

L'OCCASIONNALISME DE CORDEMOY

Comme nous l'avons rappelé au début de la présente Introduction, l'occasionalisme est la doctrine selon laquelle Dieu est la seule véritable cause efficiente dans le monde. Les substances naturelles, contrairement à l'opinion commune, n'apportent pas de contribution causale à quelque effet que ce soit. Il n'y a donc pas, dans la nature, de causalité des créatures ni de causes secondes, car les créatures sont incapables d'une action transitive, *i. e.* d'une action qui ait des effets en dehors de l'agent. Descartes utilise le terme d'occasion, mais il n'est apparemment pas occasionnaliste, si l'on suit du moins la définition précédente. C'est un point qu'il nous

1. *Les Passions de l'âme,* I, art. 30, AT, XI, 351. Nous soulignons.

faudra éclairer. L'occasionnalisme fait cependant partie de l'air du temps au second XVIIe siècle.

La première formulation de ce qu'on nomme l'occasionnalisme revient au médecin Louis de La Forge, à la date de 1658, avec la question « Quelle est la cause par laquelle une pensée succède à une autre dans ton esprit ? » [1]. Cette cause ne peut être que Dieu, conformément aux lois auxquelles il soumet toute chose. La Forge transfère sa solution à l'univers des corps pour rendre compte du mouvement. Seul Dieu agit réellement selon les lois, qu'il s'est prescrites à lui-même, en établissant la nature. C'est à partir de là qu'il est possible de rendre compte, de la même façon, de l'énigme cartésienne de l'union de l'âme et du corps.

Ainsi dans le *Traité de l'esprit de l'homme* (1664), Louis de la Forge soutient « qu'il n'y a point de Créature Spirituelle ou Corporelle qui [...] puisse faire changer [de position à un corps], ni aucune de ses parties, dans le second instant de leur Création, si le Créateur ne le fait lui-même ; car comme c'est lui qui a produit cette partie de la matière dans le lieu A, par exemple, non seulement il faut qu'il continue à la produire, s'il veut qu'elle persévère d'être ; mais encore comme il ne peut pas la créer partout, ni hors de tout lieu, il faut qu'il la mette lui-même dans le lieu B s'il veut qu'elle y soit ; car s'il en mettait partout ailleurs, il n'y a point de force qui fût capable de l'en ôter » [2]. Les relations « causales » entre les corps, ou entre un esprit et un corps, sont seulement des relations occasionnelles dont l'effectivité dépend de Dieu.

L'occasionnalisme suppose une théologie de la toute-puissance divine. Ainsi, pour soutenir que Dieu est la seule cause de toutes les choses du monde, La Forge s'appuie sur la doctrine du soutien, ou « concours » divin de Descartes, selon laquelle Dieu doit soutenir l'existence de chaque corps,

1. Joseph Prost, dans son *Essai sur l'atomisme et l'occasionalisme*, Paris, Paulin, 1907, chap VI et VII, n. 1, p. 102, évoque une communication possible entre La Forge et Cordemoy au sujet de la question des causes occasionnelles. Cordemoy, dans le Discours V des *Six discours sur la distinction et l'union du corps et de l'âme* écrit à propos de sa conception de l'union : « quelques-uns de mes amis, à qui j'ai communiqué plusieurs fois mes pensées sur ce sujet, depuis sept ou huit ans, me veulent persuader qu'elles sont véritables ». Il est donc possible que les deux hommes aient été en contact vers 1658. Jacques Gousset, théologien qui connaît La Forge, écrit, au début de *son Causarum primae et secundarum realis operatio rationibus confirmatur, et ab objectionibus defenditur. De his Apologia sit pro Renato des Cartes...* (Leovardiae, Fr. Halma, 1716, p. 4) que La Forge s'est ouvert à lui et à d'autres de sa doctrine des causes occasionnelles (voir aussi le chap. VI, p. 36-61, de la Biographie proposée par Pierre Clair dans les *Œuvres philosophiques* de La Forge, Paris, P.U.F., 1974).

2. Louis de La Forge, *Traité de l'esprit de l'homme* (1664), dans ses *Œuvres philosophiques,* P. Clair (éd.), P.U.F., p. 240.

et de toute chose, corps ou esprit, à chaque moment de son existence [1]. Et il se fonde en outre sur les occurrences du terme « occasion » dans le *corpus* cartésien pour développer cette conception occasionnaliste de la causalité, qu'il commente longuement dans sa propre annotation du texte cartésien [2].

La Forge ne propose pas une théorie occasionnaliste qui transforme radicalement la notion d'occasion en une légalité universelle s'exerçant dans le monde. Cordemoy est tributaire des spéculations de La Forge, il s'émancipe du cartésianisme, en affirmant, dans le *Troisième Discours,* que la matière n'a pas le mouvement en elle-même et n'en saurait être l'origine. On assiste à la réduction des causes secondes à la notion de cause occasionnelle. Et Cordemoy est sans doute le premier à nier que l'âme humaine puisse diriger et produire le mouvement, qui ne peut être issu que de la cause première.

Il faut néanmoins répondre, en premier lieu, à la question de savoir si la présence du terme «occasion» chez Descartes doit nous conduire à lui attribuer une conception occasionnaliste de la causalité. La Forge a-t-il raison de conclure du soutien divin de type cartésien à la thèse selon laquelle Dieu est cause de tout le mouvement dans le monde ? À vrai dire le terme « occasion », sous la plume de Descartes, ne sert pas de substitut à la causalité efficiente. «Occasion» désigne néanmoins chez Descartes un trait constitutif de l'occasionalisme : il exprime l'idée d'une corrélation déterminée entre deux événements qui, en eux-mêmes, ne sont corrélés que de façon arbitraire, un mouvement corporel et son effet en l'âme. Le terme d'occasion souligne chez Descartes la dissimilitude des deux séries de modes corporels et spirituels. Si l'occasionalisme tire les conséquences de cette dissimilitude en termes de déni de la réelle efficience, les textes cartésiens ne disent pas que l'effet, par exemple, la sensation, n'est pas réellement causé par le corps ; au contraire la preuve de l'existence des corps dans la *Méditation Sixième* manifeste que les corps sont bien les causes des sensations.

Dans les *Notae in programma,* le terme «occasion» ne remplace pas celui de «cause», mais signifie que l'événement corporel explique, ou conditionne, la production de l'effet spirituel. En outre, la glande pinéale,

1. Voir la *Méditation Troisième,* (AT IX, 39) ; les *Premières Réponses,* (AT, IX, 93) ; les *Cinquièmes Réponses,* aux *Choses qui ont été objectées à la Troisième Méditation,* n° IX, (FA II, 813-814 ; AT, VII, 369) ; les *Principes de la philosophie,* I, 21 et II, 36, 42 ; les *Lettre à Morus,* en particulier celle d'août 1649, AT, V, 403-404.

2. Voir *L'Homme,* AT, XI, 144, 151. On trouve aussi, par exemple, le terme dans *La Dioptrique,* IV, AT VI, 114 ; les *Principes de la philosophie,* II, 1 ; les *Notae in programma* (AT VIII, 359 ; FA, III, 808-809).

dont Cordemoy ne fait nulle mention, est le lieu de l'interaction de l'âme et du corps ; les mouvements physiologiques des esprits animaux engendrent les passions de l'âme, et nous avons tous l'expérience de notre volonté qui agit sur notre corps, ou sur notre esprit, et qui est la cause de nos actions, de nos pensées comme de nos mouvements corporels. L'homme n'a pas le statut ontologique d'une créature passive, ou par nature impuissante à agir par soi-même, et considérer, comme Descartes, que l'union de l'âme et du corps est la troisième notion primitive consiste à affirmer leur réelle interaction.

La Forge tire pour sa part de la conception cartésienne du soutien divin la conclusion que Dieu est la Cause du mouvement dans le monde matériel en recréant les corps en des lieux différents, et à des moments différents. Et certes, Dieu est l'Auteur du mouvement dans le monde et son immutabilité garantit la conservation de la quantité de mouvement dans la nature, et en général la stabilité des lois de conservation et de communication du mouvement entre les corps. Il arrive en outre à Descartes de souligner avec force que Dieu est la cause de toutes choses dans le monde : « toutes les raisons qui prouvent l'existence de Dieu, et qu'il est la cause première et immuable de tous les effets qui ne dépendent point du libre arbitre des hommes, prouvent, ce me semble, en même façon qu'il est aussi la cause de tous ceux qui en dépendent. Car on ne saurait démontrer qu'il existe, qu'en le considérant comme un être souverainement parfait ; et il ne serait pas souverainement parfait, s'il pouvait arriver quelque chose dans le monde qui ne vint pas entièrement de lui [...] mais Dieu est tellement la cause universelle de tout qu'il en est en même façon la cause totale ; et ainsi rien ne peut arriver sans sa volonté » [1].

Descartes se sert d'une thèse classique de la scolastique, celle du soutien divin, pour formuler la preuve de l'existence de Dieu à partir de la contingence de moi qui pense [2]. Mais cette conception concerne les

1. Descartes, *Lettre à Élisabeth*, 6 octobre 1645, AT, IV, 313-314.

2. Voir *Méditation Troisième*, AT, IX, 39 : « Tout le temps de ma vie peut être divisé en une infinité de parties, chacune desquelles ne dépend en aucune façon des autres ; et ainsi, de ce qu'un peu auparavant j'ai été, il ne s'ensuit pas que je doive maintenant être, si ce n'est qu'en ce moment quelque cause me produise et me crée, pour ainsi dire, derechef, c'est-à-dire me conserve. En effet c'est une chose bien claire et bien évidente (à tous ceux qui considèreront avec attention la nature du temps), qu'une substance, pour être conservée dans tous les moments qu'elle dure, a besoin du même pouvoir et de la même action, qui serait nécessaire pour la produire et la créer tout de nouveau, si elle n'était point encore. En sorte que la lumière naturelle nous fait voir clairement, que la conservation et la création ne diffèrent qu'au regard de notre façon de penser, et non point en effet ».

substances créées en général, non seulement l'esprit, mais aussi le corps. Dans les *Cinquièmes Réponses,* Descartes fournit à l'attention de Gassendi une glose de la *Somme théologique,* I, question 104, art. 1 ; il souligne que sa conception s'inspire de thèses métaphysiques traditionnelles. « Lorsque vous niez que nous ayons besoin du concours et de l'influence continuelle de la cause première pour être conservés, vous niez une chose que tous les métaphysiciens affirment comme très manifeste, mais à laquelle les personnes peu lettrées ne pensent pas souvent, parce qu'elles portent seulement leurs pensées sur ces causes qu'on appelle en l'École *secundum fieri,* c'est-à-dire de qui les effets dépendent quant à leur production, et non pas celles qu'ils appellent *secundum esse,* c'est-à-dire de qui les effets dépendent quant à leur subsistance et continuation dans l'être. Ainsi l'architecte est la cause de la maison, et le père la cause de son fils, quant à la production seulement ; c'est pourquoi, l'ouvrage étant une fois achevé, il peut subsister et demeurer sans cette cause ; mais le soleil est la cause la lumière qui procède de lui, et Dieu est la cause de toutes les choses créées, non seulement en ce qui dépend de leur production, mais même en ce qui concerne leur conservation ou leur durée dans l'être. C'est pourquoi il doit toujours agir sur son effet d'une même façon, pour le conserver dans le premier être qu'il lui a donné »[1].

Descartes utilise la notion de soutien divin en vue d'éliminer les formes substantielles dont il ne pense pas qu'elles soient nécessaires à la philosophie naturelle. Dans la scolastique, la forme substantielle est en effet ce qui, joint à la matière première, constitue une substance complète[2]. Et Descartes voit clairement qu'elle détermine le principe de l'action des substances composées. Elles ne furent introduites « qu'afin de rendre raison des actions propres des choses naturelles dont cette forme est le principe et la racine »[3]. L'explication physique par la grandeur, la figure, et le mouvement se substitue à celle à partir de la forme. Et, comme on l'a vu, dans la physique de Descartes un corps unique, qui remplit tout l'univers, et qui se comporte partout en accord avec les mêmes lois, se substitue à la multiplicité des substances individuelles, propre au péripatétisme. Ainsi, en l'absence des formes substantielles, il faut expliquer d'une autre

1. *Cinquièmes Réponses,* aux *Choses qui ont été objectées à la Troisième Méditation,* n° IX, FA II, 813-814, AT, VII, 369.

2. *Lettre à Regius,* janvier 1642, AT, III, 502 : « Par le nom de forme substantielle [...] j'ai compris une certaine substance ajoutée à la matière et composant avec elle un tout purement corporel ».

3. *Ibid.*, p. 506.

manière le comportement de la substance matérielle et les lois de mouvement. Dieu est alors posé comme cause du mouvement: « il est évident qu'il n'y en a point d'autre que Dieu, qui de sa toute-puissance a créé la matière avec le mouvement et le repos, et qui conserve maintenant en l'univers, par son concours ordinaire, autant de mouvement et de repos qu'il y a mis en le créant » [1].

Or c'est la qualité réelle de la pesanteur qui est chez Descartes une image de l'union de l'âme et du corps, et Descartes admet que cette dernière est l'unique forme substantielle de l'univers, autrement dit que l'âme est un principe agissant sur le corps, en étant présente en toutes ses parties. Ainsi chez Descartes le soutien divin n'appelle pas la conclusion de La Forge ; à savoir, que Dieu fait tout. Au contraire parce que Dieu est la cause du mouvement, nous sommes aussi assurés que l'expérience que l'esprit peut agir sur les corps, en particulier que notre âme peut mouvoir notre corps, n'est pas illusoire. Au yeux de Descartes, cette expérience est claire et distincte ; « que l'esprit qui est incorporel puisse mettre le corps en mouvement, l'expérience la plus certaine et la plus évidente nous le montre sans recourir à aucun raisonnement ni à aucune comparaison avec d'autres choses » [2]. Et loin que Dieu fasse tout parce qu'il est la cause qui crée et conserve toute chose, « bien que j'estime, écrit Descartes, qu'aucune façon d'agir ne convienne univoquement à Dieu et aux créatures, je déclare pourtant que je ne trouve en mon esprit aucune autre idée pour représenter la façon dont Dieu ou un Ange peut mouvoir la matière que celle qui me montre la façon dont consciemment, je peux mouvoir mon corps par ma propre pensée » [3]. Ce qui distingue la philosophie de Descartes de l'occasionnalisme de certains de ses successeurs c'est que Descartes ne rejette pas les causes finies [4], alors que les occasionnalistes considèrent que les

1. *Principes*, II, 36, AT, IX-2, 83.

2. *Lettre à Arnauld*, 29 juillet 1648, AT, V, 222.

3. *Lettre à Morus*, avril 1649, AT, V, 347.

4. D. Garber, dans *Corps cartésiens, Descartes et la philosophie des sciences*, Paris, P.U.F., 2004, montre que chez Descartes, la capacité que l'âme a d'agir sur le corps ne viole pas le principe de la conservation de la quantité de mouvement, laquelle n'implique chez Descartes pas la conservation de la direction du corps. L'âme peut changer la direction d'un corps – par exemple, pousser la glande pinéale d'un côté, ou subir le mouvement des esprits animaux qui la pousse de l'autre côté (cf. *Les Passions de l'âme*, II, art. 47) – sans que l'union de l'âme et du corps, et l'interaction causale qui y préside, ne contredise la conservation de la quantité de mouvement (voir l'étude n° 9 de l'ouvrage cité : « Le corps, l'esprit, et les lois de la nature chez Descartes et Leibniz », p. 238-256) et il écrit, dans l'étude n° 7, intitulée « Dieu cause du mouvement. Descartes, le soutien divin et l'occasionnalisme », p. 171-211) : « Dieu soutient les corps à la fois dans leur être et dans leur mouvement. Mais il est important de le

choses finies sont incapables de toute efficacité causale véritable et que produire un effet dépasse leur puissance. Bref, ils n'admettent pas la troisième notion primitive, et l'interaction n'explique pas, selon eux, comment une substance peut agir sur une autre.

Que faut-il alors entendre par union de l'âme et du corps selon Cordemoy ? Ce n'est pas une interaction du fait de la disproportion des substances, mais une corrélation. « L'union des choses ne se fait que par ce qu'elles ont de rapportant, et conséquemment, si un Corps et un Esprit sont unis, ce n'est pas par le rapport de deux étendues, car l'Esprit n'en a point, ni par le rapport de deux pensées, car le Corps n'en a point. [...] Au reste, l'on connaît assez par ce qui a été observé sur la fin du quatrième Discours, quelle est la puissance qui tient l'esprit et le corps toujours disposés à recevoir divers changements à l'occasion l'un de l'autre. Mais il n'a pas été besoin d'examiner ici quelle puissance entretient ce rapport entre eux. C'est assez d'avoir reconnu que ce rapport est véritable et que c'est en cela que consiste leur union » (p. 137).

Dans le *Discours Quatrième,* Cordemoy suit un mode d'exposition géométrique pour asseoir la conclusion que seule une substance infinie peut être la cause du mouvement. En effet, le mouvement n'est pas intrinsèque à la matière et elle ne peut donc pas se mouvoir elle-même (conclusion 1) et le premier moteur n'est pas un corps (conclusion 2). Deux axiomes servent à la prouver : tout ce qui peut être ôté de l'essence d'une chose sans altérer sa nature et sa définition n'appartient pas à la chose même (axiome 1) ; et à titre d'application de ce principe, il suit que le mouvement n'appartient pas à l'essence du corps, puisqu'on peut penser à un corps sans mouvement, et que rien n'empêche, comme le soutient l'axiome 2, qu'un corps perde son mouvement sans cesser d'être un corps. Puisque le mouvement est extrinsèque à la nature corporelle, il ne peut venir que d'une chose incorporelle (conclusion 3), dès lors que tout ce qui n'est pas corps est esprit (axiome 3). Donc le mouvement vient d'un esprit. Mais il ne peut être continué que par un agent qui l'a commencé (axiome 5) : ce ne peut être que le même esprit qui a commencé à mouvoir les corps qui continue de les mouvoir (conclusion 4). Voilà comment Cordemoy établit le caractère nécessairement spirituel du premier moteur.

remarquer, *ces deux activités semblent être tout à fait distinctes* ; dans un cas, Dieu agit comme une cause modale, dans l'autre comme une cause substantielle. [...] Il n'y a pas d'autre cause substantielle que Dieu, et il ne peut pas y en avoir, car aucun être n'a la capacité de créer et de soutenir l'univers. Mais bien que Dieu soit une cause modale eu égard au mouvement, il n'y a aucune raison de penser qu'il est la *seule* cause de ce genre » (p. 254).

La démonstration géométrique de Cordemoy s'effectue en cinq points :

1 – Les sens nous disent qu'il y a une corrélation entre l'impact et le mouvement, mais pas qu'il y ait transfert de mouvement d'un corps B à un corps C. Ils ne nous disent rien de la réalité de la force mouvante. Nous allons au-delà des sens quand nous transformons de façon illégitime la simple expérience de la corrélation, et affirmons une relation de causalité efficiente. Avant Hume, Cordemoy met en question le lien causal.

2 – Après avoir éliminé l'illusion sensorielle du transfert du mouvement, Cordemoy montre que la cause du mouvement est le moteur spirituel, en réduisant la cause naturelle du mouvement à n'être qu'une simple occasion : « Donc ce qu'on doit entendre, quand on dit que les corps meuvent les corps c'est, qu'étant tous impénétrables, et ainsi, les mêmes ne pouvant pas toujours être mus, du moins avec égale vitesse, leur rencontre est une occasion à l'esprit qui a mû les premiers, de mouvoir les seconds. Or, comme nous ne considérons pas toujours cette première cause qui fait mouvoir, et que nous ne nous arrêtons qu'à ce qui se voit, parce que souvent cela suffit pour nous faire entendre, nous nous contentons lorsque nous voulons dire pourquoi un certain corps, qui était en repos, commence à être mû, d'expliquer comment il a été rencontré par un autre corps qui était en mouvement, alléguant ici l'occasion pour la cause » (*Discours Quatrième,* p. 128-129).

3 – Quelle est la nature de cet esprit ? Cordemoy réfute l'idée que cette cause soit l'esprit humain, que l'âme finie ait le pouvoir de mouvoir les corps. Il met en relief le fait que les sensations de l'union sont ambiguës. On pense à tort que l'âme cause le mouvement du corps de sa propre volonté (ou par un effort). Mais en réalité la possibilité du mouvement dans nos corps précède l'union de l'esprit au corps, et la mort n'est que le départ de l'âme d'un corps qui n'est plus capable des mouvements nécessaires à la vie. Les mouvements de la matière qui est dans notre corps (la circulation du sang, les battements du cœur) ne dépendent pas de notre volonté. Et si notre volonté était la cause de ces mouvements, elle pourrait les conserver. L'exemple de l'incapacité des vieillards à marcher plus vite, des ivrognes à marcher droit, de mouvoir ses doigts quand notre main est gelée, et l'expérience de l'insomnie, ou encore des assoupissements inopinés, manifestent l'impuissance de notre volonté à mouvoir notre corps plutôt que sa capacité à en causer les mouvements. La corrélation doit être expliquée sans le recours à la causalité réelle, car aucun être fini, quelle que soit sa nature, n'a de pouvoir causal.

4 – Il reste à établir que l'auteur des mouvements est un esprit qui transcende la totalité de la nature. Dieu peut seul revendiquer ce rôle. Seul un être qui existe par soi et qui ne contient dans sa nature rien qui vienne de l'extérieur peut causer quelque chose d'autre. Ce qui est causé ne peut être soi-même une cause. Et Cordemoy réfute enfin que les anges soient causes du mouvement : « Mais, dira quelqu'un, encore que nos esprits ne puissent causer le mouvement, s'ensuit-il qu'il faille recourir au premier Esprit pour en trouver la cause ? Et ne pourrait-il pas y avoir un esprit entre ce premier et les nôtres qui le puisse causer ? Je réponds que si cet esprit, de quelque ordre qu'on le veuille feindre, n'est pas par lui-même, et s'il n'est pas par lui-même, il n'a rien qui ne lui vienne d'ailleurs, de sorte qu'il n'est la véritable cause de quoi que ce soit. Nous pourrions bien concevoir qu'un esprit aurait la direction de tous les mouvements de cet Univers, comme nous l'avons de quelques-uns des mouvements de nos corps ; ce qui arrive seulement parce que la première puissance les dispose selon nos volontés. Cet esprit néanmoins, quelque excellent qu'il fût, ne produirait aucun mouvement, et ce qui le rendrait d'un ordre supérieur au nôtre, c'est que la première puissance disposerait plus de choses selon la volonté de cet esprit qu'elle n'en dispose selon la nôtre. Mais aucune de ces choses ne serait produite par lui, et si l'on en voulait trouver la véritable cause, il faudrait toujours remonter à Dieu » (*ibid.*, p. 133).

5 – La thèse finale qui achève son système est donc que le premier moteur, créateur et conservateur de tout mouvement, a institué les lois selon lesquelles sa puissance est déterminée. La cause occasionnelle fonctionne comme condition de l'intelligibilité et de la rationalité de l'exercice de la puissance infinie et invisible : « Ainsi, nous sommes parvenus à ce premier Esprit, et nous avons été obligés non seulement d'avouer qu'il a commencé le mouvement, mais nous avons évidemment reconnu qu'il le continue. Nous avons appris que sa seule puissance en est capable ; et nous la devons admirer surtout en ce point qu'ayant posé des lois entre les corps, suivant lesquelles elle les meut diversement à cause de la diversité de leurs rencontres, elle a ainsi posé entre nos âmes et nos corps des lois qu'elle ne viole jamais. Et tandis que ces corps sont constitués d'une certaine façon, elle en dirige toujours certains mouvements selon nos désirs ; ce qu'elle fait avec tant de promptitude, et si conformément à nos volontés que ceux qui précipitent leurs jugements croient qu'ils ont opéré d'eux-mêmes ce qu'ils ont simplement désiré, parce que cette première puissance l'a fait dès l'instant même qu'ils l'ont désiré » (p. 134).

La conception de la causalité développée par Cordemoy admet les thèses caractéristiques de la théorie occasionnaliste : la concentration de l'efficience en Dieu, seule vraie cause, avec le déni corrélatif des causes efficientes dans la nature, et la radicalisation de la doctrine de la création continuée ; Dieu est l'auteur des corps et de leur mouvement, il est aussi l'auteur des substances pensantes. Mais Cordemoy ne développe pas d'analyse de la manière dont Dieu serait la cause des pensées dans les esprits, et il ne développe aucune conception précise sur la nature et la cause des idées ; c'est Malebranche, et Geulincx, qui étendent le principe de l'occasionnalisme jusqu'au plan des perceptions et des idées.

Outre les deux arguments principaux de Malebranche, pour asseoir l'occasionalisme – à savoir, que la causalité requiert une connexion nécessaire entre la cause et l'effet ; que pour être la véritable cause d'un effet il faut savoir comment l'effet est produit –, arguments que Cordemoy n'évoque pas, on trouve chez lui un autre argument fondé sur le fait que la conservation des créatures n'est de la part de Dieu que leur création continuée [1], qui peut ressembler à l'axiome de Cordemoy, selon lequel une action ne peut être continuée que par l'agent qui l'a commencée. Malebranche présente une conception proche de la façon dont Cordemoy parvient à l'occasionnalisme dans un passage du Livre VI de la *Recherche de la vérité* [2].

Enfin, l'occasionalisme, lorsqu'il est développé comme une théorie systématique, repose sur une critique des sens, qui inclinent à croire en l'existence de relations causales réelles entre les choses créées, alors qu'il

1. Voir les *Entretiens sur la métaphysique et la mort,* VII, § VII, *OC,* XII, p. 156-157.

2. *Recherche de la vérité,* Livre VI, Partie II, chap. III, *OC,* II, p. 312-313 : « Il est évident que tous les corps grands et petits n'ont point la force de se remuer. Une montagne, une maison, une pierre, un grain de sable, enfin le plus petit ou le plus grand des corps que l'on puisse concevoir n'a point la force de se remuer. Nous n'avons que deux sortes d'idées, idées d'esprit, idées de corps ; et ne devant dire que ce que nous concevons, nous ne devons raisonner que suivant ces deux idées. Ainsi, puisque l'idée que nous avons de tous les corps nous fait connaître qu'ils ne se peuvent remuer, il faut conclure que ce sont les esprits qui les remuent. Mais quand on examine l'idée que l'on a de tous les esprits finis, on ne voit point de liaison nécessaire entre leur volonté et le mouvement de quelque corps que ce soi. On voit au contraire qu'il n'y en a point et qu'il n'y en peut avoir. On doit donc aussi conclure, si on veut raisonner selon ses lumières, qu'il n'y a aucun esprit créé qui puisse remuer quelque corps que ce soit comme cause véritable ou principale, de même que l'on a dit qu'aucun corps ne pouvait se remuer soi-même. Mais lorsqu'on pense à l'idée de Dieu ; c'est-à-dire d'un être infiniment parfait et par conséquent tout puissant, on connaît qu'il y a une telle liaison entre sa volonté et le mouvement de tous les corps, qu'il est impossible de concevoir qu'il veuille qu'un corps soit mû et que ce corps ne le soit pas ».

s'agit en fait d'une simple croyance et qu'il y a une simple corrélation. Sur le fondement de thèses cartésiennes, en particulier le déni de la ressemblance requise entre cause et effet, l'occasionalisme promeut une critique de la nature exemplaire de la causation ; un effet peut être ce qu'il est, sans nécessairement ressembler à sa cause. Le lien entre cause et effet résulte donc de l'institution divine. La cause occasionnelle est alors plutôt une raison suffisante, ou une norme intelligible, de l'efficace divine. Et dès lors, la régularité de la conjonction entre occasion et cause efficiente constitue une loi permanente de la nature et elle fonde la possibilité d'une science de la nature. L'occasionalisme présuppose en effet une interprétation mécaniste de la nature ; il explique tous les changements par le seul mouvement local.

Certes, la conception de la causalité développée par Cordemoy n'a pas la systématicité de celle de Malebranche, qui avec le concept de cause occasionnelle élabore les notions de loi générale, de simplicité des voies, ou de vision en Dieu[1]. Cordemoy n'a pas rattaché les causes occasionnelles à un système qui permette de fonder le déterminisme des lois de la nature. Cependant on peut mettre au crédit de la systématicité de sa pensée que son atomisme, de caractère *a priori* et non empirique, a de profondes affinités avec son « occasionnalisme ». Sa théorie de la substance appelle en effet une conception de la causalité en terme de corrélation (des corps, des portions de matière, de l'âme et du corps, et aussi des esprits) plutôt que d'interaction, comme c'est le cas chez Descartes.

L'HOMME DE CORDEMOY

Comme l'explique le *Cinquième Discours* deux choses sont unies quand il y a entre elles un rapport nécessaire tel que l'une se modifie en fonction des modifications de l'autre. Pour l'âme et le corps qui n'ont rien de « rapportant », leur union consiste en une correspondance entre les mouvements de l'un et les pensées de l'autre, et vice-versa. Cette union dure autant que dure une telle correspondance : « si cet Esprit, dont la

1. Henri Gouhier propose de distinguer causes occasionnelles et doctrine des causes occasionnelles. Ainsi avec Malebranche, « les causes occasionnelles n'expriment plus simplement le principe suprême de la nature, mais le principe de l'activité divine ; on les trouve en regardant l'idée de Dieu, elles entrent dans une déduction qui embrasse les attributs de Dieu et qui célèbre sa sagesse aussi bien que sa puissance : elles sont la définition de la Providence » dans *La Vocation de Malebranche*, Paris, Vrin, 1926, p. 120.

nature est de penser, a quelques pensées, auxquelles le corps puisse avoir du rapport par son étendue, par son mouvement, ou par autre chose de sa nature, par exemple, si de ce que cet esprit voudra que ce corps soit mû en certain sens, ce corps est tellement disposé qu'en effet il y soit mû ; ou, si de ce qu'il y aura de certains mouvements en ce corps, il vient de certaines perceptions en cet esprit, on pourra dire (par quelle puissance qu'ils aient été ainsi disposés) qu'ils sont unis. Et tandis qu'ils auront ce rapport entre eux, on pourra dire que leur union continue » (*Cinquième discours,* p. 137).

Cordemoy suit l'anthropologie cartésienne en constituant le domaine des sensations et des passions comme révélateur de l'union étroite de l'âme et du corps. Il met en valeur une telle union en soulignant que la sensation est une pensée rapportée à une certaine configuration des parties du corps. Autrement dit, les causes occasionnelles n'empêchent nullement que l'union de l'âme et du corps soit plus intime que celle des corps entre eux [1], et cela d'autant plus que Cordemoy insiste sur le fait que l'âme est toute entière dans chaque partie du corps, et aussi sur la finalité vitale des sensations, que Descartes avait mise au cœur de sa propre analyse. Ce rapport, cette présence à tout le corps, n'est pas une simple proportion de la substance corporelle avec l'esprit, mais une « admirable économie » qui la

1. C'est grâce à cette pensée de l'union que Cordemoy s'écarte de l'immanentisme, par lequel Dieu cause du mouvement, tout entier présent à l'univers, serait pensé comme un avec à la matière. Et, il s'écarte aussi de la même manière de l'angélisme, par lequel on distend l'intimité de l'union entre l'âme et le corps, en la comparant avec une union entre un pur esprit et un corps qui en sa nature lui serait étranger : « Par là on entend aussi comment Dieu est partout sans être étendu. Car puisque chaque partie de la matière ne subsiste et n'est mue que parce qu'il le veut, cette action de sa volonté s'étend partout. Néanmoins il n'est pas uni à la matière comme nos âmes sont unies à nos corps ; car il est sans dépendance de la matière, et ce qui arrive en elle ne peut causer en lui les altérations que notre âme ressent par les changements du corps. La raison de cette différence est qu'il n'arrive rien en la matière que ce qu'il plaît à cet Esprit souverain. Ainsi la cause des changements de la matière est sa volonté qu'il savait avant que ces changements fussent, de sorte qu'ils ne peuvent lui donner aucune pensée qu'il n'eût point. Au lieu que nos âmes ne connaissent les changements de la matière que quand ils arrivent, et elles peuvent recevoir de nouvelles pensées par les mouvements du corps suivant le rapport et la dépendance que Dieu a mis entre eux. On peut concevoir ensuite qu'un ange, ou un autre esprit, peut diriger les mouvements d'une certaine portion de matière, sans toutefois qu'on puisse dire qu'il l'anime comme nos esprits animent les corps. Car ces esprits ne sont point sujets aux changements de la matière à laquelle ils s'appliquent. Et encore qu'elle puisse agir sur eux en un certain sens, puisqu'ils sont capables d'apercevoir ces changements, et ainsi d'avoir de nouvelles pensées à leur occasion, néanmoins ils ne sont point affectés de plaisir, de douleur, et de ces divers sentiments que notre âme éprouve dès qu'il arrive dans notre corps des changements capables de rétablir ou de ruiner cette disposition par laquelle il lui est uni » (voir *Cinquième Discours*).

rend propre à servir l'esprit. Ainsi, comme chez Descartes, les sensations ne nous renseignent pas sur les choses en elles-mêmes, mais sur leur rapport à nous, selon qu'elles sont utiles ou nuisibles, à poursuivre ou à fuir. « Cette union, si l'on y prend garde, est bien plus grande et plus parfaite que celle de deux corps, car deux corps ne sont unis qu'en la superficie, c'est-à-dire ils n'ont rapport que par leurs extrémités, sans que leurs autres parties s'unissent. Au lieu qu'il n'y a si petite partie du corps auquel un esprit est uni avec lequel cet esprit n'ait du rapport, puisque les changements qui arrivent en chaque endroit du corps peuvent être aperçus de cet esprit, ou lui exciter de nouvelles pensées, et qu'il n'y a pas une partie qui ne serve à entretenir dans ce corps l'admirable économie qui le rend propre à toutes les choses que cet esprit veut qu'il opère » (p. 137).

L'homme partage avec les animaux le premier degré du sens décrit dans le point n° 9 des *Sixièmes Réponses,* et en ce sens nous pourrions avoir des sensations uniquement par la construction de notre propre corps dans son rapport avec l'univers matériel. Il est cependant impossible que nous le sentions, nous en apercevions, en parlions ou l'analysions, bref d'en avoir conscience, si nous n'avons pas une âme, « et si cette âme n'est pas unie au corps que j'appelle mien »[1]. Et « si j'ai de la *douleur,* lorsqu'on me pique au bout du doigt, je ne puis dire que cela vienne simplement de ce que je suis un corps. Car, si je n'étais que cela, je pourrais à la vérité avoir le bout d'un doigt entr'ouvert, le dérangement de ses parties pourrait être assez grand pour faire passage au sang des veines et des artères qui y aboutissent, et les nerfs qui s'y étendent, en étant ébranlés, pourraient communiquer un mouvement violent et convulsif à mon cerveau, y troubler le cours des esprits, et les faire couler dans des muscles qui feraient faire d'étranges mouvements en tout mon corps. Je conçois même que les esprits pourraient enfler les muscles de la poitrine, de sorte que comprimant le poumon, ils en chasseraient tout l'air par la trachée artère, qui, selon qu'elle serait plus ou moins ouverte, pourrait causer des sons plus ou moins aigus. Mais cela n'est pas sentir. Aussi si je n'avais qu'une âme, je pourrais bien m'apercevoir de tout ce qui se passe dans le corps que je viens de décrire, sans prendre aucune part à la destruction de ce corps, et n'ayant aucun intérêt à sa conversation, j'en connaîtrais le désordre, comme celui de quelque autre machine, sans en recevoir aucune altération fâcheuse. Et cela n'est pas sentir la douleur. Ainsi, si je sens de la douleur, ce n'est pas parce que j'ai un corps seulement, mais parce que l'un et l'autre sont unis. » (*Sixième Discours,* p. 158).

1. Voir *Sixième Discours.*

L'expérience de la douleur rend à chacun manifeste le sens de la formule qu'analyse la *Sixième Méditation*[1] ; à savoir que l'âme n'est pas unie à son corps comme un pilote est logé dans son navire. Et, si je sens de la douleur, ce n'est pas non plus parce que j'ai un corps seulement, mais parce que l'un et l'autre sont unis. Sentir, c'est apercevoir qu'on sent, et la conscience présuppose l'existence de l'âme. Dans le *Sixième Discours,* lorsque Cordemoy étudie à nouveaux frais les sensations, cette fois non plus au niveau mécanique qui nous est commun avec les bêtes, mais du point de vue de l'union de l'âme et du corps, c'est la fonction de conservation vitale qui rend compte de la spécificité de chaque sensation et de sa localisation. L'âme ne perçoit pas les mouvements intérieurs du cerveau à l'occasion desquels elle perçoit les qualités sensibles, et elle ne les rapporte pas non plus aux parties intérieures du cerveau. Les sensations correspondent normalement à des différenciations dans l'objet, et c'est la conservation de l'union qui permet de comprendre le message transmis par le cerveau comme pouvant correspondre à des distinctions dans l'objet, et cela même s'il arrive que le message puisse être mal compris, comme quand on croit que les qualité sensibles sont des qualités de l'objet, ou comme dans l'illusion des amputés on croit que la douleur est dans la main, là même où le membre est absent. Mais « il était bon, dis-je, qu'elle n'eût ses sensations qu'à l'occasion des mouvements du cerveau, car tout ce qui agit sur les extrémités du corps, devant porter son action jusque-là, avant que les esprits puissent prendre aucun cours pour transporter le corps, selon qu'il lui est utile d'être transporté ; il était raisonnable que l'âme s'aperçût justement en cet instant de ce qui affecte le corps afin de pourvoir à ses besoins et qu'elle puisse aider cette disposition organique et naturelle qu'il a pour sa conservation. Enfin il est bon qu'elle ne rapporte pas sa sensation à la partie intérieure du cerveau qui l'a excitée, mais à l'objet qui a été la première cause, comme en la vision, comme nous le verrons dans la suite » (*Sixième Discours,* p. 171).

C'est en ayant la conservation de l'union de l'âme et du corps au cœur de ses préoccupations que Cordemoy décrit les passions de l'âme. Ses descriptions sont celles qu'on peut trouver dans *Les Passions de l'âme,* et surtout dans la *Lettre à Chanut* du 1er février 1647, qui enracinent les passions dans la vie fœtale. Les modifications que Cordemoy fait subir à la

1. « La nature m'enseigne aussi par ces sentiments de douleur, de faim, de soif, etc., que je ne suis pas seulement logé dans mon corps, ainsi qu'un pilote en son navire, mais, outre cela, que je lui suis conjoint très étroitement et tellement confondu et mêlé, que je compose un seul tout avec lui » (AT, IX, 64).

réflexion sur les passions portent moins sur l'aspect psycho-physique que sur l'importance qu'il accorde aux différentes passions. Ainsi, on ne trouve rien chez Cordemoy sur l'admiration, et c'est l'amour qui est la première et la principale de toutes les passions, qui elle-même est enracinée dans la première des fonctions naturelles : la fonction alimentaire et l'amour du suc alimentaire.

On ne trouve pas, chez Cordemoy, d'analyse des émotions intérieures ni de l'estime ou du mépris, de la générosité, bref des passions qui contribuent à l'institution morale du sujet affectif. Et en général on constate que la dimension concrète de la morale cartésienne en tant que morale de la liberté inscrite dans le contexte l'union de l'âme et du corps n'est pas développée. En effet, si Descartes est attentif à l'institution naturelle des passions, et au fait qu'elles ont pour fin la conservation du composé, il montre néanmoins l'indétermination d'un tel principe. Si la peur a été, par exemple, instituée de nature pour nous permettre de nous préserver d'un danger, elle ne nous signifie pas s'il faut le fuir ou le combattre. Et le courage ou la lâcheté sont affaire de tempérament affectif et d'habitudes. Cependant, il est possible d'exercer notre tempérament et de modifier nos habitudes affectives, par un dressage ou gouvernement de soi. Mais c'est parce que les passions induisent des représentations, sinon erronées du moins exagérées, des choses et de l'estime que nous leur accordons, qu'il faut user des jugements qui sont nos propres armes dans la culture de la force d'âme.

Avec Cordemoy, c'est la finalité qui commande la description des passions ; en un sens elles servent l'union de l'âme et du corps, et en un autre, du fait du péché originel, elles peuvent dérégler l'ordre qui veut que l'esprit commande au corps. La morale ne saurait être envisagée hors de la doctrine du péché originel. Et en effet, il faut se souvenir que, chez Cordemoy, de même que plus tard chez Malebranche, l'existence des corps et du monde extérieur relève du domaine de la foi ; aucun raisonnement de causalité ne peut prouver l'existence des corps hors de nous, d'où le risque que l'homme encourt de se restreindre à la sphère de ses sensations et de ses émotions et de peindre le monde aux seules couleurs de sa subjectivité. C'est la foi, et c'est aussi la volonté, qui arrachent l'homme à la particularité des sensations et des émotions centrées sur la conservation et l'engagent à l'action. Et « si j'éprouve d'un côté que je ne puis tout connaître, et qu'en cela il manque quelque chose à mes lumières naturelles, et si par des expériences continuelles, j'éprouve d'un autre côté que j'ai la force d'arrêter mes jugements, jusqu'à ce que je sois parfaitement instruit, ou de n'en point donner du tout, quand je ne le puis être. En un mot, si je suis *libre dans mes jugements,* c'est que j'ai une âme. *Les volontés différentes.* Si je résous après mes jugements de faire ou de ne pas faire, de faire une chose ou l'autre, et d'agir d'une manière ou conforme, ou contraire à ce que je sais que je dois faire ; en un mot si j'ai une *volonté* capable de bien ou de mal, c'est que j'ai une âme. *La liberté de volonté.* S'il y a mille choses que je ne puis entendre, et s'il n'y en a point de si excellente, ni de si grande que je ne puisse vouloir, si dans cette disproportion qu'il y a entre le pouvoir que j'ai de vouloir, et celui que j'ai d'entendre, j'éprouve en moi la force de ne vouloir qu'après que j'ai bien connu, ou de vouloir, avant même que d'avoir bien connu. Tout cela m'apprend (outre bien des choses que je n'explique pas ici) que j'ai de la *liberté dans mes volontés,* aussi bien que dans mes jugements. Et je n'ai cette liberté que parce que j'ai une âme» (p. 148). L'excellence de la volonté est une indication de la destination de l'homme à une vocation métaphysique et théologique.

Le *Sixième Discours* s'achève sur une importante interrogation à propos de l'existence d'autrui [1] qui est l'objet même par lequel débute le *Discours physique de la parole,* ainsi que l'indique sa *Préface*: «Pour commencer cette recherche plus sûrement, je ne raisonne que sur ce que j'ai reconnu en moi-même dans le sixième discours, et comme si je n'avais encore jamais été assuré qu'il y eut d'autres hommes que moi, je m'arrête d'abord à considérer s'il est nécessaire que tous les corps, que je vois semblables au mien, soient unis à des âmes comme la mienne, me proposant de ne pas le croire, à moins que j'en ai des signes si évidents qu'il ne me soit plus permis d'en douter. J'examine ce que ces corps font de plus surprenant, et tant que j'en puis attribuer la cause à la disposition de leurs organes, je pense devoir assurer qu'ils n'ont point d'âme. Mais après avoir trouvé dans le seul arrangement de certaines parties des corps de quoi rendre raison du bruit, des sons, de la différence des voix, et même des mots que profèrent les échos et les perroquets, je suis enfin obligé d'admettre des âmes dans tous les corps qui ressemblent au mien, et de reconnaître qu'il n'est pas possible qu'ils parlent si à propos sans avoir de la raison» (*Discours physique de la parole,* p. 186).

L'analyse du langage est centrale dans l'anthropologie de Cordemoy ; et elle nous place devant le même problème que celui posé par les sensations et les passions : jusqu'à quel point le corps suffit-il à les expliquer, et en quel sens requiert-il que nous ayons une âme ?

1. « Ainsi, portant dans la suite mes considérations hors de moi, je tâcherai de reconnaître si entre les corps qui m'environnent, il n'y en a point auxquels je sois obligé de croire qu'il y ait des âmes unies ».

En effet, dans le *Sixième Discours,* seule l'existence de l'âme est saisie intuitivement ; le lien qui la relie au corps est non pas l'union substantielle, mais une correspondance terme à terme, et les mouvements qui se manifestent dans les sensations et passions pourraient aussi bien exister par la seule disposition organique. Et parce que l'âme n'est plus, comme dans l'aristotélisme, principe de vie, ou de motricité, tous les corps vivants seraient à même de présenter les signes de la douleur, de la volupté, etc., « sans qu'il fût besoin qu'ils en eussent les sentiments ». Ainsi la reconnaissance d'autrui ne peut se faire au niveau simplement naturel, où l'autre a un corps qui est semblable au mien, il faut trouver chez l'autre, mon semblable, cette manifestation de la liberté qui confère à la vie humaine sa valeur propre ; mais, puisque l'âme est unie au corps, c'est une liberté enracinée dans la nature qu'il faut pouvoir mettre en valeur. Il faudrait être en mesure d'isoler une fonction qui montre la liberté au moyen de la nature. Or le langage, union de signe et de sens, est justement le reflet, au niveau symbolique, de l'union de l'âme et du corps.

LANGAGE ET UNION DU CORPS ET DE L'ÂME

Dans le *Discours physique de la parole* (1668), Cordemoy se propose de montrer que nous ne sommes pas seuls au monde et de décrire par quels moyens nous échangeons nos pensées. Lorsque je perçois un corps, quand dois-je lui attribuer la pensée, et supposer qu'une âme lui est jointe ? Toutes les fois que je vois un corps semblable au mien, j'ai une « grande inclination » à considérer qu'il est uni à une âme comme la mienne. Quelle est la valeur de cette croyance ? « Mais, quand je viens à considérer que mon corps a tant d'opérations distinctes de celles de mon Âme, et que tout ce qui le fait subsister ne dépend d'elle en aucune façon, je pense avoir au moins sujet de douter que ces corps soient unis à des âmes jusqu'à ce que j'ai examiné toutes leurs actions. Je vois même que suivant le bon sens, je serai obligé de croire qu'il n'y a point d'Âme en eux s'ils ne font que les choses dont j'ai reconnu en moi-même que le Corps seul peut être la cause » (p. 191). Le début du *Discours physique de la parole* résume les acquis du *Sixième Discours* ; les impressions sensorielles, la nutrition, la locomotion, les régulations végétatives, sont autant de manifestations qui dépendent des organes et de leur disposition relative. « Ainsi, si je vois que les objets fassent différentes impressions sur eux par les yeux, par les oreilles, par le nez, ou par l'attouchement, et si je les vois manger, dormir, veiller, se nourrir, respirer, marcher, et mourir, tout cela ne me doit point faire croire qu'il y ait autre chose en eux qu'un certain ordre d'organes et de parties, qui est merveilleux à la vérité, mais si dépendant du cours et de l'arrangement du reste de la matière que je l'ai reconnu en moi pour la seule cause de la nourriture, du sommeil, de la respiration, et de la force que les objets ont de remuer le cerveau en tant de façons surprenantes » (p. 192).

Si j'ai une connaissance intuitive de ma pensée, et que je reconnais que certaines pensées accompagnent toujours certains mouvements de mes organes, néanmoins toutes les manifestations de comportements que je peux observer ne requièrent que le corps pour être expliquées. Je reconnais chez certains corps qui ressemblent au mien des mouvements qui ne sont pas commandés seulement par l'exigence biologique de la conservation, et il m'est alors difficile de ne pas leur attribuer une liberté de la volonté pareille à celle que je me reconnais. « Mais enfin je n'en saurais presque douter quand je fais réflexion sur la suite de plusieurs de leurs actions qui n'ont aucun rapport avec ce qui les peut conserver, et surtout la liaison que je rencontre entre les paroles que je leur entends proférer à tous moments me semble démontrer qu'ils ont des pensées. Car, encore que je conçoive bien qu'une pure machine pourrait proférer quelques paroles, je connais en même temps que si les ressorts qui distribueraient le vent, ou qui feraient ouvrir les tuyaux, d'où ces voix sortiraient, avaient un certain ordre entre eux, jamais ils ne le pourraient changer, de sorte que dès que la première voix serait entendue, celles qui auraient accoutumé de la suivre, le seraient nécessairement aussi, pourvu que le vent ne manquât pas à la machine, au lieu que les paroles que j'entends proférer à ces corps faits comme le mien n'ont presque jamais la même suite. J'observe d'ailleurs que ces paroles sont les mêmes dont je me voudrais servir pour expliquer mes pensées à d'autres sujets, qui seraient capables de les concevoir. Enfin, plus je prends garde à l'effet que produisent mes paroles quand je les profère devant ces corps, plus il me semble qu'elles sont entendues, et celles qu'ils profèrent répondent si parfaitement au sens des miennes, qu'il ne me paraît plus de sujet de douter qu'une Âme ne fasse en eux ce que la mienne fait en moi » (p. 193).

Quelque grande que soit la probabilité que ces corps semblables au mien aient une âme qui leur soit jointe, je ne peux pourtant l'admettre si je conduis ma pensée suivant la règle de l'évidence. On peut se demander pourquoi Cordemoy résiste à ce qui, pour Descartes, est une évidence, car de même que je dis que c'est la même cire, et que tout le monde en juge de même, bien que nous voyons les qualités sensibles changer du tout au tout sous nos yeux, nous jugeons que ce sont des hommes qui passent dans la rue bien que, de nos yeux, nous voyions seulement des manteaux et des chapeaux qui pourraient être mus par des ressorts.

Descartes a souligné dans la cinquième partie du *Discours de la méthode,* et la *Lettre au Marquis de Newcastle* du 23 novembre 1646 [1], que l'homme se distingue de l'animal machine par l'invention de signes pour traduire ses pensées, même chez les muets, au contraire de certains animaux, comme la pie, ou les perroquets, doués des organes de la paroles, et qui la reproduisent mécaniquement, sans qu'il y ait communication de sens. Et malgré la diversité des langues, liée au caractère institutionnel des signes, les hommes savent se faire « entendre » d'autrui. Le langage manifeste l'universalité de la raison. Pourquoi continuer de douter alors ? Parce que, comme le sous-entend Cordemoy dans la *Préface,* les animaux sont aussi capables d'un langage naturel : « ayant reconnu que *parler* n'est en général autre chose que donner des signes de sa pensée, j'observe quelques-uns de ces signes. Les premiers que je considère sont ces mouvements des yeux ou de visage, et ces cris, qui accompagnent ordinairement les différents états du corps. Je remarque qu'ils sont naturellement joints aux passions que l'âme ressent à l'occasion des changements du corps, et que le meilleur moyen qu'on ait de faire entendre ce qu'elle souffre est de ne pas contraindre le visage, les yeux ou la voix. Je remarque aussi que cette façon de s'expliquer est la première des langues, et la plus universelle, puisqu'il n'y a point de nation qui ne l'entende » (p. 186). Et les bêtes n'ont pas besoin d'une âme pour crier, ni pour être émues par des voix, pour imiter le son de nos paroles, et ce qui fait que le cri de certaines espèces les dispose à s'approcher quand ceux des autres espèces les incline plutôt à fuir, on l'attribue à la construction de leurs organes.

1. Voir AT, IV, 573-575. Descartes développe une conception du signe hors du contexte de la réflexion sur le langage, précisément dans l'analyse des sensations et des passions, et de l'association des mouvements corporels avec le sens et avec les émotions propres à l'âme. Cf. *Le Monde,* chap. i ; *Méditation Sixième,* AT, IX, 66 *sq.* ; *Les Passions de l'âme,* art. 50, AT, X, 368-369 ; La *Lettre à Chanut,* 1er février 1647, AT, IV, 604 ; La *Lettre à Morus,* du 5 février 1649, AT, V, 278-279. Ce qui vaut comme signifiant, ou comme signifié, peut changer de position suivant les descriptions. Dans le traité du *Monde,* le signe est l'action extérieure qui provoque la lumière et qui renvoie au sentiment, ou encore le signe matériel qui affecte l'ouïe ou la vue, et suscite le sens, « souvent même sans que nous prenions garde au sens des mots, ni à leurs syllabes ». Et, dans l'expression des émotions, c'est aussi l'action extérieure du visage qui suggère l'interprétation de la passion. Mais dans les *Méditations,* et les *Passions,* la relation entre le signe et le signifié paraît inversée ; c'est le sentiment qui devient alors le signifiant.

L'association extrinsèque entre paroles et choses signifiées est en effet comparée par Descartes à la corrélation entre les modifications quantitatives qui diversifient les corps et le sentiment qualitatif éprouvé à cette « occasion »[1]. Or, comme le remarquent les *Passions de l'âme,* la *Lettre au Marquis de Newcastle,* déjà mentionnée, et celle à Morus du 5 février 1649, ces manifestations émotionnelles existent aussi chez les animaux. Bref, si Cordemoy attribue finalement aux corps qui sont semblables au nôtre, une âme qui leur soit jointe comme l'est la nôtre, c'est en approfondissant l'analogie et les divergences entre le langage proprement humain et quelque chose comme un langage de la nature qui caractérise la région du sens et des sentiments, ainsi que le domaine des passions, lesquels rapprochent l'homme et l'animal. Cordemoy se livre alors dans le *Discours physique de la parole,* à une longue analyse de la parole sur le versant du corps, et de la voix, et il développe les éléments d'une phonétique à laquelle Chomsky rend hommage dans la *Linguistique Cartésienne*, sur laquelle nous revenons dans ce qui suit.

Pour démontrer que seul le langage humain dévoile la pensée, Cordemoy développe la distinction entre signes naturels et signes d'institution. Les premiers sont innés et propres à chaque espèce d'animaux, et à l'homme aussi quand il exprime ses passions. Conformément à la thèse développée par Descartes au chapitre premier du *Monde,* les signes naturels correspondent aux sentiments, ou aux sensations, et aussi aux manifestations extérieures des passions. Et il y a une dissemblance entre l'excitation mécanique et son effet en nous, de telle sorte que la corrélation est extérieure et qu'il n'y a pas de ressemblance entre les signes naturels et les pensées. Ils sont dits « naturels » à cause du rapport nécessaire qui existe entre les passions et les mouvements du corps, et ce rapport est chez Cordemoy celui de la cause occasionnelle, de telle sorte qu'on peut lire les états d'âme sur les visages, ou les attitudes corporelles, des hommes, encore qu'ils puissent feindre ces sentiments en adoptant les attitudes physiques correspondantes ; les êtres humains s'approprient les signes naturels et peuvent de cette manière manipuler leurs semblables[2].

1. *Le Monde,* AT, XI, 4 : « Pourquoi la Nature ne pourra-t-elle pas aussi avoir établi certain signe, qui nous fasse avoir le sentiment de la lumière, bien que ce signe n'ait rien en soi qui soit semblable à ce sentiment ? Et n'est-ce pas ainsi qu'elle a établi les ris et les larmes, pour nous faire lire la joie et la tristesse sur le visage des hommes ? ».

2. *Cf.* Descartes, *Les Passions de l'âme,* art. 113, AT, XI, 412-413.

Outre ces signes naturels des passions de l'âme, il y en a d'autres qui ne sont que d'institution, par lesquels l'homme (l'âme) peut exprimer tout ce qu'il (elle) connaît. Les signes d'institution reposent sur la convention sociale, et sur les signes, et sur la compréhension que les hommes ont décidé de partager. Ils sont de deux sortes : ordinaires et particuliers, selon qu'ils sont partagés, ou plutôt exclusifs, comme les codes. « Les signes, que je nomme ordinaires, sont ceux par lesquels une grande partie des hommes a coutume de témoigner certaines choses, et ceux-là sont purement d'institution. Les uns sont plus universels, et d'autres le sont moins, par exemple, quand on veut, sans se servir de la voix, dire que l'on consent, on fait un signe de tête tout différent de celui qu'on ferait pour montrer qu'on ne consent pas. De même on fait certains signes de la main pour chasser quelqu'un, et ces sortes de signes sont assez universels. Mais ceux par lesquels on témoigne son respect, quoiqu'ils soient ordinairement d'une même façon dans tout un pays sont souvent très différents dans un autre. Les signes, que j'appelle particuliers, sont ceux dont toute une nation, ou toute une communauté, ne convient pas, mais qui sont institués entre deux personnes, ou peu d'autres, pour signifier certaines choses, dont ils ne veulent pas que s'aperçoivent » (p. 227). On voit que dans la description des signes ordinaires, Cordemoy ne répugne pas à se servir d'exemples de manifestations corporelles de la pensée, pourvu qu'elles soient conventionnelles, qu'elles reposent sur un usage, ou une coutume. Car l'association entre les pensées et le langage obéit aux règles de l'union de l'âme et du corps ; il n'y a pas de ressemblance naturelle entre les mouvements du corps et les pensées de l'âme, mais une association si réglée qu'on oublie parfois les mots dont on s'est servi pour ne retenir que les idées véhiculées par la parole ou l'écriture.

Si la parole est plus commode en la présence, l'écriture supplée à l'absence et elle s'attache à l'acquisition d'autres signes d'institution, comme c'est le cas pour le déchiffrage des codes, ou aussi l'acquisition d'une langue étrangère, ou du moins son approfondissement. « Pour l'Écriture, il n'y en a point de naturelle, et ce n'est que par art que les hommes en ont trouvé le secret. Comme ils ont vu qu'on faisait signifier tout ce qu'on voulait aux gestes et aux voix, ils ont cru que donnant des significations aux caractères, que la main pouvait former et qui restent, ces sortes de signes pourraient faire savoir nos pensées à ceux qui seraient éloignés, ou qui naîtraient longtemps après nous » (p. 227-228).

L'apprentissage du langage par l'enfant est l'objet d'analyses aussi précieuses pour la psychologie de l'apprentissage qu'attachantes par la vivacité de leurs exemples (comment l'enfant apprend à dire « le cheval court » parce qu'il éprouve de la joie à le voir courir et s'ébattre en pleine force) ; elles montrent que l'apprentissage suit un ordre logique : après la compréhension des « signes naturels » qui expriment les passions de leurs proches, l'enfant acquiert vers deux ou trois ans beaucoup de noms, puis il distingue les qualificatifs, et enfin les verbes d'action. Et ce n'est pas de façon différente que les grammairiens classent les mots de substance (noms, qualité), d'action (les verbes), mais ils reconnaissent d'autres mots, par exemple les adverbes, dont l'acquisition de la signification prend plus de temps. Quelque technique que soit la description du langage, et celle de son acquisition dans l'élément des langues et de leurs nuances, Cordemoy souligne que le langage humain, et la capacité de l'acquérir, sont signe de la présence de la raison, laquelle est tout entière présente dès le commencement. « Je désire seulement qu'on observe une vérité très importante que nous découvre évidemment cet exemple des enfants ; qui est que, dès la naissance, ils ont la raison toute entière, car enfin cette manière d'apprendre à parler est l'effet d'un si grand discernement, et d'une raison si parfaits qu'il n'est pas possible d'en concevoir un plus merveilleux » (p. 210).

Si le langage exprime la nature mixte de l'homme comme âme unie à un corps, il est aussi la manifestation de la raison humaine. Cordemoy développe une analyse féconde de la rhétorique, et de l'éloquence, et fait de l'exigence de la vérité le principe éthique qui règle de l'intérieur le langage humain. La capacité de mentir qui est le danger qui menace le langage humain est le signe de la duplicité, ou de l'opacité, de l'âme humaine, enracinée dans le fait que nous n'avons pas d'idée claire de l'âme. Cordemoy développe alors une conception idéale d'un langage de purs esprits, là où ordinairement le langage humain n'échappe jamais à l'opacité de l'âme humaine, mais pas non plus à l'exigence de la rectitude, et de la véracité, de notre parole et de notre écriture, fondées sur l'excellence du vouloir.

LANGAGE ET INSTITUTION

Dans le *Discours physique de la parole* Cordemoy part du problème métaphysique de l'existence des autres esprits et sa preuve est liée à la capacité que l'homme a de proférer des paroles à propos des paroles des autres, sans rapport avec les nécessités vitales. C'est un des points que Chomsky souligne dans la *Linguistique cartésienne* quand il rend, entre autres, hommage à Cordemoy : le langage humain n'est pas, aux yeux des cartésiens, déterminé par l'association fixe des paroles à des *stimuli* externes ou à des états physiologiques. Il ne se réduit pas à une fonction de communication commandée par les instincts, à la différence du prétendu langage des animaux.

Sa liberté lui permet de servir à l'expression de la pensée. Dans le paragraphe intitulé *Creative aspect of language use,* Chomsky détaille l'apport de la linguistique cartésienne. « Le lieu où s'exprime la différence essentielle entre l'homme et l'animal est le langage humain, et en particulier la capacité qu'a l'homme de former de nouveaux énoncés qui expriment des pensées nouvelles, adaptés à des situations nouvelles. [...] Ainsi Descartes maintient-il que l'on dispose du langage pour exprimer librement sa pensée, ou pour répondre adéquatement à tout nouveau contexte. [...] C'est la diversité du comportement humain, adapté à chaque nouvelle situation, et la capacité humaine d'innover – dont témoigne avant tout l'aspect créateur de l'utilisation du langage – qui conduisent Descartes à reconnaître un esprit en autrui ; il estime en effet que cette capacité se situe au-delà des limites de tout mécanisme imaginable »[1].

Plutôt que d'aborder la créativité ou l'inventivité du langage à partir de la « linguistique cartésienne », notre démarche historique nous conduit à mettre l'accent sur les fondements métaphysiques du langage chez Cordemoy et Descartes. Il est difficile d'accorder un crédit historique à la thèse d'une linguistique cartésienne anticipant la grammaire générative, dont le sens est plutôt lié aux développements contemporains de la philosophie du langage et de l'esprit. Descartes a certes écrit sur le langage quelques *Lettres* et on peut alléguer quelques passages célèbres dans *Le Monde* ou le *Discours de la méthode* à ce sujet, mais ces réflexions sont loin de constituer une linguistique, quelque sens qu'on donne à ce terme. Chomsky loue la phonétique de Cordemoy du *Discours physique de la parole,* mais elle ne suffit pas à constituer une science cartésienne du langage. *La logique ou l'art de penser* et la *Grammaire de Port-Royal,* s'approchent peut-être mieux de l'idée qu'on pourrait se faire d'une linguistique cartésienne, mais bien qu'Arnauld et Nicole y développent une théorie du signe et de la proposition, l'essentiel de leur analyse consiste dans une théorie des idées et des jugements et non en une théorie de la langue[2]. La thèse chomskyenne de l'inventivité du langage humain dans le cartésianisme n'en est pas moins juste globalement. Mais plutôt que

1. N. Chomsky, *La Linguistique cartésienne,* trad. fr. N. Delande et D. Sperber, Paris, Seuil, 1969, p. 20-24.

2. Voir la position précise et nuancée de Jean-Claude Pariente, dans *L'Analyse du langage à Port-Royal. Six études logico-grammaticales*, Paris, Minuit, 1985.

l'improbable linguistique cartésienne, c'est la métaphysique et la psycho-physiologie qui l'expliquent. La « créativité » du discours humain est en effet liée, chez Cordemoy, à une théorie de l'institution humaine et divine fondée sur l'occasionalisme. Et c'est cette théorie que nous voulons comparer à la conception cartésienne du langage et de l'institution.

Langage et communication

Cordemoy donne une définition de la parole dans la Préface du *Discours physique de la parole* (p. 186) : « Parler n'est en général autre chose que donner des signes de sa pensée ». Elle est développée plus loin sous la forme : « *Parler,* à mon avis, n'est autre chose que faire connaître ce que l'on pense, à qui est capable de l'entendre ; et supposé que les corps, qui ressemblent au mien, aient des âmes, je vois que le seul moyen de nous expliquer les uns aux autres ce que nous pensons, est de nous en donner des signes extérieurs » (p. 198). Ce qui est étrange, dans ces définitions, c'est que parler ne consiste pas à dire ce qu'on pense, à donner corps à ses idées, mais plutôt à « donner des signes », autrement dit, à articuler physiquement des sons qui *renvoient* à ma pensée, laquelle est, pour autrui, cachée dans mon corps. Autrui n'a accès à mes pensées qu'indirectement, elles ne lui deviennent présentes qu'au travers des signes corporels que j'en donne.

Dans la seconde définition, la supposition que les corps semblables aux miens ont une âme souligne que la communication par signe serait l'unique moyen, faute de mieux, que nous ayons à notre disposition pour nous expliquer les uns aux autres notre pensée. Dans la suite du *Discours,* on comprend d'ailleurs que la différence entre l'esprit et le corps est l'obstacle principal à la compréhension entre les hommes et que nous nous comprendrions plus facilement si nous étions de purs esprits. « On doit aisément comprendre que si deux esprits n'étaient point unis à des corps, ils auraient bien moins de difficulté à se découvrir leurs pensées, puisqu'il y a naturellement bien plus de proportion entre les pensées de deux esprits semblables, qu'entre des pensées et les mouvements de deux corps » (p. 232) [1]. La facticité, le fait que nous ayons un corps, est ce qui nous oblige à recourir aux signes, mais l'esprit saisit la pensée qui est une chose spirituelle plus aisément qu'il n'interprète ses signes qui sont choses

1. Voir aussi p. 241 : « Comme on reconnaît que la pensée d'un homme se conçoit aisément par un autre homme, dès que le premier aura parlé, c'est-à-dire, dès que par des mouvements qui servent à battre l'air, il a remué l'oreille de celui auquel il veut que sa pensée soit connue, il est aisé aussi de reconnaître que, si deux esprits qui ne dépendent point du corps dans leurs opérations, se veulent découvrir leurs pensées, ils n'ont qu'à le vouloir ».

corporelles. La façon dont Cordemoy distingue le corps et l'âme et insiste sur leur absence de commune mesure, ou de rapport, a donc seulement l'apparence d'être fidèle à Descartes.

On se tromperait, en effet, si l'on voulait voir dans les définitions de Cordemoy une reprise, plus développée, de la conception cartésienne du langage. Et pourtant, Descartes écrit à Morus que « la parole est l'unique signe et la seule marque assurée de la pensée cachée et renfermée dans le corps » [1]. Mais la question qu'il pose est celle de savoir si nous pouvons être assurés que des machines, qui sont en tout point semblables à notre corps, capables même de proférer des paroles, ne sont pas de « vrais hommes » mais des « hommes feints » [2]. Et un des critères qu'il donne pour être « moralement » certain qu'il s'agit de véritables hommes, c'est la parole. La parole n'est pas le signe des pensées que nous entretenons par devers nous, mais le signe de la présence de la pensée dans un corps semblable au nôtre, qui nous assure que nous avons bien affaire à un être humain et non à un automate ou à ce que nous appelons un robot, même de génération très avancée.

Et c'est ainsi que nous pouvons connaître la différence entre les hommes et les bêtes. Le plus grand de tous les préjugés de l'enfance est, selon Descartes, de croire que les bêtes pensent. Nous sommes gagnés à ce préjugé par la similitude que nous voyons, chez certains animaux, entre leurs organes et les nôtres, et nous considérons donc comme vraisemblable qu'ils ont du sentiment comme nous, qu'ils ont non seulement des plaisirs ou des souffrances quand on leur en fait subir, mais aussi qu'ils éprouvent des émotions et des passions. L'erreur vient se glisser dans le raisonnement par analogie, dès que s'avisant que « la pensée est enfermée dans le sentiment que nous en avons » [3], il nous faut alors attribuer à leur sentiment une même pensée. C'est cette attribution qui relève du préjugé, autrement dit, nos sentiments enveloppent des pensées, nos plaisirs, nos souffrances, nos émotions et nos passions, sont pénétrés de conscience et sont impliquées dans un réseau historique et personnel de significations, mais que ce soit ainsi pour les hommes n'est pas une raison pour attribuer aux bêtes la conscience ou la pensée.

Il est important de souligner que jamais Descartes, à la différence de Cordemoy, ne met en avant l'idée qu'autrui ait un accès seulement indirect à nos pensées, au travers de signes que nous en donnerions en parlant. Le

1. Descartes, *Lettre à Morus,* 5 février 1649, AT, V, 278, l. 18-20 ; trad. FA, III, 886.
2. *Méditation seconde,* AT, IX, 25.
3. *Lettre à Morus,* traduction FA, III, 885.

rapport de la parole à la pensée est chez Descartes direct; la parole ne traduit pas les pensées ni n'en fournit de simples signes renvoyant à la présence pleine de ma pensée, puisque nous usons de paroles en les composant, comme on a coutume de le faire, pour « déclarer aux autres nos pensées » [1]; nous arrangeons nos paroles pour « répondre » au sens de ce qui se dit en notre présence.

Quand il commente à nouveau, dans la *Lettre au Marquis de Newcastle* du 23 novembre 1646, cette thèse qu'aucune de nos actions extérieures ne peut assurer ceux qui les examinent que nous ne soyons pas une machine, « excepté les paroles, autres signes faits à propos des sujets qui se présentent, sans se rapporter à aucune passion », Descartes ne veut pas mettre en relief que les paroles soient des signes de notre pensée et qu'il y en aurait d'autres, telle l'écriture que mentionne Cordemoy, ou le langage des sourds. Le but de Descartes n'est pas d'énumérer les signes institués par l'homme pour signifier ses pensées, mais de même qu'il inclut les fous dans le partage de la raison même quand elle est aussi hébétée, parce que leurs paroles et leurs expressions corporelles portent sur quelque chose et ne relèvent pas d'un simple mouvement naturel, il importe de ne pas exclure du langage les sourds « qui se servent de signes en même façon que nous de la voix » [2]. Le langage des sourds est le signe qu'ils sont, comme nous, de vrais hommes, mais ce langage n'est pas plus signe de leur pensée que nos paroles, si on entend par là que dans la communication avec les autres, leurs gestes renverraient à une pensée cachée qui se manifesterait seulement indirectement. Pour ceux qui communiquent dans cette langue, l'habitude de lier les gestes à leur signification fait qu'on peut dire qu'ils déclarent, comme nous-mêmes le faisons, leurs pensées et qu'ils répondent à ce qui se dit en leur présence.

On voit que des formules proches renvoient à un horizon de pensée différent. Cordemoy inscrit résolument la parole dans le contexte de la communication. Descartes ne paraît pas le faire aussi clairement, ainsi que l'atteste le *Cogito* de la *Méditation Seconde* : « cette proposition *Je suis, j'existe,* est nécessairement vraie, toutes les fois que je la prononce, ou que je la conçois en mon esprit » [3]. Si on fait abstraction du fait que Descartes écrit et s'adresse à des lecteurs, on a l'impression qu'il est possible de parler seul raisonnablement, de penser en se parlant à soi-même en dehors d'un contexte de communication avec les autres, puisque telle est bien la

1. *Discours de la méthode,* Cinquième partie, AT, VI, 56.
2. AT, IV, 574.
3. AT, IX, 19.

situation de l'*ego* du *Cogito* dans cette *Méditation Seconde*. Mais, comme on l'a rappelé, Cordemoy inscrit, pour sa part, ses analyses dans le fil du *Discours Sixième* des *Six Discours sur la distinction et l'union de l'âme et du corps*, où il a laissé sans réponse la question de savoir « si entre les corps qui entourent le mien, il y en a quelques-uns, auxquels je dois juger que des âmes soient unis » (p. 155).

Comme on l'a vu, Cordemoy commence le *Discours physique de la parole* par la question de l'existence de ce que les anglo-saxons nomment *Other minds* et que, dans notre tradition, nous nommons l'existence d'autrui. C'est un problème qui apparaît plutôt dans la philosophie contemporaine et que Descartes ne se pose pas. Autrui ne se pose pas chez lui comme un problème et Descartes ne prouve nulle part que les autres ont, comme moi, une âme unie à un corps. Il ne part pas de l'existence de corps semblables aux miens dont il s'agirait de prouver, comme Husserl dans la *Cinquième Méditation cartésienne,* qu'ils ont une conscience intentionnelle. Se rapporter aux autres comme à de vrais hommes ou avoir affaire à de vrais hommes et non à des automates, relève de la facticité. Il y a un fait humain de la pensée, donné dans sa profondeur signifiante et néanmoins ordinaire : nous déclarons nos pensées aux autres, nous répondons à ce qui se dit en notre présence et les autres nous répondent. C'est ainsi que nous sommes pris dans l'échange des réponses avant d'avoir jugé que ce sont de vrais hommes, ou plutôt ce jugement n'est pas différent de la manière dont nous sommes pris dans l'interlocution.

Cordemoy est aussi sensible au fait du langage humain, à la manière dont les réponses s'ajustent les unes aux autres dans la communication, à cette communauté dans l'usage des signes qui nous donne le bonheur des accords partagés, de la compréhension mutuelle et des idées nouvelles. « Or il me semble avoir reconnu qu'il y a plusieurs signes commun entre eux et moi, par lesquels nous nous entendons. Car voyant qu'ils répondent à mes signes par d'autres signes, qui me donnent des idées convenables à ce que je pense, je ne crois pas me tromper quand je me persuade qu'ils ont compris ma pensée, et que la pensée nouvelle que leurs signes ont excitée en moi, est en effet celle qu'ils ont » (p. 198). Cordemoy pose, avec une force qui le singularise, que l'usage des signes du langage institue la société humaine comme réalité humaine vivante ; « ces mêmes signes sont le seul moyen d'entretenir entre les hommes la société, qui est le plus grand de tous les biens » (p. 201-202).

Or une telle affirmation découle de la réponse au problème de l'existence d'autrui. En effet, ni l'écho, ni le perroquet, bien qu'ils soient dotés de voix, ne parlent, ils répercutent, imitent ou répètent ce qu'ils ont entendu. Parler, ce n'est pas se faire l'écho des idées qu'on a entendues ni les répéter. Ce n'est pas non plus répondre à des *stimuli* externes ou à la pression d'un état physiologique interne, et ainsi « quand je verrai que ces corps feront des signes, qui n'auront aucun rapport à l'état où ils se trouveront, ni à leur conservation : quand je verrai que ces signes conviendront à ceux que j'aurai faits pour dire mes pensées ; quand je verrai qu'ils me donneront des idées que je n'avais pas auparavant, et qui ne se rapporteront à la chose que j'avais déjà dans l'esprit ; enfin quand je verrai une grande suite entre leurs signes et les miens, je ne serai pas raisonnable, si je ne crois qu'ils le sont comme moi » (p. 207). La reconnaissance d'autrui, qui est au fondement du lien social, s'inscrit dans le partage des idées ; les idées des autres nous en donnent de nouvelles que nous n'avions pas, si bien que nos pensées s'entresuivent et se croisent, s'engrènent et suscitent de nouvelles idées. Le don des idées, c'est le don des langues. S'il y a un *il y a* des idées, un *Es gibt,* c'est au sens d'un partage des idées dans une langue commune. Et, dans les formules de Cordemoy, ce qui apparaît dans les signes du langage, c'est moins l'indirect de la pensée à laquelle ils renvoient que les idées que nous nous donnons les uns les autres dans le partage d'une même langue.

L'Institution

Ce qui caractérise l'institution humaine du langage comme signe des pensées, c'est qu'elle « suppose nécessairement de la raison et des pensées en ceux qui sont capables d'en convenir » (p. 198). Comment expliquer alors qu'il y ait plusieurs signes qui viennent se loger *entre eux et moi* qui sont *communs* mais qui peuvent aussi constituer un obstacle dans la communication ? C'est la théorie de l'institution qui en rend raison. L'institution humaine du langage est le moyen de concevoir l'institution divine de l'union du corps et de l'âme en l'homme. Dans sa théorie du langage et des signes, Cordemoy met en relief la distinction entre signes naturels et signes d'institution que Descartes a seulement évoquée, dans le contexte de l'explication de la nature des sens humains et non dans une analyse du langage. Il faut distinguer les signes naturels des signes d'institution ; les premiers, à la différence des seconds, ne relèvent pas d'une convention humaine, mais sont ceux par lesquels « je témoigne mes passions sans en avoir dessein », ou quand sur mon visage paraît un certain air riant ou triste que d'autres peuvent voir. C'est aussi de cette façon que, dans le premier chapitre du *Monde,* Descartes envisage l'institution naturelle « qui a *établi* les ris et les larmes, pour nous faire lire la joie et la tristesse sur le visage des hommes » [1]. Les rires et les larmes sont signes de la joie et de la tristesse qu'on lit sur le visage comme s'il s'agissait d'une écriture ou d'une lecture naturelles. Ces signes sont naturels parce qu'ils n'ont pas été inventés par les hommes, mais ils sont, comme les signes du langage humain, arbitraires ou immotivés ; il n'y a pas de ressemblance entre le signe et ce qu'il signifie.

Il n'y a donc pas de contradiction à soutenir que les signes en question sont naturels et institués ou établis par la Nature, ou par Dieu, qui joignent certains mouvements et certaines pensées, car ce que l'un et l'autre des auteurs soulignent, c'est précisément que le signifiant ne ressemble pas au signifié ; cela est vrai des signes naturels comme des signes d'institution humaine. On peut s'en rendre compte dès lors que, comme Cordemoy, on note que ces signes sont trompeurs et qu'on peut contraindre les mouvements de son visage ou de ses yeux, pour qu'ils aient un air différent de celui qu'ils auraient si nous laissions s'exprimer librement nos émotions. Les signes naturels sont donc, on l'a vu, eux aussi, institués ; la liaison entre les mouvements du corps et les émotions fait l'objet d'un établissement naturel ou divin, et les habitudes font la naturalité de cette liaison instituée, et en ce sens aussi arbitraire que l'institution humaine. Si nous pouvons changer ses habitudes, l'expression naturelle relève des usages et nos usages sont encore naturels. « Bien que naturellement certains mouvements de mon visage, et même de tout mon corps, aient été joints à quelques unes de mes pensées, ce rapport néanmoins n'est pas si nécessaire que je ne le puisse quelquefois changer en joignant ces pensées à d'autres mouvements tout contraires. Et, quoique à la vérité cela me fasse beaucoup de peine, je conçois que, comme on peut former une habitude aisée de tout ce qui paraît d'abord le plus difficile, je pourrai me rendre ces changements assez faciles » (p. 199-200).

Cependant il faut se garder de voir dans les signes naturels la marque de la raison et ce sont seulement les signes d'institution qui font connaître, comme on l'a dit, la présence de la raison dans certains corps semblables aux nôtres. Cordemoy souligne à l'envi que les signes d'institution n'ont aucune conformité à la pensée, qu'il n'y a rien de moins ressemblant à nos pensées que ces signes qui servent à les expliquer. En mettant l'accent sur la différence qu'il y a entre ces signes et nos pensées, il accuse celle qui est entre notre âme et notre corps et il montre ce qui constitue la condition métaphysique de leur union. L'institution humaine est le prolongement

1. Descartes, *Le Monde*, AT, XI, 4 (nous soulignons).

nécessaire de l'institution divine qui unit deux substances radicalement différentes en l'homme. L'institution humaine, qui joint certains mouvements du corps à certaines pensées, nous permet de nous représenter que l'Auteur de la nature, en formant l'homme, unit certaines pensées de son âme à certains mouvements corporels, de telle façon que ces mouvements ne peuvent pas être excités dans le corps, sans que des pensées soient aussitôt excitées en l'âme et réciproquement. Ainsi, lorsque l'âme veut que le corps soit mû d'une certaine façon, c'est « en même temps » qu'il se meut en cette façon. Ce que l'institution humaine du langage souligne c'est l'absence de rapport ou de ressemblance entre les signes corporels et les pensées ; et cela correspond au fait que dans l'union du corps et de l'âme, les deux composants sont sans commune mesure ou sans commune nature, de sorte qu'il ne peut pas y avoir entre eux d'interaction, mais qu'il existe une simple corrélation, voulue par Dieu, entre un mouvement et une pensée, entre une volonté et un mouvement corporel.

L'union de l'âme et du corps n'est en effet pas, chez Cordemoy, une interaction, du fait de la disproportion des substances, mais une corrélation. « L'union des choses ne se fait que par ce qu'elles ont de rapportant, et conséquemment, si un Corps et un Esprit sont unis, ce n'est pas par le rapport de deux étendues, car l'Esprit n'en a point, ni par le rapport de deux pensées, car le Corps n'en a point. [...] Au reste, l'on connaît assez par ce qui a été observé sur la fin du quatrième Discours, quelle est la puissance qui tient l'esprit et le corps toujours disposés à recevoir divers changements à l'occasion l'un de l'autre. Mais il n'a pas été besoin d'examiner ici quelle puissance entretient ce rapport entre eux. C'est assez d'avoir reconnu que ce rapport est véritable et que c'est en cela que consiste leur union » (*Six Discours sur la distinction de l'âme et du corps,* Cinquième Discours, p. 136-137).

L'étude du langage illustre ainsi le fait que l'occasionnalisme est le fondement métaphysique de l'union de l'âme et du corps et que, par conséquent, c'est « de ce rapport si nécessaire, que l'Auteur de la nature entretient entre le corps et l'âme, qu'est venue la nécessité de faire des signes pour communiquer ses pensées. Car, puisque l'âme ne peut avoir de pensée, à l'occasion de laquelle il ne se fasse un mouvement dans le corps ; et que d'ailleurs elle ne peut recevoir aucune idée de ce qui est au dehors, que par les mouvements qui sont excités dans le corps qu'elle anime, il faut nécessairement que deux âmes, unies à deux corps différents, expriment leurs pensées par des mouvements, ou si vous voulez par des signes extérieurs » (p. 203). Ainsi c'est parce que nous sommes des hommes, consistant dans l'union de deux substances hétérogènes, que les signes

–parole, écriture, langage des sourds–, sont des choses corporelles qui s'immiscent nécessairement en tant qu'instruments dans la communication des pensées. Et c'est parce que nous avons des corps que nous connaissons les pensées des autres par l'intermédiaire de signes extérieurs et seulement indirectement.

Que Dieu soit la cause du mouvement signifie, au contraire, chez Descartes, que l'esprit peut agir sur les corps [1], et nous en sommes assurés par l'expérience que nous avons de mouvoir notre corps, en effet « que l'esprit qui est incorporel puisse mettre le corps en mouvement, l'expérience la plus certaine et la plus évidente nous le montre sans recourir à aucun raisonnement ni à aucune comparaison avec d'autres choses » [2]. Soulignons à nouveau que, pour Descartes, l'interaction de l'âme et du corps relève de la facticité, elle n'est pas « incompréhensible » comme l'ont prétendu les philosophes du second XVIIe siècle. Mais n'étant pas du « conseil de Dieu », Descartes ne cherche pas à l'expliquer. L'union est une notion primitive qui nous fait concevoir l'âme et le corps *ensemble,* c'est-à-dire la force qu'a l'âme de mouvoir le corps, et le corps d'agir sur l'âme en causant ses sentiments et ses passions [3].

On a ainsi affaire à une sorte de fait de la raison ou de la liberté, chacun a une plus ou moins grande force d'âme qu'il exerce par l'usage des passions et le gouvernement de soi, et ce fait de la raison est intérieur ou immanent à la vie humaine, à la vivacité des sensations, à la force des émotions et des passions. Il n'est pas étonnant que Descartes, en ayant marqué le caractère institué des signes naturels et du langage humain, insiste sur l'habitude. L'institution s'efface derrière l'institué qui a acquis un fonctionnement autonome. Les signes ne s'interposent pas entre les pensées. C'est donc moins la puissance première instauratrice que Descartes met en avant dans

1. En effet, il faut, selon Descartes, expliquer autrement que par les formes substantielles ou par les qualités réelles, telles que la pesanteur, le mouvement des substances matérielles et les lois du mouvement. Ainsi, « il est évident qu'il n'y en a point d'autre que Dieu, qui de sa toute-puissance a créé la matière avec le mouvement et le repos, et qui conserve maintenant en l'univers, par son concours ordinaire, autant de mouvement et de repos qu'il y a mis en le créant » (*Principes,* II, 36, AT, IX-2, 83). Dieu ne fait pas tout dans la nature, même s'il est la cause qui crée et conserve toute chose. Et « bien qu'aucune façon d'agir ne convienne univoquement à Dieu et aux créatures, je déclare pourtant que je ne trouve en mon esprit aucune autre idée pour représenter la façon dont Dieu ou un Ange peut mouvoir la matière que celle qui me montre la façon dont consciemment, je peux mouvoir mon corps par ma propre pensée » (*Lettre à Morus,* avril 1649, AT, V, 347).

2. *Lettre à Arnauld,* 29 juillet 1648, AT, V, 222.

3. Descartes, *Lettre à Élisabeth,* 21 mai 1643, AT, III, 665.

l'institution que l'habitude par laquelle l'esprit s'est déposé dans le fonctionnement ordinaire des choses.

L'institution rend la matérialité des signes insensible ; elle associe le mot et l'idée en les rendant, à force d'habitude, indiscernables l'un de l'autre. Le langage est une institution ; il dirige les pensées à même l'arrangement, ou au sein même de la composition, des paroles et des autres signes, et sans que soit perceptible la présence du « support » qui permet l'articulation des pensées. « Vous savez bien que les paroles, n'ayant aucune ressemblance avec les choses qu'elles signifient, ne laissent pas de nous les faire concevoir, et souvent même sans que nous prenions garde au son des mots, ni à leurs syllabes ; en sorte qu'il peut arriver qu'après avoir ouï un discours, dont nous aurons fort bien compris le sens, nous ne pourrons pas dire en quel langue il aura été prononcé » [1]. Et de la même façon, nous pouvons aussi changer nos habitudes, non par un acte de la volonté souverain, mais par un usage de soi différent et par l'invention de nouvelles habitudes. C'est dans l'immanence de la vie des signes et dans l'historicité des usages qu'il peut y avoir, par un changement d'habitudes, quelque chose comme une invention et une nouveauté dans la vie personnelle et dans la pensée chez Descartes.

L'occasionnalisme de Cordemoy est une théorie de l'institution qui met pour sa part l'accent sur la puissance instauratrice plutôt que sur la puissance de l'institué qui est fondamentalement dépendant du pouvoir souverain du commencement, de son autorité et de sa rationalité qui s'exercent dans des lois générales. C'est une telle théorie qui est le fondement métaphysique de la conception de l'usage des signes chez Cordemoy. Ainsi, une caractéristique du cartésianisme est bien en effet d'avoir envisagé la créativité du langage, comme le dit Chomsky, ainsi qu'une inventivité dans la pensée et la vie, mais à partir d'une conception métaphysique et psychophysique de l'union de l'âme et du corps.

Disons, pour finir, quelques mots sur les conséquences morales qui découlent de cette conception de l'institution. C'est elle qui ordonne l'éloquence de l'orateur à l'exigence de vérité. « Il est bon, ce me semble, de considérer qu'il n'y a rien de plus ennemi de la véritable éloquence, que le mensonge. [...] Il me semble que, pour s'accoutumer à ne dire que la vérité, c'est un puissant motif que de se représenter souvent que nous n'avons la facilité de nous expliquer, que parce que Dieu, à qui nous devons nos pensées, et les mouvements de notre langue, veut bien exciter les uns dès que nous voulons faire entendre les autres » (p. 238). Cordemoy a le souci

1. Descartes, *Le Monde,* chap. I, AT, XI, 4.

cependant d'éviter le moralisme et il proportionne ses notations morales à un discours physique de la parole – toutes choses raillées par Molière de façon quelque peu injuste, mais qui occupent néanmoins une large place du *Discours physique de la parole* : le mécanisme de la parole, la phonétique, la conformation du cerveau et les causes physiques de l'éloquence.

Il en découle deux remarques qui intéressent notre propos et rejoignent la thèse de Chomsky sur le caractère créatif du langage mis en avant par le cartésianisme. Ce qui fait l'éloquence, c'est la capacité d'instruire et d'émouvoir, mais Cordemoy soutient que l'orateur qui a une conception vive et des passions violentes, et néanmoins peu de mémoire, est capable par la pratique, l'exercice et l'étude, de s'accoutumer à démêler ses pensées et à les ordonner. La « fécondité d'esprit » ne repose pas sur la froideur du tempérament didactique, propre à instruire, mais qui ne sait pas trouver le chemin vers les autres ; c'est pourquoi ce tempérament est enclin à l'imitation et cela « sans jamais rien produire qui soit original » (p. 235). Mais ceux qui ont le tempérament contraire, l'imagination prompte et vive, n'imitent d'autres Orateurs, qu'autant que cela convient à leur sujet et « un homme de génie tombe plutôt dans les pensées des grands hommes qui l'ont précédé, parce que la raison lui suggère ce qu'elle leur a suggéré, que parce qu'il a lu leurs ouvrage ».

Notre dernier mot sera pour l'inspiration qui suscite, selon Cordemoy, la fécondité de l'esprit ; c'est par elle que peuvent nous venir des pensées qui n'ont pas de rapport à celles qui sont dans notre âme naturellement, parce que nous avons un corps. Et ainsi, Cordemoy nous assure que si « les nouvelles pensées qui nous viennent par l'entretien que nous avons avec les hommes, sont un témoignage assuré à chacun de nous, qu'ils ont un esprit comme le nôtre, nous devons prendre les nouvelles pensées qui nous viennent, sans que nous en puissions trouver la cause en nous-mêmes, ni l'attribuer à l'entretien des hommes, pour une certitude qu'il y a encore d'autres esprits, qui nous les peuvent inspirer » (p. 244).

SUR L'ÉTABLISSEMENT DU TEXTE

Pour la présente édition, nous avons suivi le texte des *Œuvres complètes de Cordemoy,* par son fils Louis-Gérauld, en 1704. Cette édition donne un portrait fiable du travail de son père et fournit un outil de travail rigoureux. Nous indiquons en marge du texte la pagination de l'édition de 1704.

Conformément aux principes de la collection, nous n'avons pas signalé toutes les variantes entre les différentes éditions des deux textes ici repris, mais seulement les plus importantes quantitativement ou du point de vue doctrinal. L'orthographe et la ponctuation ont été modernisées.

Notre annotation doit parfois beaucoup au beau travail de Pierre Clair et François Girbal, *Gerauld de Cordemoy, Œuvres philosophiques, avec une étude bio-bibliographique*, Paris, P.U.F., 1968 : les notes que nous leur reprenons sont signalées par le sigle « CG ». Nous avons en outre complété certaines de nos notes du *Discours physique de la parole* grâce à l'excellente édition italienne de Gérauld de Cordemoy, *Discorso Fisico della Parola, con la Lettera a Gabriel Cossart S. J.,* a cura di Ettore Lojacono, Editori Riuniti, 2006.

Concernant l'état détaillé des différentes éditions du *Discernement du corps et de l'âme* et *Discours physique de la parole*, voir les éléments donnés par P. Clair et F. Girbal, *op. cit.,* p. 3-5.

Voici les différentes éditions que nous avons consultées :

I. Pour le *Discernement du corps et de l'âme*

État originel partiel dans l'édition de 1664 du *Monde* de Descartes (ce texte ne comporte que le *Second Discours* du *Discernement*).

(I) : *Le Discernement du Corps et de l'Ame en six discours pour servir à l'éclaircissement de la physique,* Paris, Florentin Lambert, 1666. Côte BNF : R. 13564

(II) : *Le Discernement du Corps et de l'Ame en six discours, dediez au Roy*, Paris, Michel Le Petit et Etienne Michallet, 1670 (rééd. 1671, Côte BNF : R. 25724

(III) : *Dissertations physiques sur le Discernement du Corps et de l'Ame : sur la Parole, et sur le système de Monsieur Descartes.* Paris, chez la Veuve de Denis Nion, 1690. Côte BNF : R. 13655.

(IV) : *Les Œuvres de feu Monsieur de Cordemoy, conseiller du Roy, Lecteur ordinaire de Monseigneur le Dauphin, de l'Académie Françoise. Premiere partie contenant six discours sur la Distinction et l'Union du Corps et de l'Ame...*, Paris, Christophe Remy, 1704. Côte BNF : R. 4314.

II. Pour le *Discours physique de la parole*

(I) : *Discours physique de la Parole*. Paris, Florentin Lambert, 1668. Côte BNF : X. 5982 et R. 13659.

(II) : *Discours physique de la Parole* Paris, Michel Le Petit, 1671 (rééd. Paris, E. Michallet, 1677. Côte BNF : R. 25812.

(III) : *Dissertations physiques* (cf. *Discernement...* III, deuxième tome daté de 1689, en fait de la même année 1690) Côte BNF : R. 13658.

(IV) : *Les Œuvres de feu Monsieur de Cordemoy...* (cf. *Discernement...* IV) *Seconde partie, contenant Un Discours physique de la Parole...* Paris, Christophe Remy, 1704. Côte BNF : R. 4314.

GÉRAULD DE CORDEMOY

SIX DISCOURS SUR LA DISTINCTION ET L'UNION DU CORPS ET DE L'ÂME

AU ROI.

SIRE,

Sans blesser le profond respect avec lequel je présente ce livre à VOTRE MAJESTÉ, j'oserai l'assurer qu'Elle y trouvera des choses dignes de son attention. J'examine en cet ouvrage les différentes opérations de l'âme et du corps, et le secret de leur union. Ainsi proposant à chacun ce qu'il est, et ce qui se passe en lui-même, je crois pouvoir dire que je propose à VOTRE MAJESTÉ le plus digne objet, qui puisse arrêter ses regards, et mériter ses réflexions. Jamais l'union de ces deux excellentes parties qui font tout l'homme, ne fut si merveilleuse qu'en Elle ; et jamais héros n'eut une si grande âme dans un si beau corps. Aussi ne regardons-nous pas votre Personne Sacrée comme un pur ouvrage de la Nature ; nous avons cru dès le moment de sa naissance qu'elle venait du Ciel et nous considérons toutes ses actions comme les suites continuelles du miracle qui nous l'a donnée.

En effet Sire, nous ne voyons faire que des prodiges à VOTRE MAJESTÉ ! Quand la chaleur de l'âge et le bon succès de ses armes semblaient ne lui devoir inspirer que les combats, Elle nous a donné la paix, et quand un si profond repos semblait ne lui devoir inspirer que les délices, on a vu que par mille soins plus grands et plus glorieux que tous les travaux de la guerre, Elle a réparé presque en un moment les désordres de trente années. Ces merveilles ont surpris toute la Terre, mais VOTRE MAJESTÉ n'en demeure pas à ces illustres commencements. Elle médite de plus grandes choses pour notre félicité. Elle pense à corriger les abus de plusieurs siècles et ce qu'Elle fait chaque jour pour avancer un si grand dessein marque bien qu'Elle fait consister toute la Gloire de son règne à nous rendre parfaitement heureux.

On voit qu'Elle s'applique Elle-même à tout ce qui peut maintenir la Justice, l'abondance et le calme dans son Royaume, et que loin d'écouter ces avis funestes qui n'allaient qu'à l'oppression de ses Peuples, elle les a vengés de leurs persécuteurs, et ne veut plus entendre parler que des moyens d'établir le Commerce, de perfectionner les Arts, et de rendre la vie de ses Sujets plus douce, plus tranquille, et plus commode. On voit même que pour exciter les savants à la recherche de tout ce qui peut servir à de si belles entreprises, Elle honore les Sciences d'une protection toute particulière. Enfin les gens de bien ont le plaisir de voir qu'on peut prétendre à la faveur, dès lors qu'on est capable de rendre service à l'État, et que celui qui travaille le plus infatigablement pour le Public est celui qui plaît le plus à VOTRE MAJESTÉ.

Le beau moyen, Sire, de plaire aux Rois ! Qu'il y en a peu à qui l'on fasse ainsi sa Cour ! Et que ce serait un grand avantage à toutes les Nations si tous les Souverains suivaient l'exemple de V. M. ou si VOTRE MAJESTÉ régnait sur tout le Monde !

Mais je ne m'aperçois pas que, suivant plus mes inclinations que mon premier dessein, je parle de ce que j'admire en VOTRE MAJESTÉ, et ne parle plus de mon Livre. La matière m'en a toujours paru si importante et si belle, que j'ai tâché de ne rien omettre de ce qui la pouvait éclaircir ; et pour résoudre les difficultés, je ne me suis servi que des connaissances que nous avons naturellement de l'âme et du corps. Je souhaite, Sire, que mon travail soit utile au Public, afin qu'il soit agréable à VOTRE MAJESTÉ ; et si c'est trop demander, je souhaite au moins qu'Elle le regarde comme un effet de l'extrême passion que j'ai de lui plaire, et du zèle ardent avec lequel je suis,

Sire,
De VOTRE MAJESTÉ,

Le très humble, très obéissant,
et très fidèle serviteur et sujet,
DE CORDEMOY

PRÉFACE

Il n'y a presque personne qui s'arrête à considérer les merveilles du corps et de l'âme, néanmoins ce sont deux ouvrages dont chacun à part est admirable, et qui font un composé surprenant. Il est capable de ravir quiconque l'examine, et quand on n'aurait que la seule envie de se divertir, rien ne saurait donner tant de plaisir que cette étude.

Quelques emportés croient qu'il ne faut que le corps pour goûter les plus grandes douceurs de la vie, mais je puis dire avec plus de raison, qu'il ne faut que l'âme. Elle renferme en soi tout ce qui la peut satisfaire ; et pour être dans une joie sans pareille, elle n'a qu'à faire réflexion sur ce qu'elle est. Elle n'a qu'à bien examiner les notions que Dieu lui donne, soit pour se connaître elle-même, soit pour connaître le corps qu'elle anime, soit pour connaître quel est ce merveilleux rapport qui fait toute leur union. Elle peut par le même moyen connaître (du moins autant qu'il lui est utile) toutes les autres pièces qui composent cet Univers : enfin elle peut par ces lumières connaître Dieu même, et le connaître assez pour l'aimer plus que toutes choses.

Il me semble que toutes ces considérations sont assez puissantes pour obliger une personne raisonnable à rentrer en soi-même. Mais, quand la nécessité que chacun a de se bien connaître n'engagerait pas également tous les hommes à considérer les différentes fonctions de l'âme et du corps ; il faut avouer que c'est une étude dont on ne saurait se passer dans la plupart des professions, que l'on suit le plus ordinairement, quand on se sent un peu de talent et d'esprit. Ceux qui se destinent à la Chaire semblent en avoir nécessairement besoin ; et les médecins ne la peuvent négliger, sans s'exposer à mille fautes, aussi honteuses pour eux que funestes aux autres.

Que si ceux qui sont employés au maniement des affaires publiques ou particulières n'ont pas une nécessité si absolue de l'approfondir, il est pourtant vrai qu'il leur est très utile d'y employer quelque temps. Car, encore que de si belles connaissances semblent être de peu d'usage dans le commerce du monde, cependant la manière dont il s'y faut prendre pour les acquérir accoutume si bien l'esprit à démêler les plus grandes difficultés qu'il n'y en a presque point dans les affaires les plus embarrassées qu'il ne puisse facilement éclaircir, quand une fois il a pu vaincre celles-là.

En effet, il n'y a rien qui puisse disposer un homme à concevoir si nettement chaque chose, et à démêler si exactement celles qui paraissent confuses que les précisions qu'on est obligé de faire, quand il veut bien distinguer tout ce qui lui appartient à cause du corps d'avec ce qui lui appartient à cause de l'âme. Comme dans cette étude il n'examine que ce qui se passe en lui-même, et que son objet lui est toujours présent, il ne saurait manquer d'attention en le considérant. Et, lorsqu'un peu d'habitude en cette Physique l'a rendu assez attentif pour bien observer les particularités de chaque chose avant que d'en juger, et lui a bien fait connaître par ce moyen toutes celles qui lui sont les plus intimes et les plus importantes, il peut bien plus sûrement juger de celles du dehors, et qui n'importent qu'aux autres hommes. Il n'est plus si sujet à se précipiter, il se souvient de ses anciennes erreurs, il en connaît les causes, il sait comment il s'en est tiré, et ce qu'il a fait pour lui-même le met en état de pouvoir aider à ceux qui l'écoutent, soit dans une négociation, soit dans une action publique, ou dans une délibération, à discerner, et même à suivre toujours le meilleur parti. Car enfin, tous les hommes étant sujets aux mêmes passions, et aux mêmes erreurs, celui qui s'est assez étudié pour connaître les siennes, et toutes les causes de tant de divers mouvements qui l'agitent, sait bien mieux les moyens qu'il faut employer pour instruire, ou pour émouvoir, les autres ; et c'est en cela, si je ne me trompe, que consiste la véritable éloquence.

Ce n'est pas que de là je veuille conclure que le plus grand philosophe soit toujours le plus éloquent et le plus propre aux affaires. Je sais qu'il y faut des talents naturels, et même de l'inclination, et que sans cela l'on n'y saurait bien réussir. Mais je sais aussi que celui qui a tous ces avantages les fait bien mieux valoir quand il a le secours de la philosophie. C'est sans doute par cette raison que tous les grands orateurs y ont employé tant de temps ; et je pense pouvoir dire que les deux plus illustres de l'Antiquité en avaient tiré toutes ces belles lumières, qui les ont tant fait éclater entre les autres.

J'avoue pourtant qu'elle ne doit pas occuper toute notre vie, et qu'après y avoir passé quelques années avec attache, il est bon de n'y penser plus que dans quelques heures, où il est permis de se divertir. C'est apparemment comme Cicéron en avait usé ; et la manière dont il parle en quelques endroits fait voir qu'il faut tâcher de la posséder de sorte que l'on s'en puisse faire un divertissement, (ce qui ne peut arriver, si l'on ne s'y applique d'abord d'une manière fort sérieuse) : mais qu'il faut bien se garder de préférer ce divertissement au service que l'on peut rendre à son pays, ou à sa famille, dans des emplois considérables, ou dans une profession particulière.

Si ce grand homme, et tous ceux qui ont manié les plus difficiles affaires de Rome et de la Grèce, se sont si bien trouvés de cette méthode, il est évident qu'elle ne saurait mal réussir à qui que ce soit, à quelque emploi qu'on le destine, et que pour suivre les Anciens (du moins autant qu'il nous est permis) la première démarche que nous avons à faire est l'étude d'une philosophie qui nous rende capable de faire un juste discernement de chaque chose, et de raisonner sur d'autres fondements que sur nos préjugés et sur les opinions vulgaires.

Ce n'est pas que je veuille dire qu'elles soient toutes mauvaises : mais en vérité l'on ne se doit fier à pas une, qu'après l'avoir bien examinée. Et pour s'accoutumer à cela, chacun ne peut mieux commencer que par ce qui se passe en lui-même, et par l'examen de toutes les idées qu'il a de l'âme et du corps. C'est ce que j'ai essayé de faire en mon particulier : j'ai tâché de recueillir dans les *Six Discours* qui suivent tout ce que l'on a besoin d'observer touchant ces deux choses, et sur tout ce qui peut servir à les bien discerner l'une et l'autre.

Dans le premier, j'examine les notions que nous avons en général des corps et de la matière, de la quantité, des qualités, du lieu[1], du repos, du mouvement, du vide, et de la forme, pour faire voir ce que l'on doit entendre par tous ces termes qui font tout l'embarras de la Physique ordinaire.

Dans le second, j'examine les changements que je connais dans la matière, et j'explique tous ceux qui regardent la quantité, la qualité, et la forme, par le mouvement local ; ce qui fait voir qu'il n'est pas besoin d'en admettre d'autre.

Dans le troisième, j'explique le mouvement des machines artificielles, et celui des machines naturelles par une même cause, et je dis quelle est cette cause, à ne considérer que les corps.

Dans le quatrième, passant au-delà des corps, je parle de la Première Cause du mouvement, faisant voir qu'aucun corps, ni aucun esprit créé, pour excellent qu'il soit, n'est la véritable cause d'aucun mouvement, et n'en peut être que l'occasion.

Ce qui me donne lieu d'examiner dans le cinquième en quoi consiste l'union de l'âme et du corps, et comment ils agissent l'un sur l'autre.

Enfin dans le sixième, après avoir fait connaître ce que nous devons entendre par ce que nous appelons « notre âme », et par ce que nous appelons « notre corps », je tâche de faire bien distinguer l'un de l'autre, et même de montrer que l'on est bien plus assuré de l'existence de l'âme que de celle du corps.

En ce dernier Discours, pour parler avec moins d'incertitude, je commence à ne plus parler que de ce que je reconnais en moi. J'examine le plus précisément qu'il m'est possible toutes les opérations qui dépendent de mon âme, celles qui dépendent de mon corps, et celles qui résultent de leur union, croyant qu'il ne sera pas difficile à tout homme de bon sens de démêler toutes ces choses en soi-même, et de voir ce qu'il doit juger : 1. de soi ; 2. des autres hommes ; 3. des bêtes.

Je n'ai pourtant pas traité ces deux derniers points, et quoique le partage du *Sixième Discours* en promette l'explication, quelques considérations m'ont[II] empêché de la faire. Elles pourront cesser, et me permettre de donner un jour ce que je retiens à présent : mais il me semble que, pour peu que l'on fasse de réflexion sur ce que j'ai dit, on pourra facilement suppléer ce qui me reste à dire.

| PREMIER DISCOURS 1

DES CORPS ET DE LA MATIÈRE

On sait qu'il y a des corps et que le nombre en est presque infini. On sait aussi qu'il y a de la matière, mais il me semble que l'on n'en a pas des notions assez distinctes, et que c'est de là que viennent presque toutes les erreurs de la Physique ordinaire.

| *Ainsi je me persuade que le meilleur moyen d'y remédier est de bien 2
démêler cette confusion, et d'examiner précisément ce que l'on doit entendre par les corps et par la matière.

Les CORPS sont des substances étendues.

1. Comme il y en a plusieurs, l'étendue de chacun doit être terminée ; et ce terme [1] est ce que l'on appelle *figure*.

2. Comme chaque corps n'est qu'une même substance, il ne peut être divisé [1], sa figure ne peut changer, et il est si nécessairement continu qu'il exclut tout autre corps ; ce qui s'appelle *impénétrabilité* [2].

* Nous donnons en marge la pagination originale de l'édition de 1704 qui débute ici. Nous ne coupons néanmoins pas les mots, même quand certaines pages de l'édition originale commencent par une césure.

1. La notion de « terme » signifie ce qui termine. Selon Cordemoy, la figure est la limite du corps, c'est-à-dire ce qui le définit. Mais, pour Descartes, la figure est un mode de la substance étendue (voir *Les Principes de la philosophie* I, art. 61, AT, IX-2, 52 [notés *Principes,* suivi de l'article]), et puisqu'un mode est une disposition, ou une modification, plus ou moins passagère de la substance, la figure d'un corps est susceptible de changer (voir *Principes,* I, art. 56, AT, IX-2, 49), cela contrairement à la thèse atomiste retenue par Cordemoy.

3. Le rapport que les corps ont entre eux, par leur situation, s'appelle *le lieu.*

4. Quand ce rapport change, on dit que les corps, à l'occasion[3] desquels ce changement arrive, sont mus, ou (ce qui est la même chose) qu'ils sont en *mouvement.*

5. Et, quand ce rapport continue, on dit qu'ils sont en *repos*[4].

La MATIÈRE est un assemblage de corps[5].

1. Contrairement à l'affirmation de Cordemoy, Descartes soutient qu'il y a une grande différence entre le corps pris en général et le corps d'un homme. En effet, le corps en général est une partie de la matière, qui a une grandeur déterminée, et si on en ôte une partie, nous jugeons qu'il est moindre, qu'il n'est pas entier, qu'il n'est plus le même. Mais le corps d'un homme, même si une partie en est retranchée, a une unité en quelque sorte indivisible, en tant qu'il est uni à la même âme, voir *Lettre à Mesland,* 9 février 1945, AT, V, 166; voir aussi *Passions de l'âme,* I, art. 30. Desgabets analyse les arguments de Cordemoy dans une *Lettre à Clerselier*; voir notre Introduction.

2. Descartes définit la dureté comme une qualité sensible: « les parties des corps durs résistent au mouvement de nos mains » (voir *Principes,* II, 4). Mais l'impénétrabilité (ou plutôt, car il n'emploie pas ce terme, « ce qui les fait corps »), découle de la nature étendue du corps et ne saurait être perdue, même si, par hypothèse, les corps se retiraient toujours à l'approche de nos mains. Leibniz remarque, avec justesse, que l'atomisme est loin d'avoir confondu l'impénétrabilité et la dureté sensible: « ceux qui admettent les atomes, c'est-à-dire des corps parfaitement durs, n'ont pas soutenu que la dureté consiste en ce qu'un corps résiste au mouvement de nos mains, mais en ce qu'il conserve sa figure » (voir les « Remarques sur la partie générale des *Principes* de Descartes », sur la seconde partie article 4, *Opuscules philosophiques choisis,* trad. fr. P. Schreker, Paris, Vrin, 1978, p. 38). Pour Leibniz, l'étendue n'est pas le principe de l'antitypie (autrement dit, de l'impénétrabilité), qui n'est pas sensible, mais relève de la dynamique (« le corps ne cède pas sa place à un autre corps, s'il ne peut lui-même partir vers un autre lieu »).

3. Le *Discours Quatrième* explique pourquoi aucun corps, ni aucun esprit créé, n'est cause du mouvement.

4. Cf. *Principes,* II, 14 et 25, où Descartes distingue le lieu et l'espace – distinction que nous ne trouvons pas chez Cordemoy. Descartes définit le mouvement, à partir duquel les corps singuliers obtiennent leur individualité, comme « le transport d'une partie de la matière, ou d'un corps, du voisinage de ceux qui le touchent immédiatement, et que nous considérons comme en repos, dans le voisinage de quelques autres » (art. 25, AT, IX-2, 76).

5. Bien qu'il n'identifie pas, comme Hobbes, la substance et le corps, et qu'il admette l'existence de substances spirituelles, la définition que Cordemoy donne de la matière comme un assemblage de corps ressemble assez à celle de Hobbes, dont on sait qu'elle est matérialiste, voir par exemple la *Critique du* De Mundo *de Thomas White,* éd. par J. Jacquot et H. W. Jones, Vrin-CNRS, 1973: « Or corps et matière sont les noms de la même chose, en raison toutefois des différentes considérations de la chose; en effet, le même existant considéré simplement est appelé corps, mais considéré comme capable d'une nouvelle forme ou une nouvelle figure, il est appelé *matière* » (chap. XXVII, 1, p. 312).

1. Chaque corps, considéré comme composant cet assemblage, est ce qu'on appelle proprement *une partie de la matière* [1].

2. Plusieurs de ces corps considérés ensemble, et séparément de tous les autres, sont ce qu'on peut appeler proprement *une portion de matière.*

| 3. Si ces parties ou ces portions demeurent sans liaison les unes auprès 3
des autres, cela s'appelle *tas.*

4. Si elles coulent les unes entre les autres, changeant incessamment leur situation, cela s'appelle *liqueur.*

5. Si elles sont accrochées ensemble et sans mouvement, ou avec si peu de mouvement, qu'elles ne se puissent détacher, cela s'appelle *masse.*

Comme chaque corps ne peut être divisé, il ne peut avoir de parties, mais, comme la matière est un assemblage de corps, elle peut être divisée en autant de parties qu'il y a de corps. Elle peut aussi être divisée en portions, mais elle ne peut avoir autant de portions qu'elle a de parties.

Faute d'avoir considéré ces choses attentivement, on a confondu les notions de la matière en général et celle de chaque corps en particulier [2]. Et,

1. Pour Descartes, la matière c'est l'étendue, donc un corps est une partie de matière, (« Par un corps, ou bien une partie de matière, j'entends tout ce qui est transporté ensemble », *Principes,* II, 25, AT, IX-2, 76), tandis que pour Cordemoy, ce sont les corps, *i. e.* les atomes indivisibles, qui constituent les parties de la matière. Cordemoy distingue ainsi les parties de la matière (les atomes) et les portions de matière (tas, liqueurs, ou masses).

2. Dans une *Lettre à Clerselier* (Ms Dom Robert Desgabets, *Lettre écrite à M. Clerselier,* Bibliothèque municipale d'Épinal 64 / N 143 A, p. 685-699), Desgabets se dit froissé de voir les principes de Descartes attaqués par Cordemoy, « celui qu'on croyait avec raison devoir être leur plus fort appui ». Joseph Prost, dans ses *Essais sur l'atomisme et l'occasionnalisme dans la philosophie cartésienne,* Paris, 1907, en résume le contenu et en cite de large extraits dans le chap. VIII : *Les Critiques de l'atomisme de Cordemoy : Dom Robert Desgabets et autres cartésiens*, p. 156-186. L'atomisme de Cordemoy lui paraît remarquable en ce qu'il ne se limite pas au point de vue des sens, mais propose « une démonstration plus forte » reposant sur une métaphysique complexe. Mais l'argument de Cordemoy selon lequel chaque corps, n'étant qu'une substance, ne peut être divisé, ne condamne pas, selon Desgabets, la divisibilité à l'infini de la matière. Desgabets n'est en effet pas convaincu ; et il introduit des arguments peu cartésiens pour défendre le cartésianisme. Un corps peut être considéré au point de vue formel et au point de vue matériel. Le point de vue formel est celui de la définition, de l'essence. C'est le point de vue métaphysique qui a trait à notre pensée. Le point de vue matériel est celui de la matière composante, des éléments dont l'assemblage entre dans la constitution du tout physique. Il s'agit de « la chose [...] considérée en elle-même, dans l'état qu'elle est hors de nous ». C'est le point de vue de la réalité. Il illustre ces deux points de vue en donnant les exemples de l'homme (respectivement *animal rationale* et union de l'âme et du corps) et de la montre (système de rouages qui montrent l'heure ; composée de rouages d'une

parce que l'on a vu que les tas, les liqueurs, et les masses se divisaient d'abord en diverses portions visibles, lesquelles enfin se réduisaient à force de diviser en portions imperceptibles, on a cru que ce qui était arrivé tant de fois à toutes les portions, qu'on avait séparées des autres, arriverait à l'infini et que si la quantité des divisions ne nous rendait ce qui reste insensible, nous pourrions toujours diviser, sans prendre garde qu'à force de diviser, il faudrait enfin que l'on rencontrât quelque portion composée de deux corps seulement qui, étant séparés l'un de l'autre, arrêteraient la
4 division, puisque chacun | d'eux est une substance qui ne peut être divisée.

Il est bon en cet endroit de remarquer deux choses.

La première, que chaque corps en particulier n'est pas capable d'ébranler les organes de nos sens ; et comme il en faut un grand nombre pour composer la moindre portion de matière sensible, il est certain que nous ne saurions apercevoir aucun corps, et que tout ce que nous voyons est de la matière.

La seconde est que chacun des corps étant imperceptible, on ne saurait apercevoir leur jonction, de sorte que toutes leurs étendues paraissent dans une masse comme si ce n'était qu'une même étendue.

Cependant, comme nous avons une idée très claire des corps et que nous savons que ce sont des substances étendues, nous joignons indiscrètement cette notion que nous avons des corps à celle que nous avons de la matière, et prenant une masse pour un corps, nous la considérons comme une substance, croyant que tout ce que nous voyons n'est que la même étendue. Et, parce que tout ce que nous voyons ainsi étendu est divisible, nous joignons tellement la notion de ce qui est étendu à la notion de ce qui est divisible, que nous croyons divisible tout ce qui est étendu.

certaine grandeur). Pris d'un point de vue formel, le corps est indivisible, et en ôter une partie c'est modifier son essence. Si on sépare dans l'homme l'animal et le raisonnable, l'homme ne sera plus, de même si on enlève à une montre une de ses roues, la montre n'est plus. Mais il n'en est pas de même de la matière, ou des éléments composants. Pris en eux-mêmes, quelle que soit l'unité du tout dans lequel ils entrent, ils sont distinguables les uns des autres, et partant séparables. Ainsi, le corps organique et l'âme raisonnable, qui constituent ce tout, qu'est l'homme formellement, peuvent exister à part. Et l'unité formelle du corps n'exclut pas sa divisibilité matérielle.

Contre la thèse de Cordemoy, selon laquelle on a cru à la divisibilité à l'infini, parce qu'on a confondu les notions du corps en particulier et celle de la matière en général, Desgabets objecte que le corps en particulier est une des déterminations multiples de la matière, à tel ou tel état particulier. La matière n'est donc pas un agrégat de corps, mais l'abstrait de tous les corps, le sujet de toutes les formes ou état considérés sans faire attention à ces états particuliers.

Mais, pour en mieux juger, il faut s'accoutumer à considérer les choses comme elles sont, et non pas comme elles paraissent, et se ressouvenir de deux choses. L'une, que toute masse est un amas de plusieurs substances, et non pas une substance ; l'autre, qu'elle n'a point d'étendue propre, et qu'elle n'en | paraît avoir que parce que chaque corps qui la compose en a. 5
Et cela bien considéré, nous connaîtrons évidemment qu'une masse n'est divisible que parce que ses extrémités et son milieu ne sont pas la même substance, et que ce que l'on dit être le bas de la masse, ou le haut, ou le côté, ou le dedans, ou le dehors, sont des substances différentes, et dont chacune subsistant à part de celles qui l'accompagnent, elle en peut être séparée. Au lieu que dans chaque corps particulier, les extrémités et le milieu ne sont que la même substance, qui ne peut être étendue sans avoir nécessairement toute ces choses ; tellement qu'aucune n'étant différente du corps, aucune aussi n'en peut être séparée ; et par ce moyen il demeure indivisible[1].

Toutes ces choses paraîtront nécessairement vraies à qui se donnera le loisir de les considérer attentivement, et l'on verra qu'il est impossible sans cela d'avoir aucune notion claire des principes de la Physique.

J'avoue qu'on est si accoutumé à prendre la matière pour les corps que de très grands hommes n'en donnent qu'une même définition. Mais, comme cette définition ne contient que ce qui peut convenir à chaque corps en particulier, savoir, d'être *substance,* et d'être *étendu,* il ne faut pas s'étonner si ces personnes, croyant que la matière est une substance, et qu'il n'y a point d'autre étendue que la sienne, croient aussi que toute étendue est divisible. Mais s'ils y veulent un peu penser, ils pourront | reconnaître 6
qu'une même substance ne se peut diviser en elle-même, et que si sa nature est de pouvoir être étendue, du moment que l'on conçoit qu'elle l'est, il faut avouer qu'étant la même en toutes ses extrémités, aucune de ses extrémités n'est séparable d'elle.

1. Selon Desgabets, il ne faut pas dire, avec Cordemoy, qu'une masse n'est divisible que parce que ses extrémités et son milieu ne sont pas substance, car on ne peut considérer « des dehors ou des extrémités » comme des substances, puisqu'elles ne sont rien en dehors de leur sujet. De plus, une substance composée n'étant pas différente de ses parties prises ensemble, on ne peut soutenir que celles-ci, bien que se distinguant les unes des autres, ne soient pas la même substance qu'elle. Enfin, l'unité d'une substance, étant formelle, ne supprime pas la distinction ni la division de ses parties, qu'elles soient au milieu ou aux extrémités. Certes, selon Desgabets, quand on parle d'un corps particulier en tant qu'il est distingué d'un autre corps, on y enferme nécessairement l'étendue indivisible qui le constitue et en vertu de laquelle il est un tel corps. Néanmoins, au sens matériel ou réel, le corps est divisible à l'infini.

Si l'on était sans prévention sur ce sujet, on n'aurait pas besoin d'une si longue discussion, ni de rebattre si souvent la même chose. Mais, comme la coutume de croire que l'on sait, est souvent aussi puissante sur l'esprit que la science même, il ne suffit pas toujours, pour persuader à des gens le contraire de ce qu'ils pensent savoir, de leur exposer nettement la vérité ; ce n'est qu'en la montrant à diverses fois qu'on la fait reconnaître. Et non seulement il est bon d'en faciliter la connaissance par des répétitions fréquentes, mais il est souvent à propos, après avoir fait apercevoir une vérité par les principes, de montrer les inconvénients qu'il y aurait de croire le contraire.

C'est pourquoi je ne feindrai pas de dire que j'ai trouvé que tous ceux à qui j'ai ouï parler des corps et de la matière comme d'une même chose n'ont jamais su m'expliquer leur pensée là-dessus, quoique j'en connaisse entre eux qui aient un esprit excellent et une très grande habitude à démêler les plus grandes difficultés. Et même lorsque j'ai voulu supposer avec eux que la matière était une substance, et qu'une substance se pouvait diviser,
7 qui sont les deux choses du monde les plus éloignées de ce | qu'on en peut connaître par la lumière naturelle, ils ne m'ont donné aucune satisfaction. Quand je leur ai demandé si cette substance, qu'ils croient divisible, l'est à l'infini, comme il me semblait que leur supposition le donnait à entendre, ils m'ont répondu que non, mais qu'elle l'était indéfiniment. Quand je les ai priés de m'expliquer cette division indéfinie, ils me l'ont fait entendre de la même manière que tout le monde entend l'infini. Et pour achever par un peu de bonne foi un discours si plein d'obscurité, ils m'ont avoué qu'à la vérité il y a quelque chose d'inconcevable en cela, mais qu'il fallait nécessairement que cela fût de la sorte[1]. Or il me semble qu'il n'y a pas la même obscurité en ce que je propose. Je dis que chaque corps est une substance étendue, et par conséquent indivisible, et que la matière est un assemblage de corps, et par conséquent divisible en autant de parties qu'il y a de corps ; cela me semble clair.

1. Selon Desgabets, la substance est toujours divisible en ce sens qu'on peut toujours indiquer en elle des divisions possibles, comme le veulent les géomètres. La question est celle de savoir si ces parties divisées sont séparables ou non. Ainsi, la question de la divisibilité à l'infini ou à l'indéfini est plutôt une question de mots. Car la régression à l'infini est une démarche méthodologique familière aux géomètres, et même aux enfants ajoute Desgabets. « Les enfants entendent fort bien ce que c'est que l'éternité et s'en effrayent avec raison ; et les géomètres savent très bien ce qu'ils disent quand ils démontrent que le continu est divisible en des parties qui sont encore divisibles et ainsi de suite sans jamais trouver de bout ». Descartes considère que la différence entre infini et indéfini est loin d'être une question de mots, elle relève en effet de la métaphysique, voir *Principes de la philosophie*, I, 26-27.

Un autre inconvénient que je remarque en l'opinion de ceux qui disent que la matière même est une substance étendue, c'est qu'ils ne sauraient faire concevoir un corps à part sans supposer un mouvement, tellement que, selon leur doctrine, on ne peut concevoir un corps en repos entre d'autres corps ; car supposé qu'il leur touche, cette doctrine enseigne qu'il ne fait plus qu'un même corps avec eux [1]. Cependant il me semble que nous avons une idée bien claire et bien naturelle d'un corps parfaitement en repos entre d'autres corps, dont aucun n'est en | mouvement, et que ce que 8
je dis de chaque corps s'accorde tout à fait bien avec cette idée.

Le troisième inconvénient que je remarque en cette opinion est que si l'on croit qu'un corps, étant une portion de matière, se doive diviser, dès que ses extrémités seront mues en divers sens, il s'ensuivra que quand des corps environnants le pousseront par différents endroits, et suivant des lignes opposées, ils le diviseront en autant de façons qu'il sera poussé, si bien que les parties qui s'en sépareront, étant diversement repoussées contre celles qui lui restent, les sépareront jusqu'à l'indéfini (pour parler selon cette doctrine) c'est-à-dire que si ce n'est infiniment, du moins ce sera tant que l'on ne pourra concevoir de bornes à cette division, qui continuera toujours, sans que jamais on puisse fixer, pour un seul moment, la grandeur d'un corps en mouvement ; moins encore le pourra-t-on faire, si l'on suppose que ce corps tourne sur son propre centre, et qu'il soit carré. Car si l'un des angles tend vers le haut, l'autre tendra de nécessité vers le bas, et tandis que celui de dessus sera dirigé à droite, celui de dessous sera dirigé à gauche, ainsi voilà dès le premier moment le corps, que ses angles quitteront, en cinq pièces. Et si son mouvement continue, on voit qu'il ne sera pas un instant sous la même figure, ni sous la même grandeur [2].

1. Le mouvement ne peut pas déterminer l'individualité des portions de matière comme le pense Descartes car, selon Cordemoy, les conséquences de cette doctrine s'avèrent contradictoires et absurdes. En effet, puisque le mouvement est relatif à la situation des corps les uns par rapport aux autres, des corps en repos qui se touchent ne forment plus alors qu'un seul corps. Desgabets reprend la notion peu cartésienne d'unité formelle pour objecter à Cordemoy que la distinction des parties de la matière est indépendante de son état de mouvement et de repos. Dans le mouvement, les relations des corps varient, dans le repos elles sont fixes. Ce sont deux états différents, mais la distinction des corps est originelle.

2. Selon Cordemoy, la détermination de l'individualité du corps par le mouvement contredit même la thèse cartésienne de la divisibilité indéfinie de la matière pleine et continue, puisqu'un corps soumis à la pression des autres est en perpétuelle désintégration et n'a jamais un caractère substantiel. Le mouvement, une fois commencé, persisterait indéfiniment à dissocier les corps, leurs angles, et il modifierait sans cesse leur figure et leur grandeur en détruisant la substance dont ils sont prétendument formés. Leibniz en tire la conséquence suivante : « s'il n'y avait point de véritables *unités substantielles*, il n'y aurait rien de

Que, si pour éviter cette fâcheuse conclusion, l'on répond qu'il se rallie des parties, autant qu'il s'en divise, il est facile de voir qu'on retombe dans
9 | l'inconvénient que l'on veut éviter ; car, s'il est vrai qu'à tous moments des parties se séparent et se rallient, il n'y a pas un instant dans lequel aucun corps puisse demeurer de même grandeur ou de même figure. Ainsi cette opinion, qui n'est pas claire quand on la propose, ne peut servir de rien en Physique, quand on la suppose, puisqu'elle ne peut expliquer ni le repos, ni le mouvement des corps, dont on sait que dépend toute la Physique.

J'avoue ingénument toutefois que je n'ai jamais ouï mieux parler des sciences naturelles qu'à ceux qui soutiennent cette opinion. Mais il faut aussi qu'ils demeurent d'accord, que quand ils disent de si belles choses, ils ne la suivent pas, et qu'après avoir bien soutenu que tout corps est divisible, ils supposent enfin que plusieurs ne se divisent point actuellement durant certain temps. Ce qui ne peut être, suivant leur principe, de sorte qu'ils l'abandonnent, et sont obligés de faire une supposition toute contraire, quand ils veulent rendre raison de quelque chose.

Or il me semble que pour parler aussi intelligiblement dès les commencements de la Physique, qu'ils font dans la suite, ils n'auraient qu'à suivre les principes que je propose. Ils sont intelligibles ; on en peut déduire toutes les conclusions admirables, qui m'ont fait suivre leur doctrine avec tant d'attache et de plaisir. D'ailleurs, ces principes ne sont point nouveaux, aussi je ne prétends pas avoir rien trouvé de particulier. J'ai seulement fait
10 un peu de | réflexion sur les notions qu'on a des corps et de la matière, et j'ai reconnu qu'on ne saurait concevoir les corps que comme des substances indivisibles, et la matière que comme un amas de ces mêmes substances ; ce qui me semble n'avoir point été bien expliqué jusqu'ici, et satisfaire tellement à tout, que je ne crois pas que l'on puisse proposer aucune difficulté que cela ne résolve, ni que l'on puisse jamais parler clairement en Physique sans cela [1].

substantiel ni de réel dans la collection. C'était ce qui avait forcé M. Cordemoy à abandonner Descartes, en embrassant la doctrine des Atomes de Démocrite, pour trouver une véritable unité. Mais les *Atomes de matière* sont contraires à la raison » (*Système nouveau de la nature et de la grâce, Die Philosophischen Schriften von Gottfried Wilhelm Leibniz,* édition Gerhardt, Hildesheim, New York, Olms, 1978 (notée Gerhardt, *Phil.*, suivi du n° de volume et de la page ; ici, Gerhardt, *Phil.*, VII, p. 272). Il est, selon Leibniz, impossible de trouver les principes d'une véritable unité substantielle dans la matière seule, plus précisément dans ce qui n'est que passif, puisque tout y est simple collection, agrégat, ou amas, de parties jusqu'à l'infini.

1. Descartes soutient l'existence d'une force de mouvement et d'une force de repos qui confèrent au corps son unité (voir les *Principes,* II, 26, 43, AT, IX-2, 77 et 88). Voir aussi

Pour dernière observation sur les notions que nous avons des corps et de la matière, j'ai remarqué que naturellement nous sommes portés à appeler *corps,* ce qui nous semble indivisible, et *matière,* ce qui se peut diviser sans rien détruire [1]. Ainsi ce que nous nommons *notre corps* est en effet l'amas de cent millions de corps ; en un mot, c'est de la matière, et cependant nous regardons cet assemblage de tant de corps, comme si ce n'en était qu'un, parce que ses parties, concourant toutes à même fin, sont rangées entre elles d'une manière si convenable à cette fin qu'on ne les saurait diviser, sans rompre toute l'économie qui les y rend propres. Par la même raison, les Jurisconsultes appellent *corps* dans le droit, tout ce qui ne se peut diviser sans être détruit, comme un cheval, un esclave, et ils appellent *quantité,* tout ce qui n'est qu'un amas de choses qui subsistent sans dépendance les unes des autres, comme le blé, le vin, l'huile, etc. Enfin dans toutes les rencontres où l'on voit de la matière, dont l'arrangement doit néces-
sairement produire un certain effet, qui serait | détruit, si cet arrangement 11
l'était par la division des parties de cette matière, on lui donne le nom de *corps,* parce qu'on la regarde comme indivisible. Au lieu que, quand on voit la matière simplement entassée, liquide, ou en masse, et qu'elle se peut diviser en plusieurs portions semblables les unes aux autres, sans détruire aucun effet résultant de leur arrangement, on lui laisse le nom de *matière,* tant il est vrai que naturellement l'idée que chacun a du corps lui représente

Principes, II, 55, « je ne crois pas qu'on puisse imaginer aucun ciment plus propre à joindre ensemble les parties des corps durs, que leur propre repos ». Le repos a de la force, et il n'y a nul besoin d'un lien substantialisant les corps solides, car ce qui fait le ciment des solides c'est qu'ils sont fait de parties immobiles. Quant aux fluides, ils sont des corps faits de parties déjà en mouvement, ou déjà séparées par le mouvement qui les anime. C'est la conception *physique* que Cordemoy attaque, tout comme Leibniz dans la *Theoria motus abstracti,* Gerhardt, *Phil.* IV, p. 234-239. Cette thèse de Descartes est si difficile que Malebranche est lui aussi conduit à traiter de la question de la cohésion et de l'unité des corps, et à se livrer, à des considérations d'ordre physique, à la fin de la *Recherche de la vérité* (Livre VI, II, chap. IX).

1. L'observation selon laquelle nous appelons « corps » ce qui nous semble indivisible et matière ce qui se peut diviser sans en rien détruire fait, selon Desgabets, « voir que l'invisibilité des corps n'est que formelle et essentielle et qu'elle n'empêche nullement la distinction et la séparabilité de leurs parties intégrantes. C'est pourquoi il est vrai que, tandis que nous considérons la matière simplement en elle-même, nous sommes portés à la concevoir comme une chose divisible en tous sens, à cause que nous n'y voyons rien qui nous oblige à y mettre une plus grande liaison entre quelques parties qu'entre toutes les autres. Mais lorsque nous considérons les diverses formes qui font que plusieurs parties ont de la subordination et du rapport à une même fin, pour lors nous avons un bon fondement de considérer la matière disposée de cette sorte, un tout à part et indivisible étant pris formellement au sens que les corps des animaux et les machines sont indivisibles ».

une chose indivisible, et que l'idée de la matière représente une chose sujette à être divisée.

Ainsi nous avons des preuves, et par les lumières naturelles, et par les conséquences, que les corps ne sont pas divisibles. Par les lumières naturelles, puisque chaque corps est une même substance, il faut qu'il soit indivisible, et il ne faut point dire que l'on en peut concevoir le haut sans en concevoir le bas : car encore que vous puissiez penser à une de ses extrémités, sans penser aux autres, vous ne sauriez concevoir qu'elle n'en ait qu'une, dès que vous la concevez étendue. Et bien loin de conclure qu'un corps soit divisible parce qu'il a différentes extrémités, vous conclurez que toutes ses extrémités différentes sont inséparables parce qu'elles sont les extrémités d'une même étendue, et pour tout dire, d'une même substance.

Quant aux conséquences, j'ai fait voir que si chaque corps est divisible, il est impossible de concevoir un corps en repos entre d'autres corps, et
12 moins | encore de concevoir son mouvement, c'est-à-dire qu'il est impossible de concevoir rien en la nature. Au lieu que l'on rend raison de tout, si l'on pose chaque corps comme une substance indivisible, car, outre qu'on satisfait à l'idée naturelle qu'on a de chaque substance, par ce moyen on explique parfaitement le mouvement et le repos de chaque corps.

Cependant il est évident que si l'une de ces opinions n'est vraie, l'autre l'est nécessairement. Car enfin, il faut que chaque corps soit divisible, ou qu'il ne le soit pas. S'il est divisible, la nature ne peut subsister comme elle est, et j'ai montré qu'on ne peut expliquer ni le mouvement, ni le repos, au lieu que s'il ne l'est pas, on explique très commodément ce que l'on aperçoit du repos et du mouvement. Je ne pense pas qu'il puisse se trouver une preuve plus convaincante d'aucune vérité.

6. Le plus ou le moins de corps, dont les tas, les liqueurs, et les masses sont composés, s'appelle *leur quantité,* et leur grandeur ou leur petitesse vient du plus grand ou du moindre nombre de corps qui s'y rencontrent.

Ainsi chaque corps n'est point une quantité, quoi qu'il soit une partie de la quantité, comme l'unité n'est pas un nombre, quoi qu'elle fasse partie du nombre, tellement que la quantité et l'étendue sont deux choses, dont l'une convient proprement au corps, et l'autre convient proprement à la matière.

13 | 7. Les corps, qui composent les tas, les liqueurs et les masses, ne sont pas partout si près les uns des autres qu'ils ne laissent quelques intervalles en divers endroits.

Lorsqu'on aperçoit ces intervalles, on les appelle *trous*. Et, quand on ne les aperçoit pas, on les appelle *pores*.

8. Il n'est pas nécessaire que ces intervalles soient remplis ; et l'on peut concevoir qu'il n'y ait aucun corps entre des corps qui ne se touchent pas.

De dire qu'on ne peut concevoir ces intervalles sans étendue, et que par conséquent il y a des corps qui les remplissent, cela n'est point véritable. Et bien que l'on puisse [III] dire qu'entre deux corps qui ne se touchent pas, on pourrait mettre d'autres corps de la longueur de tant de pieds, on ne doit pas conclure qu'il y en ait pour cela. On doit seulement dire qu'ils sont situés de sorte qu'on pourrait placer entre eux des corps, qui joints ensemble composeraient une étendue de tant de pieds. Ainsi l'on conçoit seulement qu'on y pourrait placer des corps, mais on ne conçoit pas pour cela qu'ils y soient. Et, comme nous pourrions avoir l'idée de plusieurs corps, encore qu'il n'y en eût aucun, nous pouvons aussi concevoir qu'on en pourrait mettre quelques uns entre des corps, entre lesquels il n'y en a point encore.

Quelques uns soutiennent que, si tous les corps qui remplissent un vase, étaient détruits, les bords du vase seraient réunis [1]. J'avoue que je n'entends pas | ce raisonnement, et je ne puis concevoir ce que fait un corps à la 14
subsistance de l'autre. Il pourrait bien être que les corps qui entourent le vase, poussant ses bords, le brisassent, s'ils n'étaient soutenus au-dedans par d'autres corps. Mais de dire que, dès qu'on aurait ôté tous les corps du dedans, les bords se dussent rapprocher, sans que rien ne poussât ces mêmes bords, et de faire un argument contre le vide par cette supposition, j'avoue, si c'est un bon argument, que je n'en connais pas la force [2], et je crois voir très clairement que deux corps pourraient subsister si loin l'un de l'autre, qu'on en pourrait mettre entre eux un très grand nombre, ou n'y en mettre aucun, sans que cela les rapprochât ni reculât [IV].

9. Comme les figures des corps sont fort diverses, leur rencontre fait que les portions perceptibles ou imperceptibles, qu'ils composent, peuvent être de très différentes figures.

10. Mais comme entre les corps, plusieurs sont de même figure, il y a aussi bien des portions qui sont de figures semblables.

1. Voir Descartes, *Principes*, II, 17-18, AT, IX-2, 72-73, et notre « Introduction ».

2. La thèse de l'existence du vide est d'autant plus fragile qu'elle s'appuie sur l'atomisme. Selon Desgabets, il s'agit d'un simple préjugé qui est appuyé sur la thèse atomiste, elle-même incapable de prouver sa vérité, parce qu'elle confond l'abstrait et le concret. Quant au préjugé concernant le vide, il a son origine « dans le plus fort, et le plus excusable de notre enfance, et dans la pente qu'a notre esprit, dès le commencement de notre vie, à juger que les choses qui ne s'aperçoivent pas par les sens extérieurs n'étaient rien du tout et s'anéantissaient intimement, aussitôt qu'elles disparaissaient ».

11. Même plusieurs corps de différentes figures, mêlés en nombre égal et de même façon, peuvent faire différentes portions toutes de même figure, et ayant les mêmes propriétés; et ce qui résulte de l'assemblage de ces portions est ce qu'on appelle une telle matière, ou, si vous voulez, *matière seconde.*

15 | Tellement que la matière première peut être bien définie (suivant ce qui a été dit) : *un assemblage de corps* ; et l'on voit que chaque corps est une partie de cette matière première.

De même la matière seconde serait bien définie : *un assemblage de plusieurs portions de même nature* ; et chacune de ces portions est une véritable partie de cette matière seconde [1].

Et, parce que chaque portion d'une certaine nature peut être jointe à quelque portion d'une autre nature, dont il résultera une troisième sorte de portions, on voit que plusieurs de ces dernières portions composeraient une matière que l'on pourrait appeler *matière troisième,* et ces portions mixtes seraient les véritables parties de cette matière troisième, qui serait mixte des deux autres.

De la même façon, les choses peuvent aller d'une troisième à une quatrième nature, et pour garder un ordre qui rende ces changements intelligibles, les portions, en quoi se résout d'abord chaque matière, doivent être appelées les parties de cette matière.

Il faut remarquer qu'autant qu'on a pu connaître ces différents états, on leur a donné des noms, et cela a été fort à propos. Mais il a été fort mal à propos de feindre qu'à chaque mutation il arrive un nouvel être qu'on appelle *qualité* ou *forme*. Ce n'est pas que ces mots ne soient propres à exprimer le différent arrangement des parties de la matière, mais ils ne peuvent raisonnablement signifier autre chose [2].

16 | 12. Il n'y a que les effets qui nous puissent faire juger des différentes figures que peuvent avoir les différentes parties de chaque matière.

1. Si Cordemoy reprend la définition aristotélicienne de la substance comme chose individuelle, séparable, et donc indivisible, son usage des notions de matière et de forme l'inscrit dans la physique nouvelle. En cartésien convaincu, Cordemoy s'accorde en effet avec la critique des formes substantielles et des qualités réelles. La forme est la figure des corps, rien de plus. La matière première est un assemblage de corps. La matière seconde est un assemblage de portions de matière de même nature, et la matière troisième, un composé de portions mixtes.

2. Pour définir la matière, Cordemoy fait seulement appel aux notions mécaniques et non à celle métaphysique de forme ; il explique les propriétés de la matière à partir des corps qui les composent, et non en vertu des formes substantielles.

Ainsi, quand on propose une masse ou quelque liqueur, dont les parties ne se peuvent discerner, on doit examiner quels en sont les effets. Ensuite on doit considérer quelles figures sont les plus propres à produire de tels effets, et l'on doit croire qu'on a bien supposé la figure des parties qui composent une masse, ou une liqueur, quand on en assigne une qui peut rendre raison de tous leurs effets.

| DEUXIÈME DISCOURS 17

DU MOUVEMENT ET DU REPOS DES CORPS [1]

Qu'il n'arrive aucun changement en la matière, qu'on ne puisse expliquer par le mouvement local [2].

Tout le monde demeure d'accord qu'il n'y a rien de si contraire au mouvement que le repos [3].

Or il est certain que quand on dit qu'un corps est en repos, on n'entend autre chose sinon que ce corps est toujours en même situation.

Ainsi, suivant la règle des contraires, quand on parle du mouvement d'un corps, on ne doit entendre autre chose sinon que ce corps est transporté de [V] sorte qu'il ne demeure pas un seul moment en une même situation.

| On pourrait demander ce qui est [VI] cause de ce transport : mais ce serait 18
sortir de la question, dont le but n'est pas d'expliquer les causes du mouvement des corps, mais seulement d'en connaître la nature, c'est-à-

1. Ce *Discours* a été publié séparément, pour la première fois à Paris en 1664, à la suite de l'édition du *Monde ou Traité de la lumière* de Descartes. C'est le texte remanié d'une conférence donnée par Cordemoy chez Louis Habert de Montmort, membre des cercles cartésiens, et aussi éditeur de Gassendi.

2. Pour Descartes, le mouvement est seulement local [voir *Principes,* II, 24 : « Le mouvement (à savoir celui qui se fait d'un lieu en un autre, car je ne conçois que celui-là, et ne pense pas aussi qu'il en faille supposer d'autre en la nature) »], voir aussi *Le Monde,* chap. VII, AT, XI, 39-40. Cordemoy s'efforce d'expliquer les autres mouvements qui ont été reconnus par Aristote (altération, accroissement et diminution, génération et corruption) à partir du mouvement local.

3. Voir *Le Monde,* AT, XI, 40 ; *Principes,* II, 44, AT-IX-2, 88-89 : « Que le mouvement n'est pas contraire à un autre mouvement, mais au repos ».

dire de trouver une définition qui puisse convenir à toutes les manières de se mouvoir que nous connaissons dans les corps [1].

Je pense que l'on accordera aisément celle que j'ai apportée du repos, et conséquemment celle du mouvement, puisqu'elle est tirée suivant une règle toujours infaillible.

Il reste donc à faire voir que cette définition convient à tous les mouvements qui nous sont connus.

Quelques personnes, en avouant qu'elle est très propre à expliquer ce changement, auquel on donne le nom de mouvement local, disent qu'elle ne peut convenir qu'à celui-là, et qu'elle ne peut s'appliquer à ces changements de la *quantité,* qu'on appelle *accroissements* ou *décroissements* ; à ceux de la *qualité,* qu'on appelle *altérations* ; et à ceux de la *forme,* qu'on appelle *génération,* ou *corruption* [2]. Mais, si je montre que tous ces changements n'arrivent que par le mouvement, auquel on avoue que ma définition convient, il s'ensuivra qu'elle convient à tous les mouvements, qui nous sont connus.

QUANTITÉ. Quant aux changements de la *quantité,* si une masse augmente, n'est-ce pas que de nouveaux corps se joignent à ceux qui composent déjà la quantité de cette masse ? Si elle diminue, n'est-ce pas que quelques-uns de ces corps en sont séparés ? Et peuvent-ils être ajoutés
19 | ou séparés sans ce mouvement local que notre définition explique si bien [3] ?

1. Descartes distingue l'usage commun de « mouvement », « action par laquelle un corps passe d'un lieu en un autre » (*Principes,* II, 24), dans lequel la relativité du mouvement est appréhendée psychologiquement, et l'usage propre – le « transport » (*ibid.,* II, 25) –, lequel renvoie à la détermination mathématique de la *translatio* d'un corps, du voisinage de ceux qui le touchent immédiatement au voisinage de quelques autres. Étudier la nature du mouvement et non l'action qui transporte, *i. e.*, comme l'écrit Cordemoy, « la cause de ce transport », c'est donc s'en tenir à la clarté et à la distinction des repères mathématiques qui permettent de déterminer le mouvement de tout ce qui est transporté.

2. La définition du mouvement à partir des catégories de substance, quantité, qualité, lieu, se trouve dans la *Physique* d'Aristote, Livre III, 1, 201 *a* 1-20, trad. fr. P. Pellegrin, Paris, GF, 2000, p. 161-162. Voir la critique lapidaire de Descartes dans *Le Monde,* chap. VII, (AT, XI, 39-40) : « Les philosophes supposent aussi plusieurs mouvements qu'ils pensent pouvoir être faits sans qu'aucun corps change de place, comme ceux qu'ils appellent : *Motus ad formam, motus ad calorem, motus ad quantitatem* (mouvement à la forme, mouvement à la chaleur, mouvement à la quantité) et mille autres. Et moi je n'en connais aucun [*sc.* mouvement], que celui qui est plus aisé à concevoir que les lignes des géomètres : qui fait que les corps passent d'un lieu à un autre, et occupent successivement tous les espaces qui sont entre-deux ».

3. Voir Aristote, *Physique,* V, 2, 226 *a* 27-30 : « Le mouvement selon la quantité n'a pas de nom général, mais selon chacun de ses deux aspects c'est l'augmentation et la diminution,

Qu'un morceau de terre, qui était déjà proche d'une pierre, soit tellement remué par la chaleur du soleil, ou par d'autres causes, que ce qu'il y aura de plus humide, en exhale, et que ce qu'il y aura de parties plus solides, s'embarrassent de sorte par leurs figures irrégulières, et se serrent tellement les unes contre les autres qu'enfin il paraisse dans un état tout à fait semblable au reste de cette pierre. Il est certain que cette exhalaison de quelques parties, et ce rapprochement de quelques autres n'est qu'un mouvement local, et qu'ainsi cette augmentation de quantité, qui s'appelle communément *Juxtaposition,* peut être expliquée par notre définition.

Pour cette autre augmentation, qui se fait par *Intussusception*, elle ne diffère en rien de l'autre, sinon qu'en la première les parties qui s'accumulent sont jointes par les extrémités aux parties de la masse qui accroît, et dans la seconde espèce ces parties qui arrivent de nouveau glissent entre les moindres espaces, que font entre elles les parties de cette masse jusqu'à ce qu'elles aient trouvé des endroits un peu plus étroits qu'il ne faudrait pour les admettre, de sorte que, faisant effort pour y passer, elles sont souvent dans un mouvement assez puissant pour s'y faire entrée. Mais, souvent aussi ce mouvement n'étant pas assez fort pour les faire passer outre, elles y demeurent engagées et accroissent ainsi la masse.

Comme il arriverait à une flèche, qui serait lancée | dans un faisceau fait 20
de plusieurs autres : on sait que quelque étroite que fut leur union, il y aurait toujours des espaces entre elles, où cette flèche s'introduirait, et qu'encore qu'elle eût assez de force pour les écarter un peu les unes des autres, elle pourrait aussi, après avoir perdu tout son mouvement par cet effort, demeurer engagée entre les autres, et accroître ainsi le faisceau, qui pourrait augmenter d'autant de flèches qu'on en pourrait tirer entre celles qui le composent.

Il en arrivent de même aux plantes [1], qui ne prennent de nourriture que parce que la chaleur du soleil faisant mouvoir dans les entrailles de la terre différents sucs (c'est-à-dire différentes petites particules, dont les figures

celui qui va vers la grandeur achevée étant l'augmentation, celui qui en vient la diminution ». Mais contrairement à Aristote (voir par exemple la *Physique,* VII, 245 *a* 11-245 *b*), pour Cordemoy, c'est l'atomisme et le mouvement local qui seuls peuvent rendre compte de l'augmentation, et de la diminution, dans les termes de la juxtaposition, ou de l'intussusception.

1. En étudiant les mouvements autres que locaux, Cordemoy développe des analyses précieuses à propos des plantes. Dans les différents exemples de changements quantitatifs, la chaleur et le soleil constituent les facteurs qui contribuent à rendre compte des mouvements des particules, des masses, et des sucs ; ils permettent d'expliquer mécaniquement la matière inerte autant que le vivant.

sont diverses), il les élève enfin et les fait couler par une infinité de petites conduits, dans lesquels ces particules venant à rencontrer quelques grains de semences, dont les pores sont approchants de leur figure, elles s'y donnent entrée parce qu'il leur est plus commode de continuer ainsi leur mouvement en ligne droite, et ayant consommé une partie de leur impétuosité à s'en faire l'ouverture, elles y demeurent engagées pour en augmenter la substance.

Que si elles conservent assez de mouvement pour passer outre, elles ne servent de rien à la nourriture. D'où vient que trop de chaleur, donnant trop de mouvement à ces particules, fait sécher les semences dans le sein d'une terre, qui les ferait germer si elle était moins échauffée. Et même un trop
21 grand | mouvement peut être cause que des particules plus grosses que celles qui doivent servir d'aliment à certaine plante, s'y frayent des passages, qui ruinant la figure et l'arrangement des pores de cette plante, la mettent en état de ne pouvoir plus retenir celles qui lui seraient propres. Comme au contraire, le défaut de mouvement peut faire qu'aucun suc ne puisse avoir assez de force pour s'introduire dans les semences qu'il pourrait augmenter, et qu'ainsi elles deviennent inutiles.

De là encore on peut conjecturer que tous les petits sucs n'ayant pas des figures semblables, tous ne sont pas propres à s'insinuer dans toutes sortes de semences ; mais que chacun, après avoir heurté vainement contre celles où il ne peut entrer, peut enfin être emporté en des endroits où il rencontre des semences, dont les pores soient assez ajustés à sa figure pour l'arrêter, de sorte que la même terre en peut contenir à la fois, et le même soleil en peut émouvoir en même temps assez de différents pour nourrir une plante, dont le jus sera mortel, tout proche d'une autre qui pourra servir d'antidote à ce poison ; étant certain que jamais l'une ne recevra ce qui sera propre à la nourriture de l'autre, par la même raison que deux cribles diversement percés n'admettront jamais que les grains qui seront proportionnés à la figure de leurs trous.

QUALITÉ. Quant aux changements de *qualité,* qu'on appelle *altérations,* il est facile de faire voir qu'ils arrivent tous par ce mouvement auquel notre définition se rapporte.

22 | Pour cela, il faut d'abord examiner ce qu'on entend par le mot d'*altération* [1].

1. Voir Aristote, *Physique,* V, 2, 26 *a* 25-27 : « Posons donc que le mouvement selon la qualité c'est l'altération, car tel est le nom général qui lui a été attaché. Mais j'entends par qualité non celle qui est dans la substance (en effet la différence spécifique aussi est une qualité), mais celle qui est passive, d'après quoi l'on dit que quelque chose pâtit ou est

On entend sans doute par ce mot tous les changements qui peuvent arriver en un corps composé de plusieurs parties sans augmenter ou diminuer sa masse, et sans détruire cette constitution de parties, en laquelle on fait consister sa nature particulière, c'est-à-dire ce qui le rend différent des autres corps.

Je dis sans augmenter ni diminuer sa masse, parce que cette sorte de changement est de quantité, comme nous l'avons déjà remarqué.

J'ajoute que l'altération ne doit point détruire dans le corps auquel elle arrive cette constitution particulière de parties, qui fait toute sa nature, et le rend différent des autres corps, parce que ce grand et dernier changement regarde la forme, dont nous devons parler à l'article suivant.

Cela posé, je dis que l'altération ne peut arriver sans mouvement local, car un corps composé de plusieurs parties, n'étant ce qu'il est que par la construction de ses parties, il ne peut recevoir de changement que par ses parties [1].

Or il est constant que si les moindres de ses parties demeurent toujours en même situation sans s'éloigner, sans s'approcher, sans passer les unes dans les autres, et sans en admettre d'autres entre elles, il est constant, dis-je, qu'il n'arrivera point de changement, et que tant que ce repos de toutes les parties d'un corps durera, on pourra assurer qu'il est toujours de même, c'est-à-dire qu'il n'est point altéré.

| Donc, si l'on y aperçoit du changement, il faut conclure qu'il est 23
arrivé, parce que les parties se sont ou serrées, ou écartées, ou que les unes

impassible ». « Mais que tout altéré soit altéré par les qualités sensibles, et que l'altération se trouve seulement dans les réalités que l'on puisse dire pâtir par soi par les qualités sensibles, il faut l'étudier à partir de ce qui suit » (*Physique,* VII, 245 *b* 1-6). Dans la suite, Aristote distingue l'altération de l'acquisition, et la perte, de configurations (changement quantitatif), et aussi de l'acquisition, et la perte, de forme (génération et corruption). Et il explique en outre que les états ne sont pas des altérations. Selon Aristote la matière est le support susceptible de recevoir les contraires (*i. e.* les qualités sensibles contraires, ou les dispositions contraires), et c'est du fait de cette réception des contraires qu'il y a altération, sans que la matière en tant que support (*hupokheimenon*) ne soit pour sa part transformée.

1. Parce que la matière est un assemblage de corps, l'altération s'explique par le mouvement local, sans accroissement ou diminution de la masse, lesquels définissent le changement quantitatif, et sans non plus de changement de la constitution particulière des parties, en quoi consiste l'acquisition d'une nouvelle forme. Le changement affecte plutôt les qualités sensibles qui, depuis Descartes, sont considérées comme des qualités de l'âme et non comme des corps extérieurs. Cordemoy montre comment le pain, tout en restant ce pain-là, peut rassir ; ce ne peut être que par le changement de situation de ses parties, écartées ou resserrées par d'autres (en l'occurrence des parties de l'air et de l'eau) qui s'immiscent en lui ou s'en retirent.

ont passé dans les autres, ou qu'elles en ont admis d'autres entre elles, ce qui ne se peut faire que par le mouvement local, et conséquemment c'est par lui que les altérations ou changements de qualité arrivent.

Si nous descendons aux choses particulières, nous verrons par exemple que le pain, sans cesser d'être pain, peut avoir indifféremment, ou la qualité de tendre, ou la qualité de rassis, mais qu'il ne peut être ni tendre ni rassis que par un mouvement et une situation différente de ses parties.

En effet, il n'est tendre que parce que ses parties, étant encore imbibées des parcelles de l'eau, dont il est composé, sont plus pliantes et résistent moins au toucher ; d'ailleurs elles ont un reste de mouvement qui les tenant plus séparées les unes des autres font[VII] que l'on peut facilement y introduire les dents, et qu'elles maltraitent moins le palais et les autres parties de notre bouche.

De même, il ne devient sec après quelques jours que parce que les parcelles de l'eau excitées ou par leur mouvement propre, ou par celui de l'air, s'évaporent de sorte que les parties plus grossières de la pâte, qui demeurent avec un mouvement beaucoup moindre, se serrent davantage les unes contre les autres, et laissent le pain en tel état qu'à peine y peut-on
24 introduire le couteau. Cependant il est | toujours appelé pain, parce que ses parties gardent encore assez de cet arrangement dans lequel on fait consister sa nature.

Ainsi l'on voit que ce n'est pas mal définir l'altération que de dire que c'est un changement tel que le corps auquel il arrive peut affecter quelques-uns de nos sens autrement qu'il ne les affectait auparavant, non toutefois de telle sorte que nous n'y reconnaissions plus rien de tout ce qui nous paraissait en lui, car en ce cas (et nous le verrons par la suite) nous dirions qu'il y aurait corruption de la forme, et génération d'une autre. Mais ce que nous devons considérer ici est que l'*altération,* que nous avons expliquée dans le pain, n'a eu pour cause que l'évaporation de certaines parties, et le rapprochement de quelques autres ; ce qui est un mouvement suivant notre définition.

FORME. Il reste à voir les changements de *forme,* qu'on appelle *génération,* ou *corruption.*

On dit qu'il y a corruption, et ensuite génération, dans une certaine portion de la matière, lorsque l'on n'y reconnaît plus rien de son premier arrangement. Et nos sens sont tellement les maîtres de nos créances, que quand il ne nous paraît plus rien en une chose de ce qui nous y paraissait auparavant, non seulement nous commençons à lui donner un nom qui puisse répondre à la nouvelle idée que nous en avons, mais nous penchons à croire qu'elle n'est plus la même, et souvent nous disons que c'en est une autre.

| Sans doute que nous parlerions plus proprement, si nous disions 25
simplement qu'elle est toute autre, c'est-à-dire qu'elle est tout à fait altérée. Mais quoi ? on est accoutumé à faire deux ordres, ou espèces de changements, quoiqu'il n'y ait de différence entre eux que du plus au moins. On veut, quand une chose n'est pas changée jusqu'à être méconnue, qu'elle soit seulement altérée. Mais, quand son changement est tel qu'il n'y paraît plus rien de tout ce qu'elle avait, on assure que ce n'est plus la même.

Cependant, si l'on consulte la raison plutôt que les sens, on trouvera que cette chose est toujours le même corps, qui a toujours autant de parties, et ne peut avoir été changé que parce ses moindres parties sont disposées tout autrement qu'elles n'étaient, si bien qu'elles n'ont plus rien qui approche de leur première conformation[1].

Et pour montrer que le mouvement, que nous avons défini, est la cause de ce dernier effet, aussi bien que des autres ; il ne faut qu'examiner un de ces extrêmes changements que l'on appelle changements de forme.

Un tas de blé nous paraît divisé en plusieurs petites portions : les parties de chaque grain sont pressées d'une manière qui le fait presque rond, et une écorce assez délicate pour ne le point fouler, mais assez forte pour le conserver, repousse vers nos yeux la lumière d'une façon qui nous le fait paraître d'un gris jaunâtre, et marqué de blanc en quelques endroits.

| Si vous exposez ce blé à la meule, vous verrez que les grains qui sont 26
au-dessus, s'embarrassant dans les creux que l'on fait exprès en cette pierre, sont contraints de suivre ses mouvements. Et, comme la première couche de ces grains a plusieurs pointes engagées dans les entre-deux que font entre eux les grains de la seconde, cette seconde est en même temps obligée de suivre, emportant par même raison la troisième, et celle-là celle

1. La distinction entre la génération absolue et la génération déterminée est proposée par Aristote dans la *Physique*, V, 1, 226 a 13-20. Pour Cordemoy qui voit dans la forme l'arrangement des parties de la matière, et non la nature des choses, l'acquisition d'une nouvelle figure ne peut pas être la génération d'une nouvelle matière. Ainsi la farine est encore du blé, et c'est parce que les sens ne voient plus rien dans la farine qui ressemble au blé, que nous donnons à cette nouvelle disposition des parties du blé le nom de « farine ». L'explication de la génération et de la corruption de la forme à partir du mouvement local conduit Cordemoy à faire de ces changements des changements des apparences, des manières de penser ou de sentir, plutôt que des changements affectant la nature même de la matière. La différence entre la génération et l'altération réside en cela que, dans le premier cas, nos sens ne reconnaissent plus rien dans la chose qui lui ressemble, et dans le second qu'ils voient un aspect de la chose qui a changé et continuent néanmoins de la reconnaître comme une même chose.

qui se trouve au dessous, tant qu'enfin toute la masse tourne, de sorte que le poids de la machine joint à l'effet des mouvements froisse les grains, brise leur écorce, et fait que chacune des particules qu'elle enfermait se débarrassant de celles dont elles étaient environnées pour se mêler avec d'autres, toutes commencent à composer un certain tout d'une couleur si différente, et d'une constitution si diverse de la première, que n'y reconnaissant plus aucune des apparences du blé, nous commençons à l'appeler farine.

Jusqu'ici, il me semble qu'il n'y a rien qu'on ne puisse assez facilement expliquer par le mouvement que j'ai défini.

Si pour en faire du pain, on sépare les petits éclats de l'écorce, qui font le son, d'avec les particules qui font la plus belle farine, on voit que cela se fait par les lois du même mouvement.

Si l'on vient à mêler ces parties de la plus délicate farine avec celles de l'eau, de sorte que les unes s'embarrassant dans les autres, elles
27 commencent à devenir plus liées entre elles ; je crois que | personne n'en cherchera la cause que dans le même mouvement.

Si l'on expose cette masse pétrie à la chaleur d'un feu renfermé dans quelque lieu capable d'en réunir toute l'activité, elle se lèvera d'abord, et la plupart des parcelles de l'eau s'évaporeront. Les parties du dedans, étant excitées, s'éloigneront les unes des autres, celles de la superficie, étant rasées par l'air, et par les autres petits corpuscules environnants, seront plus polies, plus serrées, plus sèches et plus colorées, que le reste de cette masse. Enfin si, après le temps nécessaire, vous la retirez de ce lieu, vous la verrez en cet état que vous appelez pain. N'est-ce pas toujours la même masse qui a souffert tous les différents changements, et ne lui sont-ils pas tous arrivés par le mouvement que nous avons défini ? Cependant on dit qu'il a changé de forme, qu'il y a eu corruption de celle du blé, et génération de celle du pain[1].

Je ne puis trouver étrange qu'on appelle mutation de forme cet extrême changement, qui fait qu'on ne reconnaît plus rien de ce qui paraissait en une masse pour le distinguer de ces moindres changements, qu'on appelle simples altérations de qualités. Mais je ne puis concevoir ce qui fait imaginer à plusieurs qu'une forme périsse et qu'une autre s'engendre, ni moins encore qu'il faille passer par la privation pour aller de l'une à l'autre. Ce

1. Génération et corruption, entendues comme engendrement d'une chose nouvelle ou la destruction de la chose, enveloppent la conception péripatéticienne et scolastique des formes substantielles que critiquent les cartésiens. Voir par exemple Arnauld, *La Logique ou l'art de penser*, III, XIX, 2, éd. Clair et Girbal, Paris, Vrin, p. 244-245, dans l'édition de Lausanne, des *Œuvres de Messire Antoine Arnauld*, Sigismond d'Arnay, Lausanne, 1775-1783, t. 41, p. 313.

milieu m'a toujours semblé aussi chimérique que les deux extrémités dont
on veut qu'il soit le lien, et il me | semble que pouvant rendre raison des plus 28
grands changements, qui arrivent en la matière par l'arrangement, par les figures, et par le mouvement que l'on y reconnaît, il ne faut point former de nouveaux êtres que l'on n'y connaît point.

Je sais bien que plusieurs, qui n'ont point coutume d'alléguer les formes tant qu'ils s'en peuvent passer, ne vont point chercher d'autres causes des changements d'un corps que le mouvement de ses parties, et la diversité de leurs figures, tandis qu'ils peuvent apercevoir ce mouvement et ces figures. Mais toutes les fois que les parties, dont le mouvement ou la figure cause quelque changement, sont trop petites pour être aperçues, c'est alors qu'ils réclament la forme, et afin de sauver l'honneur des formes qu'ils ont inventées et de leur donner toute la gloire des générations, ils disent que tout changement qui arrive par la figure, ou par le mouvement, n'est point une génération.

Mais il est facile au contraire de montrer qu'on peut rendre raison de tout ce qu'on appelle génération, par le mouvement et la figure des petites parties, soit qu'on les puisse apercevoir, ou qu'elles soient imperceptibles.

Premièrement, il est certain que les corps, pour échapper à nos sens, n'en sont pas moins des corps, ils n'en ont pas moins leurs figures particulières, ils n'en sont pas moins susceptibles de mouvement. Cela étant, si nous rendons raison des changements qui arrivent dans la matière
par la figure et le | mouvement de certaines parties lorsque nous apercevons 29
ces parties, il s'ensuit (puisque nous sommes convaincus que les plus imperceptibles ont de toutes ces choses) que nous devons croire qu'elles agissent comme les plus grosses, et même qu'elles causent de plus grands changements, puisque plus toutes les parties d'une portion de matière sont petites, plus aussi est-elle susceptible de changements qui peuvent être causés par les figures et par les mouvements.

La nature n'a point fait de lois pour les parties que nous voyons, auxquelles celles que nous ne voyons pas ne soient assujetties ; et ces règles que la mécanique sait être si certaines pour les unes sont infaillibles pour les autres.

En effet, si voyant les bouillons d'une eau émue par la chaleur du feu, et ces tourbillons de fumée qui en exhalent, quelqu'un se persuade que quand la vague de l'air les aura assez dissipés pour faire que chaque particule ne soit plus aperçue, elles n'auront plus de figure ni de mouvement, ne sera-t-il pas trompé dans sa conjecture ?

Ou bien si croyant (comme il le faut croire) qu'elles gardent encore leur figure et leur mouvement, il vient à penser que ces figures et ces mouvements ne suivent plus la loi des autres, ne s'abusera-t-il pas dans son raisonnement ?

Mais ne sera-t-il pas convaincu de son erreur, quand il verra que le froid d'une plus haute région venant à calmer le mouvement de ces petites parti-
30 cules, et à les resserrer, elles retomberont en eau | comme auparavant ? S'il était vrai qu'elles ne suivissent plus la loi des autres corps, qui les y aurait pu soumettre une seconde fois ? Et, si elles eussent échappé un seul moment à cette puissance qui eût pu les remettre sous le joug ?

Ainsi on voit qu'il est plus raisonnable de conclure que tant qu'une chose est corps, pour petite qu'elle soit, elle agit comme les autres corps. Et si nous trouvons dans la figure et le mouvement la raison de tout ce qui arrive dans ceux que la grosseur de leurs parties soumet à nos sens, nous devons assurer que c'est cela même qui cause le changement de ceux dont les parties sont trop déliées pour être aperçues.

Mais, afin que l'exemple d'un de ces mouvements, où l'on dit qu'il y a génération de nouvelle forme, nous serve de second moyen ; voyons si cette masse, qui a passé de blé en pain par des mouvements si bien expliqués en notre définition pourra passer en la substance d'un homme, et prendre (pour parler avec l'École) la forme de chair, par les mêmes mouvements, qui ont rendu raison de tout le reste.

Déjà celui qui en coupe un morceau doit demeurer d'accord qu'il ne le sépare du reste que par un de ces mouvements.

Si le mettant dans la bouche, il le rompt en parcelles plus déliées afin qu'elles puissent passer dans l'œsophage, et si quelque salive s'y mêlant sert à mieux faire cette première division, on voit que tout cela n'arrive que par le mouvement.

31 | Si étant passé dans l'estomac, et trouvant certaine liqueur, dont les moindres parties coupantes, comme celles de l'eau forte, sont excitées par la chaleur des entrailles, il est encore plus divisé qu'auparavant, et réduit à peu près au même état que des lambeaux de tant de diverses couleurs assemblées sous les martèles d'un moulin à papier, lesquels pour être seulement imbibés d'une eau qui y court sans cesse, se divisent en tant de parcelles, qu'elles composent une liqueur blanchâtre comme de la colle, cela arrive-t-il par d'autres causes que par le mouvement ?

Si lorsque cette liqueur est descendue de ce viscère dans ceux qui entourent le mésentère, le pressement continuel du bas ventre vient à en exprimer les plus délicates parties à travers les pores qui répondent aux petits conduits qu'on nomme les veines lactées, et à repousser les plus terrestres parties de cette même liqueur dans les gros intestins pour en décharger le corps comme d'un faix inutile, ne doit-on pas encore attribuer cet effet au même mouvement ?

Si de là le plus délicat et le plus précieux de cette liqueur, passant dans les conduits que les yeux n'ont pu suivre partout, et dont la seule adresse de Monsieur Pequet[1] a su démêler les détours, il devient plus excité qu'auparavant, soit qu'une portion de bile s'y mêle pour lui donner plus d'action, soit que, forçant des passages trop étroits, ses parties en acquièrent davantage, et à cause de cela commencent | à repousser autrement qu'elles 32
ne faisaient la lumière contre nos yeux, on verra que tout cela se fait par le mouvement.

S'il se mêle avec le sang qui coule déjà dans les veines, et que suivant son cours dans les vaisseaux que la nature a mécaniquement disposés à cet usage, il va jusqu'au cœur, où il acquiert encore plus de chaleur et d'action pour passer enfin dans les artères, cela sans doute est encore un effet du mouvement et de la disposition de toutes ses parties.

S'il est poussé dans les artères avec un effort qui les fasse enfler jusqu'aux extrémités, en sorte que leurs peaux s'étendant et que leurs pores s'ouvrant, il puisse échapper des particules de ce sang par ces pores qui sont ajustés à leurs figures, cela n'arrive-t-il pas par le mouvement[2] ?

Si ces particules qui s'échappent, étant de différentes figures, et moins solides les unes que les autres, selon les diverses préparations qu'elles ont reçues, et les différents endroits où elles ont passé, elles vont, ou plus loin, ou plus près se mêler entre les fibres droits ou courbés, qui composent déjà les chairs, en sorte qu'elles y fassent croître la masse des parties, qui leur sont semblables, tout cela ne se fait-il pas par le mouvement ? Et cette assimilation, dont la raison peine tant ceux qui la vont chercher où elle n'est pas, est-elle si difficile à concevoir de cette manière ?

1. Jean Pecquet est « un jeune médecin de Dieppe », cartésien, mais qui appartenait aussi au groupe de Pascal, et qui a découvert en trois vivisections de chiens, dit-on, le trajet du chyle des lactifères à la sous-clavière (qu'on appelle depuis citerne de Pecquet), et aussi le canal thoracique. Il a publié sa découverte, en 1651, dans un mince volume : *Johannis Pecqueti Diepaei anatomica...* Hardervici, 1651 ; voir Paul Mouy, *Le Développement de la physique cartésienne (1646-1712),* Paris, Vrin, 1934, p. 94. Et voir aussi la biographie au début de l'édition des *Œuvres philosophiques de Cordemoy* de Clair et Girbal, qui souligne qu'un collaborateur de Pecquet, Gayant, chirurgien de son état, fréquentait en même temps que Gérauld de Cordemoy l'Académie de l'Abbé Bourdelot. Voir aussi en AT, XI, 122 la note a.

2. Sur ces considérations anatomiques et physiologiques, voir Descartes, *Traité de l'Homme,* AT, XI, 121 *sq.* ; *Les Passions de l'âme,* I, art. 7-9, AT, XI, 331-334.

Par cette suite, on a pu, ce me semble, apercevoir que la même masse
33 qu'on disait avoir dans un | certain arrangement la forme de pain a passé lorsque ses mêmes parties ont été plus divisées, et autrement ajustées les unes aux autres en une liqueur, à qui dans ce nouvel arrangement on a assigné une autre forme. Enfin on a pu observer que cette même liqueur, dont toutes les gouttes paraissaient uniformes, quand ses particules étaient bien mêlées, n'était pourtant pas composée de parties toutes semblables, puisque la diversité de leur figure et de leur grosseur leur a donné moyen de passer par des endroits si différents, et de former en l'un de la chair, en l'autre de la graisse, en un autre des cheveux, et en un autre une autre chose, en sorte qu'aucune de toutes ces parcelles n'est périe, mais a tellement changé sa figure, sa situation et son mouvement, qu'à voir ce qu'elle est en l'homme, on a peine à croire ce qu'elle a été dans le pain. Et cela arrive parce qu'ordinairement on ne suit pas assez exactement dans son progrès la cause du changement de chaque particule, et ne considérant pas que c'est par le mouvement qu'elle passe peu à peu d'un état en l'autre, on vient tout à coup à considérer celui où elle a été autrefois, et celui où l'on la voit pour lors, comme deux choses si étrangement différentes, qu'on s'imagine que ce changement doit avoir une cause toute autre que le mouvement, et pour l'assigner, on dit qu'il y a nouvelle forme.

Au reste, il serait facile en suivant toujours ces petites particules que j'ai laissées en différents endroits de nos membres d'expliquer pourquoi leurs
34 | mouvements étant trop grands, elles sortent du corps sans s'y arrêter, de manière qu'il en devient presque sec. Je pourrais aussi expliquer quelle est la figure des parties qui font la graisse, comment, faute d'un assez grand mouvement, ou pour être trop abondantes, elles s'embarrassent, comment ensuite elles s'épuisent. Et enfin, quel est le cours différent des particules que les artères poussent hors d'elles suivant la différence des âges, des lieux, et des saisons. Mais je passerais les bornes que je me suis prescrites, et il me suffit d'avoir tenté d'expliquer tous les mouvements qui nous sont connus par une seule définition, ou (ce qui est la même chose) de montrer que tous les mouvements sont d'une même espèce, et que c'est plutôt la diversité de leurs degrés, ou de leurs effets sensibles, que la différence de leur nature qu'on a voulu marquer quand on leur a donné tantôt le nom de *mouvement local,* ou *changement de lieu,* et tantôt celui de *changement de quantité, de qualité,* ou *de forme.*

DU REPOS. Le même se doit dire du *Repos* ; car, tant qu'une masse demeurera appliquée aux mêmes parties des corps environnants, on appellera cet état un *repos de lieu.*

Que si les parties de cette masse étant un peu en mouvement, on ne voit point que pour cela elles se quittent, ni qu'elles admettent entre elles aucune nouvelle partie qui leur soit semblable, on dira qu'elle n'augmente ni ne diminue, et cet état s'appellera *un repos de quantité*.

| Ensuite, tant qu'on verra que les parties de cette même masse 35
garderont toujours assez d'une certaine situation pour produire toujours un certain effet sur nos sens, quoique d'ailleurs elles se meuvent, on nommera cet état *un repos de qualité*.

Et enfin tant qu'il lui restera assez de cet arrangement de parties auquel on fait consister sa nature particulière, on appellera cet état le *repos de forme*.

Donc si une masse demeure en même état, c'est que ses parties n'ont point changé leur situation, et si cette masse change d'état, c'est parce que ses parties ne sont plus en même situation.

| TROISIÈME DISCOURS 36

DES MACHINES NATURELLES ET ARTIFICIELLES

Qu'elles n'ont toutes qu'une même cause de leur mouvement. Et quelle est cette cause, à ne considérer que les corps.

Tout ce que nous admirons dans les ouvrages de l'Art, ou de la Nature, est un pur effet du mouvement et de l'arrangement qui selon leurs diversités font que les choses sont propres à différents usages. Mais, afin que nous puissions connaître cela par des exemples, je pense n'en pouvoir choisir qui nous puissent mieux convaincre que la montre et le corps de l'homme [1].

On est assez persuadé que l'arrangement des parties d'une montre est la cause de tous ses effets, et soit qu'elle marque les heures, soit qu'elle les
sonne, soit qu'elle désigne les jours, les mois, et les années, | ou qu'elle 37
fasse des choses encore plus difficiles et plus rares, on ne cherche point de *forme*, de *facultés*, de *vertus occultes*, ni de *qualités* en elle. On assure même qu'elle n'est point animée, parce que l'on peut rendre raison de tout ce qu'elle fait par le mouvement et la figure de ses parties [2].

1. Descartes se sert parfois de la comparaison de la montre, ou de l'horloge, pour mettre en relief le fait que dans le vivant en général, et non seulement dans le corps humain, tout se passe mécaniquement. Voir pour les plantes, *Principes,* IV, 203, AT, IX-2, 322 ; pour les animaux, *Discours de la méthode,* AT, VI, 59, *Lettre au Marquis de Newcastle,* 23 novembre 1649, AT, IV, 575 ; pour l'homme, *Sixième Méditation,* AT, IX, 67, et aussi au début et à la fin dans *Le Monde ou Traité de l'Homme,* par exemple, AT, XI, 120 et 202.

2. Voir la critique des vertus ou facultés des scolastiques dans *La Logique ou l'art de penser,* III, XIX, 3, p. 247 ; dans l'édition de Lausanne, p. 315 : « Quand nous voyons un effet

Ce n'est pas toutefois qu'il y ait d'argument pour montrer qu'elle n'a point d'âme, et à peine pourrait-on convaincre un homme qui, pour prouver qu'elle aurait une faculté, une âme ou une forme, dirait que sitôt que ses diverses parties sont ajustées d'une certaine façon, ce qui doit l'animer s'y introduit par la règle « *Dispositiones habenti non denegatur forma* » [1], qui est une loi que certaines gens tiennent si infaillible que celui qui s'était flatté de disposer une masse comme le corps d'un homme espérait que l'âme ne manquerait pas à sa machine, et il en était si persuadé que quand il se proposait de la faire, il ne disait pas qu'il ferait un corps semblable au nôtre, il disait tout franc qu'il ferait un homme comme nous [2].

dont la cause nous est inconnue, nous nous imaginons l'avoir découverte lorsque nous avons joint à cet effet, un mot général de *vertu,* et de *faculté,* qui ne forme dans notre esprit aucune autre idée, sinon que cet effet a quelque cause, ce que nous savions bien avant que d'avoir trouvé ce mot [...]. Voilà qui est fort commodément résolu, et il n'y a point de Chinois qui n'eût pu, avec autant de facilité, se tirer de l'admiration où on était des horloges en ce pays-là, lorsqu'on leur en apporta d'Europe, car il n'aurait eu qu'à dire qu'il connaissait parfaitement la raison de ce que les autres trouvaient si merveilleux, et que ce n'était autre chose, sinon qu'il y avait dans cette machine une vertu *indicatrice* qui marquait les heures sur le cadran, et une vertu *sonorifique* qui les faisait sonner ; il se serait rendu aussi savant par là dans la connaissance des horloges que le sont ces philosophes dans la connaissance du battement des artères, et des propriétés de l'aimant, du séné et du pavot ».

1. « La forme n'est pas déniée à ce qui possède les dispositions ». Pour le péripatétisme, l'âme est la forme du corps. La règle médiévale, que cite Cordemoy, lui sert à soutenir que la matière bien disposée ne nie pas l'existence de la forme. Pour le Moyen Âge, il s'agit plutôt d'élaborer le vocabulaire latin de l'être, la distinction entre l'essence et l'existence, que de traiter de l'âme et du corps. Ces questions sont certes liées, mais le vocabulaire de l'être est ce qui, au Moyen Âge, permet de déterminer la réponse aux questions portant sur le mode d'être de l'âme et de son unité avec le corps. Ce qui intéresse Thomas d'Aquin, par exemple, c'est surtout la nature immatérielle de l'intellect, qui est une faculté séparée des autres facultés de l'âme (végétatives et animales) qui informent le corps organisé. On peut citer à l'appui la formule Thomas d'Aquin, dans la *Somme théologique,* I, question 76, art. 1, trad. Cerf, 1984 : « plus la forme est d'un degré élevé, plus elle a d'emprise sur la matière corporelle, moins elle y est "enfoncée", et plus elle la dépasse par son activité ou sa puissance. Ainsi la forme d'un corps composé possède une activité qui n'a pas pour cause les qualités élémentaires. Et plus on s'élève dans l'échelle des êtres, plus on trouve que la vertu de la forme dépasse la matière élémentaire : l'âme végétale la dépasse plus que ne le fait la forme du métal, l'âme sensitive plus que ne le fait l'âme végétative. Or, l'âme humaine est la forme la plus élevée en perfection. Sa puissance dépasse si fort la matière corporelle qu'elle possède une activité et une faculté où cette matière n'entre en aucune façon. Cette faculté, c'est l'intelligence ».

2. La règle « *forma dat esse* », la forme donne l'être, se trouve chez Boèce, exprimée en ces termes « *esse consequitur formam* » dans ses *Traités de théologie,* trad. fr. A. Tisserand, Paris, GF Flammarion, 2000, et elle est commentée par Thomas d'Aquin, notamment dans *L'Être et l'essence*. Cordemoy s'oppose, pour sa part, à l'explication de la nature du corps organisé à partir de la forme ; de même que le mouvement, et le repos, des corps expliquent le

À un tel philosophe, il serait bien difficile de persuader qu'une montre n'eût point d'âme, s'il s'avisait de soutenir qu'elle en eût. Mais à des gens raisonnables et qui savent qu'il ne faut pas multiplier les êtres sans nécessité, il suffit pour croire qu'elle n'en a point de voir que tout ce qu'elle fait se peut expliquer par le corps.

Comme je suppose que chacun sait quelle est la composition d'une montre, et que l'on en connaît | toutes les pièces, je ne m'arrêterai point à 38
expliquer comment une roue emporte l'autre, ni comment chacune, selon qu'elle rencontre les diverses pièces de la machine, leur donne les diverses directions qui la rendent propres à la fois à tant d'usages différents. On sait par quel artifice on a réglé tous ses mouvements, et je ne m'amuserai pas à examiner comment la corde ou la chaîne, qui sert à contraindre le ressort, fait que toutes les pièces suivent son mouvement. Mais je pense qu'il est utile à notre dessein de nous arrêter pour considérer quelle est la cause d'un tel ressort.

Toute l'École dit que cela se fait par une vertu *élastique,* c'est-à-dire, en langage vulgaire, qu'il y a quelque chose qui a le pouvoir ou la vertu de faire le ressort, mais ce n'est pas expliquer cette chose.

Pour moi, je me suis imaginé que comme tout ce qui se passe dans la montre entre le ressort et l'aiguille se fait parce qu'un corps en meut un autre, il y avait grande apparence que les parties du ressort (qui n'est qu'une lame d'acier tournée autour d'un arbre, ou pivot) étaient aussi poussées par quelque autre corps.

Et je ne me pouvais payer de la pensée de ceux qui disent que s'il a eu besoin d'un autre corps pour être contraint, il n'a besoin que de lui-même pour se détendre. Car il est certain que cette force qu'il faudrait qu'il eût de se remettre ne peut être qu'un mouvement que je ne conçois pas qu'un corps [1] puisse avoir de lui-même, d'où il suit que | si un corps doit persé- 39
vérer en l'état où on le met, tant que rien ne survient qui [VIII] le change, lorsque cette lame d'acier qui était droite a été courbée, elle a dû demeurer en ce dernier état, et non pas retourner au premier, puisque pour demeurer au dernier état, il ne fallait rien changer, et pour retourner au premier, il a fallu un mouvement dont je ne conçois pas que la cause puisse être en cette lame. Au contraire, je vois qu'avant que d'être courbée, elle était en repos, ensuite, je vois que le mouvement qui l'a courbée, lui a été donné par la

fonctionnement des machines artificielles (comme la montre), les mêmes, *i. e.* le repos et le mouvement, suffisent à rendre compte de la disposition des parties de la matière dans les machines naturelles.

1. Note de Cordemoy : « On en peut voir les raisons dans le *Quatrième Discours* ».

rencontre et à l'occasion d'un autre corps, et que ce mouvement cessant d'être en elle, il faut, ou qu'elle demeure en l'état où elle se trouve quand il cesse, c'est-à-dire il faut qu'elle demeure en repos et pliée, ou il faut que la rencontre de quelque autre corps, lui donnant occasion de se mouvoir de nouveau, la fasse retourner en sa première situation. Et, encore que nos sens ne nous fassent pas apercevoir le corps qui lui communique le mouvement, par lequel elle se redresse, comme ils nous font apercevoir le corps qui lui communique celui par lequel elle a été pliée, néanmoins la raison de tous les deux étant également évidente, nous ne devons pas rester moins convaincus de l'un que de l'autre. Mais, parce que nos sens ont souvent servi à nous assurer de la présence des corps, nous les implorons toujours, et quand leur secours nous manque, à peine nous pouvons-nous résoudre à croire ce que la nature même nous persuade.

40 | Toutefois nous pouvons nous tirer de cette difficulté si nous prenons garde à deux choses. La première est qu'avant que les microscopes eussent été inventés, nous n'avions pas le moyen de connaître par les sens mille particularités de la figure et des mouvements de plusieurs petites parties de nos corps, et il est certain que si, parce que nous ne pouvions alors sentir ces petites parties, nous eussions voulu nier, ou seulement si nous eussions eu peine à croire qu'il y en eût de telles, nous aurions manqué de raison.

La seconde est que, puisqu'une fois nous avons été convaincus qu'il y a des choses plus petites que celles que nous apercevions, lorsque nos yeux n'étaient point aidés par les lunettes, nous pouvons conjecturer qu'il y en a encore de plus petites que celles que ce nouvel artifice nous a fait apercevoir. Et en cela le raisonnement, qui doit s'étendre au-delà du sentiment, nous doit secourir, et nous devons considérer que s'il faut à une portion de matière une certaine grosseur pour émouvoir les nerfs, par l'entremise desquels nous sentons, il ne faut que la moindre étendue pour faire un corps. D'ailleurs, s'il est vrai que le moindre corps doit avoir une figure et peut être mû, et s'il est vrai enfin que les lois de la nature soient les mêmes à proportion pour les petites et pour les grandes masses, on peut raisonner de la figure et des mouvements des corps que l'on ne voit pas, parce que l'on connaît des figures et des mouvements des masses que l'on aperçoit.

41 | Par exemple, comme on voit que les doigts d'un gant, étant affaissés les uns sur les autres, ne peuvent séparer et s'enfler, quand on y met la main ou quelque autre corps visible, de même on doit conjecturer, quand on les voit s'enfler par quelque souffle, que cette enflure s'est faite par l'entrée de quantité de petits corps, dont le nombre est si grand, qu'encore qu'aucun ne soit visible, néanmoins tous ensemble renfermés dans le gant le font élever

de sorte que, tant qu'ils resteront dedans, il demeurera aussi tendu que si quelque main le remplissait.

Si cela est vrai d'un gant, dont on voit les cavités, cela peut être vrai de toute autre chose, dont on ne voit point les pores. Ainsi, encore que l'acier qui fait le ressort d'une montre ait les pores trop petits pour être aperçus quand les yeux ne sont point aidés de microscopes ; néanmoins nous ne devons pas avoir de peine à entendre que tout petits que soient les pores de la lame d'acier, ils donnent passage à une matière assez subtile pour s'y pouvoir insinuer, lorsque la lame est toute droite. Car en ce cas, trouvant chaque pore égal à l'entrée et à la sortie, rien n'arrête son cours en tout sens. Mais, quand cette lame vient à être courbée, comme ses parties s'écartent du côté de la superficie convexe, et se rapprochent en la concave, il s'ensuit que les pores s'étrécissent en l'une, et s'élargissent en l'autre, de sorte que la matière subtile, qui y coule incessamment, rencontrant le côté de chaque pore, qui est le plus ouvert, s'y insinue abondamment, | et trouvant l'autre 42
côté plus étroit, elle fait un effort continuel pour écarter les parties ainsi rapprochées, et continuer son cours en ligne droite ; ce qui ne se peut faire qu'en redressant cette lame, c'est-à-dire en remettant toutes ses parties en leur première situation.

Et il est à remarquer que cela arrive tout d'un coup, si la force, qui a plié cette lame, cesse tout d'un coup, parce que, comme chacun de ses pores est enfilé par une ligne de cette matière subtile ; toutes conspirant à la fois, et forçant chaque endroit de la lame, la remettent en même instant en son premier état ; ce qui au contraire n'arrive que peu à peu, si la force qui retient la lame pliée n'est qu'un peu moindre que celle avec laquelle les parties de la matière subtile tendent à s'insinuer dans les pores de cette lame [1].

On me dira peut-être que si cette matière subtile est commode pour l'explication du ressort, elle n'est pas si facile à supposer, que l'on en doive admettre la supposition sans l'examiner.

À cela je réponds, en premier lieu, que comme celui qui voit enfler un gant doit raisonnablement supposer qu'il y entre de la matière, quand même elle est trop délicate pour être aperçue, de même, nous qui savons

1. Sur l'élasticité du ressort expliquée par la matière subtile, voir les *Principes,* IV, art. 132, AT, IX-2, 270-271, « Ce que c'est qu'être raide ou faire ressort, et pourquoi cette qualité se trouve aussi dans le verre ». Descartes explique que le ressort laisse passer la matière subtile lorsqu'il est droit, et que plié, les pores rapetissent sur la face concave et gênent la matière subtile dans son mouvement. Quand on le relâche, le ressort se tend, parce que la matière subtile rentre avec impétuosité dans les pores, ce qui accentue l'action du redressement.

qu'il y a des pores dans la lame d'acier, que sa courbure ne consiste qu'en ce que ses pores s'élargissent en l'une des superficies et se rétrécissent en l'autre, que les parties de cette lame ne peuvent se remettre en leur première
43 situation, si | chacun de ses pores n'est remis en son premier état, et qu'enfin cela ne peut arriver si quelque matière ne s'y insinue, nous devons de nécessité conclure qu'il y a une matière assez subtile pour cela. Ainsi, la supposition est non seulement facile, mais elle est nécessaire.

En second lieu, je réponds que l'on peut aisément reconnaître qu'il y a une matière, dont les parties sont très subtiles, et toujours dans un très grand mouvement, qu'elles communiquent (tout imperceptibles qu'elles sont) aux parties des masses ou des liqueurs sensibles.

Qui met la main dans de l'eau reconnaît bien que les parties de cette eau sont en mouvement, et que les unes ne sont point attachées aux autres, car autrement elles ne céderaient pas si facilement aux parties de la main. Et en effet quand l'eau vient à se geler, et que toutes ses parties sont en repos, il n'est plus permis d'y enfoncer la main. Et si vous en retirez quelque bâton, elles ne se rapprochent point pour remplir l'endroit dont vous l'avez tiré. D'où peut donc venir que les parties de cette eau ont quelquefois du mouvement et que d'autres fois elles n'en ont pas ? Il faut bien que ce soit parce que d'autres corps agitent quelquefois ses parties, et que d'autres fois ils ne les agitent pas, ainsi que l'on voit qu'une balle, ou toute autre masse visible, remue quand elle est poussée, et ne remue pas, quand on ne la pousse point.

Au reste, il ne faut pas penser que les parties de l'eau soient si étroitement jointes qu'elles n'admettent rien entre elles, car il paraît que ce qui
44 fait la lumière passe au travers de | l'eau même quand elle est gelée, et les savants ne doutent plus que ce qui excite en nous le sentiment de la lumière ne soit de la matière. D'ailleurs, cette rigidité des parties de l'eau glacée marque bien que, quand elles deviennent plus pliantes, cela ne leur arrive que parce qu'elles ont à l'entour d'elles de petits corps bien plus émus que ceux de la lumière, et si subtils, que non seulement ils peuvent couler entre les parties de l'eau, mais encore pénétrer les pores de chacune, et la redresser, quand la rencontre de celles qui la pressent par les bouts l'ont obligée de se plier ; ce qui arrive continuellement, tantôt à l'une, et tantôt à l'autre. Enfin, il est si vrai que les parties de l'eau sont tantôt plus, et tantôt moins agitées, selon la matière subtile qui les entoure, que souvent elles le sont moins que les parties de nos mains ; ce qui fait que nous les sentons

froides, et souvent elles le sont beaucoup davantage, ce qui fait que nous les sentons chaudes [1].

On m'objectera peut-être que comme je ne veux pas que les parties du ressort d'une montre, ou celles de l'eau, se meuvent, si elles ne sont agitées par celles d'une manière plus subtile, je dois admettre une autre matière encore plus subtile que celle-là, pour la mouvoir, et que, suivant mon principe, il faudrait chercher à l'infini.

Il est vrai que les corps qui composent cette | matière subtile, dont je 45
parle, ne doivent pas, comme corps, avoir le mouvement d'eux-mêmes, et je montre dans le discours suivant, où j'explique ce que c'est que le mouvement des corps, quelle en est la première cause et comment il est conservé, mais il suffit pour lever la difficulté présente de faire deux observations.

La première, qu'il y a du mouvement, et que ce qu'il y en a peut bien se communiquer d'un corps à l'autre, mais non pas se perdre [2].

La seconde, qu'il y a certaines portions de la matière bien plus propres à le conserver que les autres; qu'entre toutes, les plus petites et les moins rameuses sont les plus propres à cela, et que quand les corps simples ne sont point accrochés les uns aux autres, ils sont plus en état de garder leur mouvement, que toutes les portions composées, pour petites qu'elles soient. Car enfin, puisqu'en général chaque portion de matière, et chaque corps garde son mouvement, tant qu'il ne le communique point à d'autres, les corps qui ne sont point accrochés le doivent mieux conserver que les portions, et les plus petites portions, mieux que les plus grandes [3]. Joint à cela, que les corps pouvant passer dans de moindres intervalles que les portions sont moins sujets à s'embarrasser qu'elles, et par la même raison, les moindres portions y sont moins sujettes que de plus grandes, pourvu que la figure ne change rien à l'effet de leur grosseur.

D'où il suit que ce qui est le plus petit peut mieux | conserver le 46
mouvement, et que la matière la plus subtile sera la plus propre à cela. Et ce qu'il y a de remarquable est que plusieurs corps, ou plusieurs petites portions, qui sont en mouvement autour d'une grosse masse, la touchant en divers endroits, la peuvent quelquefois ébranler jusque dans le fonds, et en

1. *Cf.* Descartes, *Les Météores,* Discours Premier, AT, VI, 233-237, 252; Discours Cinquième, p. 282-283.

2. La théorie des trois éléments fonde chez Descartes la divisibilité à l'infini de la matière. Pour justifier l'existence des atomes, Cordemoy invoque le principe d'inertie (formulé par Descartes dans les *Principes,* II, 37, AT-IX-2, 84-85); selon Cordemoy, le mouvement et le repos se conserveront d'autant mieux que les corps seront plus petits.

3. Note de Cordemoy : Toute proportion gardée.

diviser toutes les parties, ainsi qu'il arrive aux parties d'un pain de sucre, que celles de l'eau ou des autres liqueurs dissolvent si facilement.

D'autre fois aussi, quand les parties de la masse sont bien jointes, les parties de la liqueur qui l'environnent, la rencontrant, peuvent toutes ensemble (quoique chacune en eût rejailli, si elle l'eût heurtée toute seule) avoir assez de force pour l'emporter, ou en pirouettant, ou en ligne droite, selon que leurs différentes directions se peuvent plus facilement accorder, c'est-à-dire, de la façon qui change le moins de l'état de chacune.

Or, tandis que les liqueurs ébranlent ainsi les masses, comme leurs parties sont en un mouvement beaucoup plus grand que celui qu'elles donnent à ces masses, chacune fait divers retours entre les autres ou sur elle-même, et puis celles qui se rencontrent d'un côté de la masse ne pouvant pousser les autres qu'elles n'en soient repoussées, il y a toujours occasion à chacune de recevoir du mouvement aussi bien que d'en donner.

Cela posé, il n'y a personne de bon sens qui ne juge bien que si de l'eau est une liqueur à l'égard d'un brin de paille, l'air est une liqueur à l'égard
47 | d'une partie d'eau, et comme celles de l'eau peuvent faire tourner la paille, ou l'entraîner, sans cesser de se mouvoir, de même les parties de l'air entraînent souvent celles de l'eau, et les enlèvent en les faisant tourner. De même aussi, les parties de la matière, qui cause la lumière, sont une liqueur à l'égard d'une partie d'air qu'elles peuvent agiter en divers sens. Et de même encore une autre matière plus subtile pourra être une liqueur qui ébranlera chaque partie de celle qui cause la lumière.

Mais il ne faut pas croire pour cela que le progrès en soit infini ; pour deux raisons. L'une, qu'à présent il a suffi d'assigner une liqueur, dont les parties fussent plus subtiles, que celles de la matière qui cause la lumière pour rendre raison de tout. L'autre que, quand il faudrait en assigner beaucoup d'autres, on conçoit bien que cela ne serait pas infini, puisque la matière n'est qu'un assemblage de corps, dont chacun étant indivisible, comme je l'ai montré dans le *Premier Discours,* il suit qu'on ne saurait concevoir de matière, ou de liqueur plus subtile, que celle qui ne serait composée que de corps détachés les uns des autres [1].

De toutes ces choses, il résulte nécessairement que les grandes masses sont moins susceptibles de mouvement, et que l'ayant reçu, elles le gardent

1. En admettant l'existence de la matière subtile, Cordemoy soutient l'atomisme. On trouve un écho des positions « raffinées » de Descartes et de Cordemoy dans *Les Femmes Savantes* de Molière, acte III, sc. II, où l'auteur dramatique fait ironiquement dire à Bélise : « Je m'accommode assez pour moi des petits corps / Mais le vide à souffrir me semble difficile / Et je goûte bien mieux la matière subtile ».

moins que les portions dont les liqueurs sont composées ; et qu'entre les liqueurs, celles dont les portions sont le moins composées sont les plus susceptibles de mouvement, et les plus capables de le | garder, de sorte qu'il 48
n'y a rien de si propre à entretenir le mouvement dans toutes sortes de matières que la plus subtile liqueur, c'est-à-dire celle qui n'est composée que des corps simples qui coulent les uns entre les autres, sans s'attacher. Ainsi, quand on ne veut point chercher au-delà des corps quelle est la première cause de leur mouvement, et que l'on veut seulement savoir quelle est la matière qui excite toutes les autres, et qui entretient tout le mouvement de la nature, il faut assigner celle-là.

Je pense maintenant que ce que j'ai dit pour expliquer les mouvements de la montre ne sera pas difficile à admettre. Nous avons bien entendu celui de l'aiguille par celui d'une roue, celui de cette roue par une autre, et de toutes par la corde, tant qu'enfin parvenus à cette lame d'acier pliée, nous avons reconnu que le mouvement qu'elle avait, en se redressant, devant procéder de quelque corps, ne pouvait provenir que de quelques corps assez déliés pour traverser ses pores, et assez émus pour les élargir en celle de ses deux superficies, où l'effort qu'on avait fait pour la plier les avaient contraints. Sur quoi il est bon de remarquer que ces petits corps tendent toujours à continuer leur mouvement en ligne droite, et que la contraction de la lame en la superficie concave interrompt cette ligne.

Il serait inutile ici de montrer que tout mouvement tend à continuer en ligne droite ; car, outre que chacun en sait les raisons, l'expérience de tous les mouvements des corps sensibles nous convainc | de cette vérité. La 49
pierre, qui s'échappe de la fronde, que l'on tourne en rond, et les parties qui s'échappent d'une roue qui tourne avec effort le font assez voir[1]. Mais il n'est pas hors de propos de remarquer que quand j'assigne le mouvement de la montre à une matière dont les parties sont très subtiles, toujours émues et tendantes en lignes droites, je ne dis rien qui ne soit très intelligible, qui ne soit reconnu par expérience, et même qui ne soit nécessairement vrai.

Il est bon aussi de faire encore une seconde remarque qui est que la montre a tant de rapport à cette matière subtile, que s'il était possible de l'empêcher de couler dans les pores de la lame d'acier, il n'y aurait plus de ressort, et la montre resterait sans mouvement.

Voyons maintenant s'il est ainsi des mouvements de notre corps.

Comme je suppose que l'on sait quelle en est la composition, je ne m'arrêterai point à expliquer comment les os, qui sont d'une constitution plus solide que le reste du corps, soutiennent toutes les autres parties ;

1. Voir Descartes, *Principes*, II, 39.

pourquoi ils sont diversement articulés ; quels en sont les liens, et les enveloppes ; de quelle chair ils sont entourés ; de quelle façon les muscles s'attachant à leurs extrémités servent à les tirer en divers sens ; quelle communication ces muscles ont avec le cerveau par les nerfs qui ne sont que des suites et des allongements du cerveau même ; comment ces nerfs
50 sont quelquefois pleins, et | quelquefois vides des esprits, qui y sont coulés du cerveau ; comment les esprits, qui ne sont que les plus subtiles parties du sang, et les plus échauffées, montent du cœur dans le cerveau par les artères carotides ; ni enfin que c'est dans le cœur que le sang s'échauffe, et qu'il est en l'homme ce que le ressort est dans la montre [1].

Mais il me semble que, comme on ne sait pas communément quelle est la cause du ressort de la montre, on ne sait pas aussi fort communément quelle est la cause de ce grand mouvement qui arrive aux parties du sang quand il est dans le cœur.

Pour moi, je pense que la même matière qui cause le ressort de la montre, cause aussi le mouvement du cœur.

J'ai déjà montré, ce me semble, que la matière subtile est cause de tous les mouvements que nous voyons dans les masses, ou dans les liqueurs sensibles.

Maintenant il faut remarquer que cette matière subtile se rencontre en deux sortes d'états. Ou elle fait corps à part, c'est-à-dire qu'elle se trouve en quelque quantité, sans mélange d'aucune matière plus grossière, ou bien elle se trouve mêlée avec les parties des matières grossières.

Dans le premier état, elle est cause de cet éclat que nous appelons *lumière* ; et en effet, nous voyons que toutes les manières de produire la
51 lumière aux endroits où il n'en paraît point ne consiste qu'à | trouver les moyens de séparer les matières grossières, et de faire en les écartant les unes des autres un foyer de la matière la plus subtile. Ainsi, lorsqu'à l'aide d'un miroir ardent, on assemble plusieurs rayons vers un même point, les parties qui les composent, étant fort émues, tendent fortement à se chasser de l'endroit où elles se rencontrent, en sorte qu'il se remplit de la matière la plus subtile qui, formant un petit tourbillon, pousse toute la matière qui l'environne, et rencontrant celles dont les parties peuvent émouvoir nos yeux, excite en nous par leur moyen le sentiment de la lumière.

De même lorsqu'on frappe deux cailloux l'un contre l'autre, leurs parties étant fort raides, celles qui se rencontrent en leur superficie à l'endroit du coup se rabattent avec effort sur celles qui sont au-dessous,

1. Cordemoy suit Descartes, voir *Le Traité de l'Homme,* AT, XI, 202 ; le *Discours de la méthode,* Cinquième partie, AT, VI, 46-56 ; *Les Passions de l'âme,* I, art. 9, AT, XI, 333-335.

d'où elles rejaillissent avec une telle violence, que se séparant en petits éclats, et[IX] pirouettant en l'air, elles en écartent les parties, en sorte que n'étant plus entourées que de la plus subtile matière, toutes leurs extrémités en sont si ébranlées, que rencontrant[X] cette matière, qui nous fait sentir la lumière, elles la poussent contre nos yeux d'une façon si forte qu'elle nous fait voir quelque chose de plus rouge et de plus vif que la lumière ordinaire. Et ces parties du caillou, ainsi excitées par la matière subtile qui les entoure, peuvent, en communiquant leur mouvement aux masses, auxquelles elles sont appliquées, causer de grands embrasements.

Que si cette matière subtile coule dans les pores | de quelque masse 52
qu'elle discute en si petites parties, que chacune d'elles n'ait pas assez de force pour communiquer son mouvement aux parties des masses voisines, mais seulement aux parties de la matière qui peut exciter les nerfs de nos yeux, elle pourra causer de la lumière sans brûler, comme il arrive au bois pourri dont les parties amenuisées par cette matière subtile n'ont pas la force d'ébranler les corps auxquels elles s'appliquent, quoiqu'elle puissent émouvoir les particules qui excitent le sentiment de lumière en nous ; d'où vient qu'elles ne brûlent pas, quoique souvent elles luisent.

Mais au contraire, il y a des feux qui consument sans briller, et c'est l'effet de la matière subtile, considérée dans le second état, c'est-à-dire quand elle est mêlée aux parties des matières grossières.

Quelquefois elle fait une si grande discussion dans certaines masses, par exemple dans des fruits ou de la chair, que (quoiqu'en les touchant on ne les sente pas chaudes, parce que leurs parties sont trop divisées pour rendre leur mouvement sensible), néanmoins on les voit se quitter, et c'est ce qu'on appelle gangrène ou pourriture.

Quelquefois en versant certaines liqueurs sur certaines masses, elles s'insinuent dans leurs pores, mais comme elles ne les remplissent pas exactement, et que les parties de l'air, ni des autres matières environnantes, n'y peuvent couler avec elles ; il s'y coule de la matière subtile, qui les entourant de toutes parts, leur communique un si grand mouvement,
| qu'elles ébranlent toutes les parties entre lesquelles elles sont engagées, et 53
les font bouillir pêle-mêle. Ce qui dure autant de temps qu'il en faut à ces liqueurs pour s'insinuer dans tous les pores des masses, et voilà ce qui arrive à la chaux vive quand on y verse de l'eau.

Quelquefois aussi la matière subtile est cause que deux liqueurs qui nous refroidissent les mains, avant que d'être mêlées, nous brûleraient si nous y touchions, quand on les a versées dans un même vaisseau, et cela arrive toutes les fois que l'une des deux liqueurs a les parties faites de sorte qu'elles se peuvent insinuer entre les parties de l'autre, sans laisser entre elles que ce qu'il faut d'espace à la plus subtile matière. Car, dès le moment qu'elle les entoure, elle leur communique son mouvement, les échauffe et les fait bouillir.

C'est de cette manière que le sang s'échauffe dans le cœur de l'homme ; car, comme il ne chasse pas dans les deux artères, à chaque diastole, tout le sang dont il est plein, et qu'il en reste toujours dans ses cavités, dont les particules s'atténuent par la demeure qu'elles y font, le nouveau sang qui y tombe des deux veines ne s'y peut mêler sans s'élever incontinent, à cause que les parties qui étaient restées dans le cœur, s'insinuant entre celles qui y surviennent, il ne reste entre elles que la plus subtile matière qui les échauffe si vite et si à propos, que le cœur venant à se comprimer fait
54 qu'elles entrent avec effort dans les deux artères, dont elles poussent | tout
le sang jusqu'aux extrémités du corps. Ce qui ne se peut faire sans qu'il entre du sang des artères dans les veines, à cause de la communication qu'elles ont ensemble, et sans que le sang qui entre dans les veines par leurs extrémités repousse tout le sang, dont elles sont pleines, vers le cœur. Or pendant que ces choses se font, un peu de sang resté dans le cœur s'atténue et se fermente, pour exciter celui que les deux veines y laissent tomber.

Ainsi, l'action du cœur continue, il envoie toujours du sang chaud aux extrémités qui repousse celui des extrémités vers le cœur pour s'y réchauffer, et comme les artères sont poreuses, leur mouvement qui répond à celui du cœur fait qu'en certains moments leurs pores s'ouvrent, et laissent échapper des parties du sang qui se joignant à celles des chairs, des os, ou des muscles, en font la nourriture.

Il y en a même qui s'échappent sans qu'on s'en aperçoive, et d'autres qui, au sortir de la peau, se joignent et paraissent comme de l'eau. Ainsi, c'est par la matière subtile que le sang est échauffé, c'est par elle qu'il est en état de nourrir le corps, et (ce qui fait le plus à notre sujet) c'est par elle que le sang monte dans les carotides, et puis dans le cerveau, où les plus subtiles parties, passant en des endroits où les autres ne se peuvent insinuer, elles se démêlent des plus grossières, et font cette foule de petits corps que leur agilité fait nommer les esprits, et qui coulant par les nerfs dans tous les
55 | muscles font mouvoir notre corps en tant de façons admirables. Ce sont
ces mêmes esprits, dont une partie coulant par une branche du nerf de la sixième conjugaison, dans les fibres qui composent les chairs du cœur, sont cause de ses battements, de sorte que le cœur est tout à la fois un vaisseau, où le sang s'échauffe, et un muscle qui pousse le sang vers toutes les extrémités, après qu'il est échauffé, et comme le cerveau reçoit de lui le sang, dont se forment les esprits, il reçoit du cerveau les esprits, qui lui servent à chasser le sang vers toutes les parties du corps.

Je n'explique pas plus à fond toutes ces choses, il me suffit d'avoir montré, par les exemples de la montre, et du corps de l'homme que les machines artificielles et les naturelles n'ont qu'une même cause de leur mouvement, et qu'à ne considérer que les corps, cette cause est la plus subtile matière.

| QUATRIÈME DISCOURS 56

DE LA PREMIÈRE CAUSE DU MOUVEMENT

À ne considérer que les corps, on ne doit chercher la cause de tous les mouvements que dans la matière la plus subtile. Mais elle n'a pas le mouvement d'elle-même, et si l'on en veut trouver la véritable cause, il faut aller au-delà des corps. Et comme cette découverte est l'une des plus importantes et des plus difficiles que l'on puisse tenter, il n'y faut aller que pas à pas. C'est pourquoi, suivant la méthode des géomètres [1], j'expliquerai d'abord quelques termes, dont je me veux servir, et qui pourraient faire équivoque. Ensuite je poserai quelques Axiomes, puis je ferai mes propositions. Ainsi, chaque chose étant séparée se pourra mieux examiner, et s'il
y a du paralogisme, on le pourra plus | facilement connaître que si je faisais 57
un discours dont toutes les parties eussent plus de liaison.

1. Cordemoy propose d'utiliser la manière synthétique de démontrer. Or Descartes ne parle pas de méthode géométrique, mais de « la façon d'écrire des géomètres » (*Secondes Réponses,* AT-IX, 121) ; il présente deux manières de démontrer, l'analyse, que Cordemoy désigne un peu plus bas comme « un discours dont toutes les parties eussent plus de liaisons », et la synthèse, où les démonstrations découlent des définitions et des axiomes. Mais il y a aussi un autre sens de la synthèse, auquel Cordemoy pense aussi sans doute, la composition, qui peut être envisagée comme une « méthode », à la façon dont, dans le *Traité de l'Homme,* (AT, XI, 118-119), Descartes propose de traiter séparément du corps et de l'âme, pour penser ensuite seulement leur union ; *cf.* aussi la *Lettre à Élisabeth,* 21 mai 1643, AT, III, 665.

Définitions

1. Causer le mouvement des corps ne signifie autre chose que mouvoir les corps.

2. Avoir du mouvement ne signifie autre chose qu'être mû.

Axiomes

1. On n'a pas de soi ce qu'on peut perdre, sans cesser d'être ce qu'on est.

2. Tout corps pourrait perdre de son mouvement jusqu'à n'en avoir plus, sans cesser d'être corps.

3. On ne peut concevoir que deux sortes de substances, savoir l'*esprit* (ou ce qui pense) et le *corps* [1]. C'est pourquoi on les doit considérer comme les causes de tout ce qui arrive, et ce qui ne peut venir de l'une se doit nécessairement attribuer à l'autre [2].

4. *Mouvoir,* ou causer le mouvement, est une action.

5. Une action ne peut être continuée que par l'agent qui l'a commencée [3].

1. Cordemoy fonde son analyse sur la distinction réelle de l'âme et du corps telle qu'on la trouve dans la *Sixième Méditation,* AT, IX, 62. Voir aussi *Principes,* I, 51-52, AT, IX-2, 47 ; Dieu est, à proprement parler, la seule substance. L'esprit et le corps, qui sont créés, ne sont « substances » que d'une manière « non-univoque ». En tirant de la distinction réelle de l'âme et du corps l'affirmation de l'existence de deux substances, Cordemoy induit une conception de la causalité entre l'âme et le corps, qu'il est conduit à critiquer, mais qui n'existe pas, à proprement parler, chez Descartes, et en tous cas pas sur le modèle d'une causalité efficiente directe.

2. Bien que le principe de causalité soit, selon Descartes, une notion commune, Descartes ne développe pas une conception de la causalité physique entre les corps. Son traitement de la causalité est adapté à chaque domaine de réalité. Dieu seul peut causer dans la matière les mouvements qui diversifient les figures des corps. Quant à la causalité entre les idées, elle relève du patron, ou encore de l'original (*Méditation Troisième,* AT, IX, 33 ; *Lettre à Elisabeth,* 21 mai 1643, AT, III, 665). La causalité entre les choses matérielles et l'esprit suppose pour sa part une institution de la nature, où le corps, disposé d'une certaine manière, donne occasion à l'âme d'avoir tel ou tel sentiment, et où la volonté, instituée en habitude, peut disposer le corps à agir d'une certaine manière. Bref, nous sommes loin d'une application uniforme de la causalité efficiente à tous ces domaines.

3. Ce principe n'est évident ni pour les choses naturelles ni pour les hommes ; il repose sur une nécessité grammaticale, *i. e.* sur l'usage du verbe « continuer » – en effet, pour pouvoir « continuer » une action, il faut certes avoir commencé de la faire. Un tel principe n'est pas formulé dans la philosophie de Descartes ; en physique, le principe de conservation de la quantité de mouvement règle le mouvement des corps, et repose sur l'immutabilité divine. En métaphysique, Dieu conserve l'*ego* qui a l'idée d'infini. Dieu a créé les esprits et les corps, et il

| CONCLUSIONS 58

I

Nul corps n'a le mouvement de soi-même.

Preuve. Par le premier axiome on n'a pas de soi ce qu'on peut perdre, sans cesser d'être ce qu'on est.

Or, par le second, tout corps peut perdre son mouvement sans cesser d'être corps.

Donc nul corps n'a le mouvement de soi-même [1].

II

Le premier moteur des corps n'est point corps.

Preuve. Si le premier moteur des corps était corps, il s'ensuivrait qu'un corps aurait le mouvement de soi-même.

Or, par la première proposition, nul corps ne l'a de soi.

Donc le premier moteur des corps n'est point corps.

III

Ce ne peut être qu'un esprit qui soit premier moteur.

Preuve. Par le troisième Axiome, il n'y a que deux sortes | de 59
substances, savoir le corps et l'esprit, et ce qui ne peut appartenir à l'un se doit nécessairement attribuer à l'autre.

les conserve ; il n'y a entre créer et conserver qu'une distinction de raison. Aux yeux de Descartes, l'axiome de Cordemoy ne vaudrait que pour Dieu, dans le cadre de la création continuée. L'occasionnalisme donne à la création continuée une portée en quelque sorte maximale, qui dépouille les choses créées de leur puissance d'action propre.

1. *Cf.* Arnauld, et Nicole *La Logique ou l'art de penser,* IV, chap. VII, Axiome VI, p. 321, qui le tire, comme corollaire, du principe, ou de la notion commune, « le néant ne peut naître d'aucune chose ». Arnauld renvoie à ce principe l'explication scolastique du mouvement à partir des formes substantielles. Descartes soutient pour sa part, dans les *Principes,* II, 36 « que Dieu est la première cause du mouvement et qu'il en conserve toujours une égale quantité en l'univers », voir l'explication que Descartes en donne, *Lettre à Morus,* août 1649, AT, V, 403-404, trad. FA, III, 933.

Or, par la seconde proposition, un corps ne peut être premier moteur.

Donc ce ne peut être qu'un esprit qui soit premier moteur [1].

IV

Ce ne peut être que le même esprit, qui a commencé à mouvoir les corps, qui continue de les mouvoir.

Preuve. Posé que, suivant le IVème Axiome, mouvoir les corps soit une action, et que suivant le cinquième, une même action ne puisse être continuée que par l'agent qui l'a commencée, il s'ensuit que, si un esprit a commencé à mouvoir les corps, le même esprit doit continuer de les mouvoir.

Or, par la troisième proposition, c'est un esprit qui a commencé à mouvoir les corps.

Donc ce ne peut être que le même esprit qui continue de les mouvoir.

On peut trouver plus de difficulté en cette dernière proposition que dans les précédentes, parce que l'on est persuadé qu'un corps en peut mouvoir un autre, et l'on s'imagine que pourvu que l'esprit, qui a été reconnu dans la
60 troisième proposition pour premier moteur, ait une fois agité | certaines portions de la matière, elles en ont pu mouvoir d'autres. On croit même avoir reconnu, dans toutes les expériences des choses sensibles, que c'est toujours un corps qui en fait mouvoir un autre.

Mais, pour ne pas se tromper, il faut soigneusement discerner ce qu'on a effectivement reconnu d'avec ce qu'on a seulement conjecturé, car c'est

1. Voir Descartes, *Lettre au Marquis de Newcastle,* octobre 1645, AT, IV, 328 ; *Lettre à Morus,* 30 août 1649, AT, V, 403-404 ; *Principes,* II, 36, AT, IX-2, 83. Voir aussi Louis de la Forge, *Traité de l'esprit de l'homme,* dans *Œuvres philosophiques,* P. Clair (éd.), Paris, P.U.F., 1974, chap. XVI, p. 235, où il examine « comment un corps en meut un autre » et pose deux conclusions : « Qu'il est impossible qu'un corps puisse avoir de soi la puissance de se mouvoir ni d'en pousser un autre » ; « Que c'est Dieu qui est la cause première, universelle et totale du mouvement » (p. 241). Ces conclusions rejoignent celles de Cordemoy dan un contexte différent. Dans *La Vocation de Malebranche,* H. Gouhier met en valeur l'approche métaphysique de Cordemoy. « Comme de la Forge, Cordemoy est préoccupé par le problème des rapports de l'âme et du corps ; l'un et l'autre en font un cas particulier d'un problème plus vaste qui embrasse toutes les causes ; l'un et l'autre aboutissent à une cause universelle de tous les mouvements ; mais dans l'esprit de Louis de la Forge, cette cause invisible ne supprime pas les causes visibles ; l'âme agit réellement sur le corps et le corps agit réellement sur l'âme ; le médecin de Saumur n'était pas assez métaphysicien pour être plus exigeant. Cordemoy va plus loin : seule la cause première mérite le nom de cause ; chercher des causes dans la nature, c'est "alléguer l'occasion pour la cause" » (p. 101).

de la confusion de ces deux choses que viennent toutes nos erreurs sur ce point.

Lorsqu'on dit, par exemple, que le corps B a chassé le corps C de sa place, si on examine bien ce qu'on reconnaît de certain en cela, on verra seulement que B était mû, qu'il a rencontré C qui était en repos, et que depuis cette rencontre le premier cessant d'être mû, le second a commencé de l'être. Mais que l'on reconnaisse que B donne du mouvement à C, cela n'est en vérité qu'un préjugé, qui vient de ce que nous ne voyons pour lors que ces deux corps, et que nous avons coutume d'attribuer tous les effets qui sont connus aux choses que nous apercevons, sans prendre garde que souvent ces choses sont incapables de produire de tels effets, et sans considérer qu'il peut y avoir mille causes qui, tout imperceptibles qu'elles sont, peuvent produire des effets sensibles.

Cependant, nous sommes déjà convenus qu'une cause imperceptible peut produire un effet sensible, puisque nous avons été obligés, dans la troisième proposition, d'admettre un esprit, que nous ne voyons pas, pour cause du mouvement que nous | apercevons dans les corps. Ainsi il reste à 61
voir si lorsque nous disons que B a chassé C de sa place, nous avons raison de penser que le mouvement de l'un ait pu être produit par l'autre. Car, au cas que nous reconnaissions que le corps B qui, de toutes les choses qui nous paraissent pour lors, est la seule que nous jugeons capable de cet effet, ne le puisse produire ; il faudra conclure que la cause en est cachée aux sens, et tâcher de la découvrir par la raison.

Premièrement, quand on dit que B était mû, si l'on n'a pas pensé à ce qui le faisait mouvoir, on a entendu qu'il était en un certain état, et en ce sens on n'a pas dû croire qu'il pût communiquer son mouvement à C, car l'état d'un corps ne passe point dans un autre.

Secondement, si, lorsqu'on a dit que C a commencé d'être mû, on a pensé à ce qui le faisait mouvoir, on n'a pu croire que ce fût B, parce que lui-même n'était plus en mouvement et commençait d'être en repos.

Ainsi, puisque de quelque façon qu'on prenne le mouvement, celui du corps C ne peut avoir été causé par le corps B, il faut conclure que la cause en est insensible. Et enfin, puisque nous sommes assurés par la troisième proposition qu'un esprit est premier moteur, si nous supposons que B ait été mû par cet esprit jusqu'à ce qu'il ait rencontré C, nous ne devons point douter lorsque C commence d'être mû que ce ne soit par le même esprit. Il est | capable de mouvoir C, comme il l'était de mouvoir B, et nous voyons 62
que B en repos n'est pas capable de mouvoir C.

Mais, dira quelqu'un, si B garde la moitié de son mouvement après avoir rencontré C, ne pourrait-on pas assurer, s'ils continuaient d'aller ensemble, que B ferait mouvoir C ? Non, ce me semble ; et quand on dit que B, qu'on suppose être mû par le premier moteur, garde la moitié de son mouvement, on doit entendre que si cet esprit le mouvait comme huit, il ne le meut plus que comme quatre, après la rencontre de C, et que C commence d'être mû comme quatre par le même esprit.

On doit aussi prendre garde que chacun de ces corps, quand il est mû, a tellement son mouvement à soi qu'il n'en a jamais que pour soi, ce qui paraîtrait, si l'on supposait (comme on sait que cela peut arriver) que le corps B rejaillît du corps C, en même temps que C serait mû à sa rencontre. Car, encore qu'en ce cas, on peut dire que le second serait mû par ce qui aurait mû le premier, et qu'on dût rabattre sur le mouvement de celui-ci les degrés dont celui-là commencerait d'être mû, néanmoins on ne pourrait dire que les degrés qui seraient restés à l'un servissent à l'autre, puisqu'ils iraient également après être séparés. Et, par la même raison, on ne doit pas dire quand ils continuent d'aller ensemble que l'un aille par l'autre, mais seulement qu'étant dirigés en même sens, et avec autant de degrés de mouvement, ils doivent aller également vite, et ainsi ne se point quitter.

63 | Ce qui est dit du corps B, et du corps C, se doit entendre de tous les corps qui se peuvent rencontrer. Et l'on doit concevoir, quelque coutume qu'on ait de croire le contraire, que ce qui a mû les premiers doit mouvoir tous les autres, puisque ce qui produit, conserve, et que la même action qui a commencé le mouvement le doit continuer [1].

Donc ce qu'on doit entendre, quand on dit que les corps meuvent les corps c'est qu'étant tous impénétrables, et ainsi les mêmes ne pouvant toujours être mus, du moins avec égale vitesse, leur rencontre est une occasion à l'esprit qui a mû les premiers, de mouvoir les seconds [2]. Or,

1. Cordemoy fait ici appel au principe d'inertie. Voir Descartes, *Principes de la philosophie*, partie II, art. 37.

2. Cordemoy reprend l'usage philosophique du terme « occasion » et le généralise. Il le met en valeur dans le cadre d'une réflexion générale sur la causalité, en l'occurrence, sur la cause et la communication des mouvements des corps en physique, à la différence de Descartes qui n'utilise le terme que dans ses analyses psycho-physiologiques de la manière dont les mouvements des corps donnent « occasion » à l'âme de penser, et où l'occasion n'est pas considérée comme une cause efficiente. Voir par exemple *Notae in programma,* (AT, VIII-2, 359), et pour la traduction FA, III, 809 : « rien ne peut venir des objets extérieurs, jusqu'à notre âme, par l'entremise des sens que quelques mouvements corporels ; mais ni ces mouvements mêmes, ni les figures qui en proviennent, ne sont point conçues par nous tels qu'ils sont dans les organes des sens, comme j'ai amplement expliqué dans la *Dioptrique.* D'où il suit que même les idées du mouvement et des figures sont naturellement en nous : et à plus forte raison les idées de la douleur, des couleurs, des sons, et de toutes choses semblables,

comme nous ne considérons pas toujours cette première cause qui fait mouvoir, et que nous ne nous arrêtons qu'à ce qui se voit, parce que souvent cela suffit pour nous faire entendre, nous nous contentons lorsque nous voulons dire pourquoi un certain corps qui était en repos commence à être mû, d'expliquer comment il a été rencontré par un autre corps qui était en mouvement, alléguant ainsi l'occasion pour la cause [1].

Après avoir montré qu'un corps n'en peut mouvoir un autre, et que c'est quelque esprit qui les fait mouvoir, il faut rechercher quel est cet esprit.

Plusieurs s'arrêtant en eux-mêmes, et voyant que les mouvements de leurs corps suivent de si près leurs volontés, croient n'avoir point à rechercher d'autre cause du mouvement de leur corps que leur volonté propre.

| Cette erreur est semblable à l'erreur de ceux qui pensent qu'un corps 64
en peut mouvoir un autre. Car, comme ces personnes, ne voyant que deux corps, se persuadent, à cause que le transport du second est toujours arrivé, sitôt que le premier mû en a été approché que c'est en effet l'un qui a fait mouvoir l'autre, sans considérer qu'un corps ne saurait produire l'effet qu'ils lui attribuent, de même plusieurs, voyant que dès qu'ils veulent qu'une partie de leur corps soit mue vers un certain côté, elle y est aussi portée, s'imaginent, à cause qu'ils ne s'aperçoivent pour lors que de leur volonté, et du transport de leurs corps, qui la suit de si près, que ce transport ne peut être causé que par elle, sans prendre garde qu'elle n'en peut être la cause [2].

nous doivent-elles être naturelles, afin que notre esprit, à l'occasion de certains mouvements corporels avec lesquels elles n'ont aucune ressemblance, se les puisse représenter ».

1. La différence entre cause et occasion s'inscrit dans la distinction entre cause principale et cause accidentelle que Descartes restitue, dans les *Notae in programma* (AT, VIII-2, 360, trad. FA, III, 810), en soutenant, contre l'auteur du Placard, que ni la tradition, ni l'observation des choses, ne sont une cause première, ou prochaine, de l'idée de Dieu : « il faut considérer qu'on peut dire en deux façons qu'une chose vient d'une autre ; à savoir : ou parce que cette autre en est la cause prochaine et principale (*proxima et primaria*), sans laquelle elle ne peut être ; ou parce qu'elle en est la cause éloignée et accidentelle seulement, qui donne occasion à la principale de produire son effet en un temps plutôt qu'en un autre ». Clauberg, qui reprend les distinctions scolastiques tout en s'efforçant de leur donner un tour cartésien, écrit dans la *Cunjunctio animae et corporis* (dans Johann Clauberg, *Opera omnia philosophica,* 1691, cura Joh. Theod. Schalbruchii, Hildesheim, Georg Olms, 1968) que les mouvements du corps sont comme des causes procatarctiques *quae menti tanquam causa principali occasionem dant, has illasve ideas* [...] *hoc potius tempore quam alio ex se elici*– qui donnent à l'esprit, en tant que cause principale, l'occasion de susciter à partir lui-même ces idées-ci ou ces idées-là [...] en un temps plutôt qu'en un autre » (vol. I, cap. XVI, § 10, p. 221).

2. Voir les *Lettres à Élisabeth,* 21 mai et 28 juin 1643, (AT, III, 664, 690), où Descartes invite à ne pas confondre la force qu'a l'âme d'agir sur le corps et celle par laquelle un corps

Mais pour le connaître, il faut considérer premièrement que les corps étaient mus avant que nous voulussions, d'où il suit que c'est une autre volonté que la nôtre qui a causé leur mouvement. Que si l'on dit que les mouvements de nos corps ne sont que depuis que nous voulons ; je répondrai que l'effet montre manifestement le contraire, et que le mouvement est dans la matière qui compose nos corps avant qu'ils soient animés, c'est-à-dire avant que ce qui veut y soit uni. D'ailleurs, nos âmes n'abandonnent nos corps que parce qu'il n'y a plus de ces mouvements qui sont nécessaires à la vie, et pour connaître que leur durée ne dépend pas de
65 notre volonté, il ne faut que considérer qu'ils cessent | toujours plus tôt que nous ne voulons.

Que si quelque fois notre malheur est tel qu'il nous fasse désirer la mort, nous avons beau vouloir que ces mouvements cessent en nous, ils dépendent si peu de nous que si nous nous contentions de le vouloir, ils ne cesseraient pas pour cela. Mais si, nous armant contre nous-mêmes, nous faisions couler hors de ses vaisseaux le sang qui entretient la vie, alors nous verrions exhaler en fumée ces mêmes parties, dont le mouvement sert à transporter nos corps, et si le désespoir nous pouvait permettre de philosopher, nous connaîtrions que, puisque notre sang se meut bien hors de nous, sans que notre volonté lui cause ce mouvement, ce n'est point notre volonté qui le faisait mouvoir en nous.

Secondement, si nous pouvions à notre gré faire de nouveaux mouvements, il s'ensuivrait que le mouvement pourrait croître en la nature, et qu'ainsi l'ordre en serait troublé. Car, s'il n'a fallu de mouvement que jusqu'à un certain point pour établir cet ordre, il n'en faut justement que la même quantité pour le conserver.

En troisième lieu, si nos volontés pouvaient produire des mouvements, elles les conserveraient, et nous avons déjà montré, par un exemple bien

agit sur un autre, tout en faisant de l'action du corps sur l'âme, et de l'âme sur le corps, une expérience ordinaire qu'on a sans philosopher. Voir aussi la *Lettre à Arnauld* du 29 juillet 1648, n° 4, (AT, V, 222, trad. FA, III, 863-864). On peut se demander si l'action du corps sur l'âme, et de l'âme sur le corps, que nous expérimentons, est aussi directe qu'on voudrait le croire à une lecture superficielle de Descartes. En effet, comme on l'a vu, rien ne peut, selon Descartes, venir des objets extérieurs jusqu'à notre âme par l'entremise des sens que quelques mouvements corporels ; les sensations et les sentiments ne sont pas causés directement par les corps. Quant à la volonté, elle ne lutte jamais non plus directement contre les passions, en particulier contre celles qui sont très intenses au moment présent, ou bien qui se sont profondément sédimentées en habitude ; la volonté ne peut pas combattre directement les dispositions du cerveau, ou les habitudes, que les esprits animaux ont fortifiées. Elle peut toutefois le faire selon certaines modalités, toujours indirectement et par industrie, voir *Passions de l'âme*, art. 50 (AT, XI, 368-370).

visible qu'elles ne peuvent conserver celui dont elles souhaiteraient le plus ardemment la durée.

En quatrième lieu, si les mouvements de ces particules délicates et subtiles, qui agitent nos membres | venaient de notre volonté, ils seraient ou 66
plus vite ou plus tardifs, selon qu'il nous plairait. Mais un vieillard a beau vouloir marcher vite, un ivrogne a beau vouloir marcher droit, et celui dont la main est gelée a beau vouloir remuer les doigts ; des gens en cet état ne témoignent que trop que si ces petites particules peuvent être tantôt plus et tantôt moins émues, ce n'est jamais selon notre volonté, mais toujours selon la différence des matières dont elles sont composées, selon celle de nos âges, et des lieux où nous vivons.

D'ailleurs, la veille, qui n'est autre qu'un mouvement de ces particules, qui courent dans le cerveau pour en tenir les pores ouverts, et dans les nerfs, pour en tenir les filets tendus, arrive souvent en nous malgré nous, et continue souvent plus que nous le voulons ; ce qui ne serait pas si elles attendaient leurs mouvements de notre volonté. Et le sommeil ne nous accablerait pas si souvent contre nos souhaits, si nous pouvions continuer le mouvement de ces particules autant qu'il nous plairait. Enfin, tous ces mouvements convulsifs, et ces transports subits et mortels, qui nous assaillent le cerveau, marquent bien que notre volonté ne donne pas le mouvement à ces particules (que leur subtilité fait nommer les esprits) et même qu'elle n'est pas la maîtresse de leur route, puisque dans ces occasions, elle ne les peut empêcher de courir où leur impétuosité les emporte.

Au reste, on sait qu'il n'y a rien qui dépende | moins de nous que les 67
mouvements de notre cœur, et pour peu qu'on ait observé la différence de ses battements à l'approche des lieux chauds ou froids, on verra qu'il ne se meut que par la communication qu'il a avec les autres corps de l'Univers. Ensuite, si l'on prend garde que c'est du mouvement du cœur que suivent tous les autres mouvements, on ne pensera plus que notre âme excite celui des petites particules que l'on nomme les esprits[1] ; on connaîtra que ces esprits ne sont autre chose que les plus délicates parties du sang échauffé, c'est-à-dire ému dans le cœur. On verra qu'il en monte plus ou moins selon que cette chaleur est plus ou moins grande, et enfin que ces parties, étant arrivées au cerveau, coulent dans les nerfs, et de là dans les muscles, de sorte qu'elles n'ont point besoin de l'âme pour être mues. Il est bien vrai qu'étant déjà émues lorsqu'elles passent dans le cerveau, quelques unes d'elles peuvent être dirigées selon ses souhaits, c'est-à-dire que sitôt

1. Voir, Descartes, *Passions de l'âme,* I, art. 9, AT, XI, 333-334 et art. 43, p. 361.

qu'elle désire que le corps, auquel elle est unie, se porte vers un côté, la puissance qui meut toutes ces particules, les meut d'une façon répondante à ce désir.

Donc, s'il reste quelque lieu de dire que l'âme meuve le corps, c'est au même sens qu'on peut dire qu'un corps meut un corps. Car, comme on dit qu'un corps en meut un autre, lorsqu'à cause de leur rencontre, il arrive que ce qui mouvait le premier vient à mouvoir le second, on peut dire qu'une
68 âme meut un corps, lorsqu'à cause qu'elle | le souhaite, il arrive que ce qui
mouvait déjà ce corps vient à le mouvoir du côté vers lequel cette âme veut qu'il soit mû. Et il faut avouer que c'est une façon commode de s'expliquer dans l'ordinaire que de dire qu'une âme meut un corps, et qu'un corps en meut un autre, parce que, comme on ne cherche pas toujours l'origine des choses, il est souvent plus raisonnable, suivant ce qui a déjà été remarqué, d'alléguer l'occasion que la cause d'un tel effet.

Après avoir tâché de répondre à ceux qui disent que nos esprits peuvent mouvoir nos corps par leur seule volonté, je dois répondre à ceux qui, passant d'une extrémité à l'autre, doutent qu'il y ait aucun esprit qui puisse mouvoir les corps par sa seule volonté.

Cette erreur vient, à mon avis, de ce que souvent nous voulons plus que nous ne pouvons, et comme nous ne faisons rien que par le secours d'une puissance qui n'est point de nous, nous penchons toujours à croire que toute volonté est impuissante d'elle-même, ou (ce qui est la même chose) que tout esprit, outre sa volonté, a besoin de quelque puissance pour opérer ce qu'il désire.

Ainsi, la coutume que nous avons de juger de tout par ce que nous éprouvons en nous-mêmes fait qu'encore que nous reconnaissions par des raisons évidentes qu'un esprit doit faire mouvoir les corps, néanmoins quand nous venons à conclure que c'est par sa seule volonté, et à considérer
69 combien | la nôtre nous paraît faible en tout, nous ne pouvons croire, quel
que soit cet esprit, que la sienne soit assez puissante pour cela.

Mais, si nous considérons que ce défaut perpétuel de notre esprit ne vient que de ce qu'il n'est pas par lui-même, et que s'il était par lui-même, rien ne lui manquerait, en sorte que tout ce qu'il voudrait, serait ; nous connaîtrions aisément qu'il y a un premier Esprit, qui étant par soi-même, n'a besoin que de sa volonté pour tout faire, et que rien ne lui manquant, dès qu'il veut que ce qui est capable d'être mû soit en mouvement, cela doit nécessairement arriver.

Nous nous persuaderons assez aisément cette vérité si nous faisons un peu de réflexion sur les choses dont nous sommes déjà convaincus. Premièrement, nous sommes assurés en général que quelque esprit doit faire tout ce que le corps ne peut opérer. En second lieu, nous savons, au sujet particulier du mouvement, qu'encore que le corps soit seul capable d'en recevoir l'effet, il n'en peut toutefois être la cause. Enfin, notre faiblesse nous apprend que ce n'est point notre esprit qui fait mouvoir. Que reste-t-il donc ? Qu'un autre Esprit, à qui rien ne manque, le fasse, et qu'il le fasse par sa volonté.

Mais, dira quelqu'un, encore que nos esprits ne puissent causer le mouvement, s'ensuit-il qu'il faille recourir au premier Esprit pour en trouver la cause ? Et ne pourrait-il pas y avoir un esprit entre ce premier et les nôtres qui le pût causer ?

| Je réponds que si cet esprit, de quelque ordre qu'on le veuille feindre, **70**
n'est pas le premier, il n'est pas par lui-même, et s'il n'est pas par lui-même, il n'a rien qui ne lui vienne d'ailleurs, de sorte qu'il n'est la véritable cause de quoi que ce soit. Nous pourrions bien concevoir qu'un esprit aurait la direction de tous les mouvements de cet Univers, comme nous l'avons de quelques-uns des mouvements de nos corps ; ce qui arrive seulement parce que la première puissance les dispose selon nos volontés. Cet esprit néanmoins, quelque excellent qu'il fût, ne produirait aucun mouvement, et ce qui le rendrait d'un ordre supérieur au nôtre, c'est que la première puissance disposerait plus de choses selon la volonté de cet esprit qu'elle n'en dispose selon la nôtre. Mais aucune de ces choses ne serait produite par lui, et si l'on en voulait trouver la véritable cause, il faudrait toujours remonter à Dieu.

On a bien dit, quand on a dit qu'il s'était tellement enchâssé dans ses ouvrages qu'on ne les peut considérer sans le connaître. En effet, on ne peut connaître la nature, sans avoir connu le mouvement, et vous voyez que nous n'avons pu connaître le mouvement que nous n'ayons reconnu la divine puissance qui le cause.

Nos sens nous faisaient assez voir que les corps pouvaient être mus, mais nos raisonnements nous ont appris qu'ils ne le pouvaient être par d'autres corps, ni par des âmes faibles comme les nôtres, ni même par aucun esprit créé, pour excellent qu'il | fût. Ainsi, nous sommes parvenus à **71**
ce premier Esprit, et nous avons été obligés non seulement d'avouer qu'il a commencé le mouvement, mais nous avons évidemment reconnu qu'il le continue. Nous avons appris que sa seule puissance en est capable ; et nous la devons admirer, surtout en ce point qu'ayant posé des lois entre les corps, suivant lesquelles elle les meut diversement, à cause de la diversité de leurs rencontres, elle a ainsi posé entre nos âmes et nos corps des lois qu'elle ne

viole jamais [1]. Et tandis que ces corps sont constitués d'une certaine façon, elle en dirige toujours certains mouvements selon nos désirs ; ce qu'elle fait avec tant de promptitude, et si conformément à nos volontés, que ceux qui précipitent leurs jugements croient qu'ils ont opéré d'eux-mêmes ce qu'ils ont simplement désiré, parce que cette première puissance l'a fait dès l'instant même qu'ils l'ont désiré.

1. C'est en considérant que la notion d'occasion représente les Lois générales que Dieu a instituées que Cordemoy s'inscrit dans l'occasionalisme. Voir Malebranche, *Eclaircissement XVII*, § 25, *OC*, III, Vrin-CNRS, 1976, p. 327 : « Mais comme Dieu doit toujours agir en Dieu, et que ses attributs demandent qu'il agisse ordinairement d'une manière uniforme et par des Lois générales, sans quoi même, il n'y aurait point d'ordre réglé dans la nature ni de certitude dans la physique ; il a établi la Loi générale de l'union de l'âme et du corps. Cette Loi ou cette volonté générale et efficace du Créateur est en général : que les changements qui arrivent dans une certaine partie du cerveau soient accompagnés des sensations de l'âme et que certains désirs de l'âme soient suivis du cours des esprits qui remuent certaines parties de son corps ».

| Cinquième discours 72

DE L'UNION DE L'ESPRIT ET DU CORPS

Et de la manière dont ils agissent l'un sur l'autre.

Ce merveilleux rapport de nos mouvements et de nos pensées me donne occasion de parler de l'union de notre corps et de notre âme, et de la manière dont ils agissent l'un sur l'autre. Ce sont deux choses que l'on a toujours admirées sans les expliquer. Je n'ose dire que j'en ai découvert le secret, mais il me semble n'avoir plus rien à désirer sur ce point, et quelques uns de mes amis, à qui j'ai communiqué plusieurs fois mes pensées sur ce
sujet depuis sept ou | huit ans, me veulent persuader qu'elles sont véri- 73
tables. Si toutefois je me trompe en quelque chose dans la première partie de ce discours, où je parle de l'union du corps et de l'âme, et dans la seconde, où je parle de leur action, il sera facile de connaître mon erreur, car je donne en chacune que deux définitions, un Axiome et une proposition à examiner.

PREMIÈRE PARTIE

De l'union de l'esprit et du corps

DÉFINITIONS

1. Deux corps sont unis, autant qu'ils le peuvent être, quand leurs étendues se touchent mutuellement, et avec un tel rapport que l'un suive nécessairement les déterminations de l'autre.

Et il faut observer que, sans examiner par quelle puissance ils sont ainsi disposés, on se contente, pour assurer que leur union continue de voir continuer ce rapport entre eux [1].

2. De même on dirait que deux esprits seraient unis, si leurs pensées se manifestaient mutuellement, et avec un tel rapport, que l'un suivît nécessairement les déterminations de l'autre. Et, sans qu'il fût besoin d'examiner par quelle puissance ils seraient ainsi disposés, on pourrait assurer qu'ils seraient unis, tandis que ce rapport durerait entre eux [2].

74 ### | AXIOME

L'union des choses ne se fait que par ce qu'elles ont de rapportant, et conséquemment, si un corps et un esprit sont unis, ce n'est pas par le rapport de deux étendues, car l'esprit n'en a point, ni par le rapport de deux pensées, car le corps n'en a point.

1. À propos de l'union des corps, voir Malebranche, *Recherche de la vérité,* Livre VI, II, chap. IX.

2. Sur la nature de ce rapport, voir aussi Louis de la Forge, *Traité de l'esprit de l'homme,* chap. 13-14, p. 204-224, dans les *Œuvres philosophiques de La Forge,* P. Clair (éd.), Paris, P.U.F., 1974. « Toute sorte d'union, ainsi que nous avons dit, est un certain rapport qui de deux choses n'en fait qu'une en quelque façon, et nous donne occasion de ne les regarder que comme une même chose ; or, comme le dit fort bien Monsieur Claubergius, il n'y a que trois espèces générales de relation ou de rapport » (p. 212). Voir la *Metaphysica De Ente, Quæ rectius Ontosophia, Aliarum Disciplinarum, ipsius quoque Jurisprudentiæ, & Literarum, studiosis accommodata,* XII, dans Johann Clauberg, *Opera omnia philosophica,* 1691, cura Joh. Theod. Schalbruchii, Hildesheim, Georg Olms, 1968, vol. I, p. 319. Les trois espèces de relation sont 1) la relation d'affirmation ou de ressemblance ; 2) la relation de négation ; 3) la relation d'origine ou de cause et d'effet. Ce sont les relations 1 et 3 qui expliquent l'union de l'âme et du corps et leur action réciproque.

CONCLUSION

Mais si cet esprit, dont la nature est de penser, a quelques pensées, auxquelles le corps puisse avoir du rapport par son étendue, par son mouvement, ou par autre chose de sa nature, par exemple, si de ce que cet esprit voudra que ce corps soit mû en certain sens, ce corps est tellement disposé qu'en effet il y soit mû ; ou, si de ce qu'il y aura de certains mouvements en ce corps, il vient de certaines perceptions en cet esprit, on pourra dire (par quelle puissance qu'ils aient été ainsi disposés) qu'ils sont unis[1]. Et, tandis qu'ils auront ce rapport entre eux, on pourra dire que leur union continue.

Cette union, si l'on y prend garde, est bien plus grande et plus parfaite que celle de deux corps, car deux corps ne sont unis qu'en la superficie, c'est-à-dire ils n'ont rapport que par leurs extrémités, sans que leurs autres parties s'unissent. Au lieu qu'il n'y a si petite partie du corps, auquel un esprit est uni, avec laquelle cet esprit n'ait du rapport, puisque les
| changements qui arrivent en chaque endroit du corps peuvent être aperçus 75
de cet esprit, ou lui exciter de nouvelles pensées, et qu'il n'y a pas une partie qui ne serve à entretenir dans ce corps l'admirable économie qui le rend propre à toutes les choses que cet esprit veut qu'il opère.

Au reste, l'on connaît assez par ce qui a été observé sur la fin du quatrième Discours[2], quelle est la puissance qui tient l'esprit et le corps toujours disposés à recevoir divers changements à l'occasion l'un de l'autre. Mais il n'a pas été besoin d'examiner ici quelle puissance entretient ce rapport entre eux. C'est assez d'avoir reconnu que ce rapport est véritable et que c'est en cela que consiste leur union.

Ces choses posées, il est aisé de voir en quel sens on peut dire que nos esprits sont dans le lieu, et ce qu'on doit entendre quand on dit qu'ils sont transportés. Car, si d'un côté il est vrai de dire qu'ils ne puissent être

1. Selon Descartes, il y deux façons de considérer l'âme ; quand on la connaît à part, en faisant abstraction du corps, c'est en tant que pure pensée qu'on l'étudie, mais quand on l'envisage dans son union au corps, on la connaît en tant qu'elle agit ou qu'elle pâtit, et non seulement en tant qu'elle pense. *Cf.* Descartes, *Lettre à Elisabeth,* 21 mai 1643, AT, III, 664-665 : « Car, y ayant deux choses en l'âme humaine desquelles dépend toute la connaissance que nous pouvons avoir de sa nature, l'une desquelles est qu'elle pense, l'autre, qu'étant unie au corps, elle peut agir et pâtir avec lui ». Si Cordemoy reprend la thèse cartésienne de la nature de l'esprit (*mens*), ou de la *res cogitans,* comme pensée, et celle de la distinction réelle de l'âme et du corps, en employant le terme français « esprit » plutôt qu'« âme », l'union de l'esprit et du corps s'avère être pour lui plutôt une corrélation et non une union substantielle.

2. Note de Cordemoy : ci-devant p. 68 et suivantes.

transportés, parce que cela suppose l'étendue qu'ils n'ont pas, d'un autre côté, les considérant unis à nos corps de la manière qui vient d'être expliquée, on peut dire qu'ils sont partout où est la matière, dont les mouvements sont dirigés suivant leur volonté, et dont les divers changements peuvent exciter en eux des sentiments différents. Et enfin, puisqu'en quelque lieu que cette matière soit transportée, elle a des mouvements qui répondent à leurs pensées, et qu'ils ont des pensées qui
76 répondent nécessairement aux changements de cette | matière, on peut dire qu'ils sont transportés avec elle.

Les mêmes choses posées, on a raison de dire qu'un esprit est tout en tout le corps qu'il anime [1], et tout en chaque partie, puisque ce tout peut suivre ses volontés, ou lui donner des sentiments, et que chaque partie de ce tout sert à entretenir ce qui le rend propre à cela.

Par là on entend aussi comment Dieu est partout sans être étendu. Car puisque chaque partie de la matière ne subsiste et n'est mue que parce qu'il le veut, cette action de sa volonté s'étend partout.

Néanmoins, il n'est pas uni à la matière comme nos âmes sont unies à nos corps ; car il est sans dépendance de la matière, et ce qui arrive en elle ne peut causer en lui les altérations que notre âme ressent par les changements du corps. La raison de cette différence est qu'il n'arrive rien en la matière que ce qu'il plaît à cet esprit souverain. Ainsi la cause des changements de la matière est sa volonté, qu'il savait avant que ces changements fussent, de sorte qu'ils ne peuvent lui donner aucune pensée qu'il n'eût point, au lieu que nos âme ne connaissent les changements de la matière que quand ils arrivent, et elles peuvent recevoir de nouvelles pensées par les mouvements du corps suivant le rapport et la dépendance que Dieu a mis entre eux.

On peut concevoir ensuite qu'un Ange, ou un autre esprit, peut diriger les mouvements d'une certaine portion de matière, sans toutefois qu'on
77 puisse | dire qu'il l'anime comme nos esprits animent les corps. Car ces esprits ne sont point sujets aux changements de la matière à laquelle ils

1. C'est un leitmotiv de la scolastique, voir Thomas d'Aquin, *Somme théologique*, I, question 76, art. 8 : « Mais du fait que l'âme est unie au corps comme sa forme, elle doit se trouver dans tout le corps et dans chacune de ses parties, car elle n'est pas une forme accidentelle, mais substantielle ». Voir comment Descartes reprend la question de l'union de l'âme et du corps en employant, seulement à son propos, et de manière très nuancée, les notions scolastiques de forme substantielle, et de qualité réelle, *Réponses aux Sixièmes Objections*, AT, IX, 240 ; *Les Passions de l'âme*, art. 30, AT, XI, 351 ; *Principes*, IV, art. 189, AT, IX-2, 310 ; *Lettre à Elisabeth*, 28 juin 1643, AT, III, 694-695, et dans la *Lettre à Arnauld*, 29 juillet 1648, n°4, 221-223, trad. FA, III, 863-865.

s'appliquent. Et encore qu'elle puisse agir sur eux en un certain sens, puisqu'ils sont capables d'apercevoir ces changements, et ainsi d'avoir de nouvelles pensées à leur occasion, néanmoins ils ne sont point affectés de plaisir, de douleur, et de ces divers sentiments que notre âme éprouve dès qu'il arrive dans notre corps des changements capables de rétablir ou de ruiner cette disposition par laquelle il lui est uni [1].

D'autre côté, on peut concevoir qu'un Démon, ou un autre esprit, peut être affecté de douleur par union à une certaine portion de matière, sans que la direction d'aucun mouvement de cette matière soit soumise à sa volonté, en sorte que Dieu ayant disposé cet esprit à souffrir, autant que cette matière à mouvoir, le mouvement perpétuel de l'une fasse le supplice éternel de l'autre.

SECONDE PARTIE

De l'action des esprits sur les corps, et de celle des corps sur les esprits

DÉFINITIONS

1. On dit qu'un corps agit sur un autre quand, à son occasion, cet autre corps commence d'être arrangé ou mû autrement qu'il ne l'était auparavant.

| 2. De même on dit qu'un esprit agit sur un autre esprit quand, à son occasion, cet esprit conçoit, imagine, veut, ou pense, en quelque façon que ce soit autrement qu'il ne faisait auparavant. **78**

Ainsi les corps agissent l'un sur l'autre autant qu'ils le peuvent quand ils se causent quelque changement convenable à l'étendue, et les esprits

1. Cordemoy plaide aussi pour une union étroite de l'esprit avec le corps, il souhaite éloigner sa conception de l'union de l'âme et du corps de toute forme d'angélisme. *Cf.* Descartes, *Lettre à Regius,* février 1642, AT, III, 493, trad. FA, II, 915 : « Nous percevons que les sentiments de douleur, et tous autres de pareille nature, ne sont pas de pures pensées de l'âme distincte du corps, mais des perceptions confuses de cette âme qui est réellement unie au corps : car si un ange était uni au corps humain, il n'aurait pas les sentiments tels que nous, mais il percevrait seulement les mouvements causés par les objets extérieurs, et par là il serait différent d'un véritable homme ».

agissent l'un sur l'autre autant qu'ils le peuvent quand ils se causent quelque changement convenable à la pensée.

AXIOME

D'où il résulte qu'une chose n'agit sur l'autre qu'autant qu'elle y peut apporter de changement suivant sa nature. Et conséquemment, si un corps agit sur un esprit, ce ne peut être en lui causant aucun changement de mouvement, de figures, ou de parties, car cet esprit n'a point toutes ces choses, non plus que si cet esprit agit sur un corps, ce ne peut être en lui causant aucun changement de pensée, car ce corps n'en a point.

CONCLUSION

Mais si ce corps, ou son mouvement, ou sa figure, ou autre chose dépendante de sa nature peut être aperçu de quelque esprit en sorte qu'à son occasion, cet esprit ait des pensées qu'il n'avait pas auparavant, on pourra
79 dire que ce corps a agi sur | cet esprit, puisqu'il lui a causé tout le changement, dont il était capable suivant sa nature.

Sans doute, il n'est pas plus malaisé de concevoir l'action des esprits sur les corps, ou celle des corps sur les esprits, que de concevoir l'action des corps sur les corps. Et ce qui nous rend plus inconcevable la première que la dernière, c'est que nous voulons concevoir l'une par l'autre, sans considérer que chaque chose agissant selon sa nature, nous ne connaîtrons jamais l'action d'un agent, quand nous voudrons l'examiner par les notions que nous avons d'un autre agent de nature toute différente.

Mais ce qu'il y a de remarquable en ceci est que, quoique l'action des corps sur les corps ne nous soit pas mieux connue que celle des esprits sur les corps, ou des corps sur les esprits, la plupart néanmoins n'admirent que celle-ci, croyant connaître l'autre. Et j'ose dire que quand on aura bien examiné ce qui se rencontre dans l'action d'un corps sur un corps, on ne trouvera pas qu'elle soit plus concevable que celle des esprits sur les corps.

Et afin de le reconnaître, considérez encore ce que fait le corps B sur le corps C, quand on dit qu'il le chasse de son lieu. Tout ce qui est clair en cela (comme il a été dit dans le quatrième Discours [1]) c'est que B était mû, que C l'est maintenant, et que le premier demeure à l'endroit que le second occupait avant lui ; nous ne voyons que cela, tout le reste nous le conjecturons.

1. Note de Cordemoy : Ci-devant p. 60.

De même considérez ce que fait l'esprit sur le | corps quand on dit qu'il 80
l'agite. Tout ce qui est clair, c'est que l'esprit veut que le corps soit mû en un sens, et que ce corps en même temps est mû d'un mouvement conforme au désir de cet esprit ; nous ne nous apercevons que de cela, tout le reste nous le conjecturons [1]. Mais jusqu'ici les choses sont égales, car si dans le premier exemple, les corps B et C nous ont paru et en mouvement et en repos, c'est qu'ils sont capables de ces deux états. Et dans le second exemple, si nous disons que l'esprit a voulu qu'un certain corps qui se mouvait déjà fût dirigé d'une certaine façon, c'est qu'il pouvait le vouloir, et si le corps a été ainsi dirigé c'est que cela était suivant sa nature.

Voyons le reste et tâchons d'en bien juger. Quant au premier exemple, suivant ce qui a été dit dans les Remarques sur la quatrième proposition du quatrième Discours [2], encore qu'on voie que C, qui était en repos, commence à se mouvoir, et que B qui se mouvait soit maintenant en repos, on ne peut pas dire que le mouvement de l'un soit passé dans l'autre, parce qu'il est évident que le mouvement de chacun à son égard n'est qu'une façon d'être, qui n'étant pas séparable de lui ne peut en façon quelconque passer dans l'autre. D'où il suit qu'il y a autre chose que le corps B (qui est maintenant en repos) laquelle meut le corps C. Or nous ne serons pas bien en peine de trouver cette chose si nous nous souvenons des conclusions du quatrième Discours. Ainsi, puisqu'il est vrai que ce n'est point B qui
meut C, s'il | nous reste quelque lieu de dire que le corps B agisse sur le 81
corps C, c'est seulement parce que, sitôt qu'ils se sont approchés, l'un cesse et l'autre commence d'être mû. De même dans le second exemple, nous apercevons que, dès que l'esprit veut que le mouvement du corps soit dirigé en certain sens, cela arrive. Pourquoi donc n'aurons-nous pas la même occasion de dire que l'esprit agit sur le corps puisque, encore que ce ne soit pas effectivement notre esprit qui cause le mouvement, il est certain toutefois que le mouvement de notre corps dépend autant et en même façon de notre volonté que le mouvement d'un corps dépend de la rencontre d'un autre corps ?

1. Cordemoy défend une thèse occasionaliste dès lors qu'il considère que seuls sont manifestes la volonté de mouvoir le corps et le fait que le corps soit mû conformément à ce désir. Cordemoy n'admet ainsi pas que l'union de l'âme et du corps soit une notion primitive, comme le soutient Descartes : « pour l'âme et le corps ensemble, nous n'avons que celle [*sc.* la notion primitive] de leur union, de laquelle dépend celle de la force qu'a l'âme de mouvoir le corps, et le corps d'agir sur l'âme, en causant ses sentiments et ses passions » (*Lettre à Elisabeth,* 21 mai 1643, AT, III, 665).

2. Note de Cordemoy : ci-devant, p. 61.

À considérer la chose exactement, il me semble qu'on ne doit plus trouver l'action des esprits sur les corps plus inconcevable que celle des corps sur les esprits, car nous reconnaissons que si nos âmes ne peuvent mouvoir nos corps, les corps ne peuvent aussi mouvoir d'autres corps. Et, comme on est obligé de reconnaître que la rencontre de deux corps est une occasion à la puissance qui mouvait le premier, de mouvoir le second, on ne doit point avoir de peine à concevoir que notre volonté soit une occasion à la puissance qui meut déjà un corps, d'en diriger le mouvement vers un certain côté répondant à cette pensée.

| SIXIÈME DISCOURS 82

DE LA DISTINCTION DU CORPS ET DE L'ÂME [1]

Que l'existence de l'âme est plus assurée que celle du corps.
Des opérations de l'une et de l'autre en particulier.
Et des effets de leur union.

Quelques uns disent que, sans ce que la foi nous apprend de l'âme, on aurait de grands sujets d'en douter, et que s'ils n'étaient fort soumis au Christianisme, ils ne croiraient absolument que le corps.

Pour moi, bien que l'autorité de l'Église serve beaucoup à me confirmer dans la créance que j'ai | de l'âme, je dirai franchement que, 83

1. Ce *Discours* a marqué les contemporains de Descartes. Malebranche, examinant le problème de la distinction de l'âme et du corps renvoie expressément à ce *Discours*, et il écrit : « Le corps n'est que l'étendue en longueur, largeur et profondeur, et toutes ses propriétés ne consistent que dans le repos et le mouvement, et dans une infinité de figures différentes. [...] L'âme, au contraire, c'est ce moi qui pense, qui sent, qui veut : c'est la substance où se trouvent toutes les modifications dont j'ai le sentiment intérieur, et qui ne peuvent subsister que dans l'âme qui les sent. Ainsi il ne faut attribuer à l'âme aucune propriété différente de ses diverses pensées. [...] Si ce que je viens de dire ne suffit pas pour faire sentir la différence de ces deux substances, on peut lire et méditer quelques endroits de saint Augustin, comme le chapitre 10 du Livre de la *Trinité*, les chapitres 4 et 14 du livre de la *Quantité de l'âme*, ou les *Méditations* de M. Descartes, principalement ce qui regarde la distinction de l'âme et du corps ; ou enfin le sixième discours du *Discernement de l'âme et du corps*, de M. de Cordemoy » (*Recherche de la vérité*, I, chap. X, p. 54-55).

n'estimant pas qu'il y ait rien de plus certain à l'esprit que l'esprit même [1], je m'étonne des doutes qu'on en peut concevoir, et comment on peut dire que sans la foi on ne croirait pas qu'il y eût autre chose en l'homme que le corps.

Néanmoins, puisque ce point est une difficulté pour quelques-uns, je pense que pour le bien examiner, il faut avant tout convenir de ce qu'on entend par ces mots de *corps et d'âme,* et voir ensuite si on ne donne point ces deux noms à la même chose.

Qui dit *corps* en cette rencontre entend un amas de plusieurs parties étendues jusqu'à certain terme, en sorte qu'elles en excluent nécessairement toute autre chose étendue comme elle [2].

1. Cette *exclusion* est ce qu'on appelle *impénétrabilité.*

2. Ce *terme* est ce qu'on appelle *figure.*

3. Ce *rapport* qu'il a aux autres corps par sa situation est ce qu'on appelle son *lieu.*

4. Quand ce rapport change, on dit que le corps à l'occasion duquel il change est en mouvement, et quand il continue, on dit que le corps est en *repos* [3].

Qui dit *âme* ou *esprit* entend ce qui *pense* à quelque chose [1].

1. Ce sont des formules que l'on trouve chez Augustin, *Trinité,* X, X, 14, dont Descartes renouvelle le sens, voir par exemple le *Discours de la méthode,* IV, AT, VI, 33-34 ; *Seconde Méditation,* AT, IX, 21 ; *Principes,* I, art. 7-11, AT, IX-2, 28-29.

2. Cordemoy traite le corps humain comme un cas particulier du corps en général : un amas de plusieurs parties étendues. Descartes met plutôt l'accent sur l'individualité du corps humain, laquelle est déterminée par l'âme à laquelle ce corps est uni, et il distingue ainsi le corps humain du corps pris en général, voir *Lettre à Mesland,* 9 février 1645, AT, IV, 166 : « Car, quand nous parlons d'un corps en général, nous entendons une partie déterminée de la matière, et ensemble de la quantité dont l'univers est composé, en sorte qu'on ne saurait ôter tant soit peu de cette quantité, que nous ne jugions incontinent que le corps est moindre et qu'il n'est plus entier ; ni changer aucune particule de cette matière, que nous ne pensions par après que le corps n'est plus totalement le même. [...] Mais quand nous parlons du corps d'un homme, [...] nous entendons toute la matière qui est ensemble unie avec l'âme de cet homme ; en sorte que, bien que cette matière change, et que sa quantité augmente ou diminue, nous croyons toujours que c'est le même corps [...], pendant qu'il demeure joint et uni substantiellement à la même âme ; et nous croyons que ce corps est tout entier, pendant qu'il a en soi toutes les dispositions requises pour conserver cette union ».

3. Voir ici même le *Premier Discours.*

1. Cette chose est ce qu'on appelle *objet*, ou XI *idée* [2].

2. On nomme *perception*, la première vue ou connaissance | que l'âme a 84
de l'objet, *attention*, quand elle le considère quelque temps, et *mémoire*, quand, après avoir cessé de le voir, elle recommence.

3. Si l'on assure ou si l'on nie quelque chose de l'objet, cela s'appelle *jugement*.

4. Quand on résout après ce jugement, cela s'appelle *volonté*.

Tout cela posé, je vois nettement que ce que j'entends par le mot d'*âme* n'a rien de ce que j'entends par celui de *corps*. Et ainsi j'ai lieu de juger que ce sont deux choses toutes différentes. Je vois même que quand je voudrais douter de toutes les choses que je conçois quand je pense au corps, je ne pourrais en même temps douter de ma pensée. Car qu'il soit faux, si vous voulez, qu'il y ait aucun corps au monde, il ne peut être qu'il n'y ait aucune pensée, tandis que je serai pensant. Or, comment puis-je croire que ma *pensée* soit la même chose que ce que j'appelle *corps*, vu que je puis supposer qu'il n'y a point de corps, et que je ne puis supposer que je ne pense pas, la supposition même étant une pensée ?

Ainsi je connais premièrement que l'âme ou ce qui pense est différent du corps.

Secondement, je vois que l'argument de l'âme est indubitable, et que jusqu'ici il n'y en a point qui m'assure du corps. Car enfin, pourquoi me persuader que j'ai maintenant un corps étendu de cinq pieds ? J'ai songé quelquefois que j'en avais un, composé de tant de parties que leur étendue
était | de plus de cent pieds, et même qu'il touchait aux nues. Qui m'assu- 85
rera donc maintenant du peu qui me semble rester de ce grand corps ?

C'est (me direz-vous) que vous le sentez ? Mais je sentais les cent pieds comme je sens les cinq. Et enfin, pour ne point trop écouter mes rêveries,

1. Pour Cordemoy l'esprit, relevant par nature de la pensée, pense *à* quelque chose ; dans cette tension vers ce qui est pensé qu'on nomme « intentionnalité » de nos jours, il voit la caractéristique propre de l'esprit.

2. Contrairement à Descartes, à Arnauld, et aux auteurs du second XVIIe siècle, tels Spinoza, Malebranche, ou Leibniz, Cordemoy ne fournit aucune théorie explicite des idées. Que signifie précisément pour lui « objet » ? L'intentionnalité qu'il évoque suppose-t-elle des contenus objectifs ? Une réalité ou une objectivité des idées ? Peut-on appliquer à cette dernière le principe de causalité ? Manifestement, un objet peut pour lui être corporel, ou bien spirituel, voir un peu plus loin, le passage concernant les jugements.

ceux qui sentent encore du mal au bout des doigts quand on leur a coupé la main ne s'imaginent-ils pas (quoique tout éveillés) qu'ils ont des parties étendues où ils n'en ont point. Cela étant, je demande encore un coup où est la certitude que j'ai de l'étendue où je crois maintenant en avoir, si toute la raison que j'ai de le croire est que je le sens.

Je suis bien assuré que je pense avoir un corps dont les parties sont étendues jusqu'à certains termes, mais je ne suis pas convaincu de l'avoir comme je suis convaincu que je le pense. Ainsi, ma pensée demeure certaine, tandis qu'à parler en philosophe, ce que je crois de mon corps reste fort douteux, et quand même ce corps que j'imagine avoir ne serait point, je ne cesserais pas d'être quelque chose tandis que je serais pensant. Car, de même que celui à qui l'on a coupé la main conserve les mêmes pensées qu'il avait à l'occasion de ses doigts, puisqu'il les sent comme s'il les avait encore, je pourrais avoir perdu tous les membres l'un après l'autre, et continuer de croire que je les ai tous encore.

Il peut être donc que je pense avoir un corps sans avoir effectivement aucune étendue, mais il ne peut être que je le pense sans avoir effectivement une pensée.

86 | J'en ai, ce me semble, assez dit pour montrer que l'on peut bien plus raisonnablement douter du corps que ceux dont j'ai parlé ne doutent de l'âme. Mais, afin de ne me point brouiller avec eux, comme ils m'ont dit souvent qu'ils ne voulaient point s'arrêter à ce qui les faisait douter de l'âme, et que sans tant peser tout ce qui la regarde, ils s'en voulaient tenir à la foi toujours plus sûre que les raisonnements, je veux [XII] de mon côté ne plus penser à ce qui m'a fait douter du corps, et me représenter continuellement ce que la foi me dicte, pour m'en assurer.

Par exemple, je me représenterai que Dieu s'est fait homme comme moi, et comme il est de foi qu'il avait un véritable corps, je croirais que j'en dois avoir un, puisque autrement il n'aurait pas été homme comme moi, et au lieu que l'âme est à quelques uns un article de foi, je m'en veux faire un du corps et raisonner sur ce fondement plus sûr que tous les autres.

Je dirai donc à l'avenir que j'ai une âme, parce que cela m'est évident par la lumière naturelle, et parce que la foi m'en assure. Pour le corps, je dirai que j'en ai un parce qu'encore que cela ne me soit pas évident par la lumière naturelle, il me suffit de la foi pour m'empêcher d'en douter.

1. Mais ce n'est pas assez de savoir que j'ai un corps et une âme, pour me bien connaître. Il faut que je tâche à bien démêler toutes les choses qui m'appartiennent, comme ayant un corps, d'avec celles qui m'appartiennent, comme ayant une âme.

| 2. Il faut que j'examine comment je suis tout ce que je suis par leur 87
union, et comment ils agissent l'un sur l'autre.

3. Puis je verrai si entre les corps qui entourent le mien, il y en a quelques uns auxquels je doive juger que des âmes soient unies, et s'il y en a quelques autres auxquelles je ne sois pas obligé d'en attribuer.

I. *La pensée.* Pour commencer par l'examen de moi-même, et voir ce qui m'appartient comme ayant une âme, ce que j'ai déjà observé de la nature et des avantages de l'âme me fait connaître que, si je pense de quelque façon que ce soit, c'est que j'ai une âme.

Les perceptions[XIII]. – *L'attention.* – *La mémoire.* Si je conçois diversement les différents objets, si dès l'abord j'en aperçois quelque chose, si pour les mieux connaître, je les considère plus longtemps, si après avoir discontinué, je recommence ; en un mot, si j'ai des *perceptions,* de *l'attention,* et de la mémoire, c'est que j'ai une âme.

L'intelligence. Si je considère mes pensées, ou celles des autres, par quelque raison qu'elles me soient manifestées, si je considère la vérité, et tant d'autres choses qui ne tiennent rien de l'étendue, de la figure, ni du mouvement ; en un mot, si je suis capable de *concevoir les choses purement intelligibles,* c'est que j'ai une âme.

L'imagination. Si au contraire je considère les choses qui dépendent de l'étendue, de la figure, et du mouvement ; en un mot, si je suis capable d'*imaginer,* c'est que j'ai une âme.

Les jugements. Si en considérant un objet, ou corporel, ou spirituel,
| j'assure que certaines choses lui conviennent, ou si je le nie ; en un mot, si 88
je fais des *jugements,* c'est que j'ai une âme.

Les doutes. Si, ne connaissant pas tout ce qu'il faut connaître des choses, je n'ose en juger, et demeure en suspens, jusqu'à ce que je les connaisse ; en un mot, si je *doute,* c'est que j'ai une âme, et une âme à laquelle il manque quelque chose.

Les erreurs. Si, me précipitant, et sans que je connaisse tout ce qu'il faudrait connaître de la chose, je juge qu'elle est ce qu'elle n'est pas, ou qu'elle n'est pas ce qu'elle est en effet ; en un mot, si je suis sujet à l'*erreur,* c'est (comme je l'ai dit) que j'ai une âme, et une âme à laquelle il manque quelque chose.

La liberté des jugements. Que si d'autres fois, pour éviter les erreurs, je m'empêche de juger des choses jusqu'à que je les connaisse parfaitement, si j'éprouve d'un côté que je ne puis tout connaître, et qu'en cela il manque quelque chose à mes lumières naturelles, et si par des expériences continuelles, j'éprouve d'un autre côté que j'ai la force d'arrêter mes jugements, jusqu'à ce que je sois parfaitement instruit, ou de n'en point donner du tout, quand je ne le puis être ; en un mot, si je suis *libre dans mes jugements,* c'est que j'ai une âme.

Les volontés différentes. Si je résous après mes jugements de faire ou de ne pas faire, de faire une chose ou l'autre, et d'agir d'une manière ou conforme, ou contraire à ce que je sais que je dois faire ; en un mot si j'ai une *volonté* capable de bien ou de mal, c'est que j'ai une âme.

La liberté de volonté. S'il y a mille choses que je ne puis entendre, et
89 | s'il n'y en a point de si excellente, ni de si grande que je ne puisse vouloir, si dans cette disproportion qu'il y a entre le pouvoir que j'ai de vouloir et celui que j'ai d'entendre [1], j'éprouve en moi la force de ne vouloir qu'après que j'ai bien connu, ou de vouloir avant même que d'avoir bien connu ; tout cela m'apprend (outre bien des choses que je n'explique pas ici) que j'ai de la *liberté dans mes volontés,* aussi bien que dans mes jugements. Et je n'ai cette liberté que parce que j'ai une âme.

L'amour. Si, en considérant une chose comme bonne, je m'unis à elle de volonté [2], c'est-à-dire si je veux tout ce qui convient à cette chose ; en un mot, si *j'aime,* c'est que j'ai une âme.

1. Cordemoy reprend la caractérisation de la volonté donnée par Descartes dans la *Méditation Quatrième,* où l'infinité de la volonté humaine est mise en contraste avec la capacité finie de nos entendements. Il fait porter tout son intérêt sur la liberté de l'esprit dans ses jugements, et n'envisage pas, comme le fait Descartes dans les *Passions de l'âme,* le rôle de nos volontés dans le cadre concret de l'union de l'âme et du corps. Il pense l'âme séparément. Cette première description des passions se déroule à partir de la considération de la liberté de la volonté et des jugements, donc à partir de la distinction du corps et de l'âme, alors que l'analyse des passions de l'âme suppose l'union de l'âme et du corps selon Descartes. Cordemoy ne les appelle d'ailleurs pas encore « passions », parce qu'il envisage l'âme séparément, et que, comme on le verra, la définition des passions proprement dites tend à nous assurer de l'union de l'âme et du corps.

2. La description des « passions » contribue à prouver que, toute considération sur le corps mise à part, j'ai bien une âme. Cordemoy confère à l'amour la primauté, alors que Descartes met l'accent plutôt sur l'admiration, et l'estime. La définition que Cordemoy donne de l'amour souligne, conformément à celle de Descartes, que ses effets font qu'on se joint de volonté à l'objet aimé (*Passions de l'âme,* II, art. 79-81, AT, XI, 387-388). Mais pour Descartes, le consentement est issu d'un jugement d'estime ; c'est parce qu'on juge qu'une chose est bonne qu'on est prêt à consentir à s'unir avec elle, qu'on en retire de la joie quand cette union a bien lieu, ou de la tristesse quand ce n'est pas le cas. Et en outre, la distinction

La haine. Si, considérant une chose comme contraire à celle que j'aime, je m'en sépare de volonté, c'est-à-dire, si je veux tout ce qui lui est contraire ; en un mot, si je *hais,* c'est que j'ai une âme.

La joie. Si, voyant que tout est le mieux qu'il puisse être pour la chose que j'aime, et que tout est le plus mal qu'il puisse être pour celle que je hais, j'éprouve un extrême plaisir ; en un mot si j'ai de la *joie,* c'est que j'ai une âme.

La tristesse. Si, voyant que tout, ou du moins quelque chose est contraire à ce que j'aime, et que tout, ou quelque chose arrive convenablement à ce que je hais, j'éprouve quelque déplaisir ; en un mot si j'ai de la *tristesse,* c'est que j'ai une âme.

Les désirs. La Crainte. Si l'amour me faisant tout vouloir convenablement à ce que j'aime, et si la haine me faisant vouloir tout | ce qui est 90
contraire à ce que je hais, je viens à considérer qu'il serait bon pour ce que j'aime, et fort mauvais pour ce que je hais, que certaine chose qui n'est pas encore fut, et qu'une autre chose qui est ou qui peut être ne fut pas, je viens à souhaiter que cela arrive ou n'arrive pas ; en un mot, si j'ai *des désirs ou de la crainte,* c'est que j'ai une âme.

Ainsi je reconnais que si j'ai des idées, des perceptions, de l'attention, de la mémoire, de l'intelligence, de l'imagination, si je forme des jugements, si j'ai des doutes ; si je suis sujet à l'erreur ; si j'ai des volontés différentes, si je suis capable du bien et du mal, si je suis libre, si j'ai de l'amour, de la haine, et de la joie, de la tristesse, des désirs, et de la crainte, c'est que j'ai une âme, et je suis assuré que ces choses m'appartiendraient toutes, quand je ne serais qu'une âme.

II. Après avoir examiné ce qui m'appartient à cause de l'âme, il faut voir ce qui m'appartient à cause du corps.

La figure. Le mouvement. – Et les organes en général[1]. Ce que j'ai déjà observé des apanages du corps me fait connaître que si je remarque de la

entre amour de bienveillance et amour de concupiscence spécifie s'il y a, ou s'il n'y pas, considération pour le bien de la chose aimée. L'amour de bienveillance n'est alors pas une passion, mais une émotion intérieure, ou intellectuelle (voir la *Lettre à Chanut,* 1er février 1647, AT, IV, 601 *sq.*, et aussi la définition des émotions intérieures, *Passions de l'âme,* art. 147-148, AT, XI, 440-441), bien que cet amour soit toujours accompagné de l'amour qui est une passion.

1. Cordemoy envisage les raisons que nous avons d'admettre que nous avons un corps. Et d'emblée, il envisage le corps à partir des organes. Il donne la place centrale au cœur et au

figure, du mouvement, et des organes différents en moi, c'est parce que j'ai un corps.

La nourriture. Si j'ai un cœur où le sang s'échauffe, si j'ai des artères où il coule, si ces artères ont des pores par où des parties de ce sang s'échappent, si j'ai des chairs où ces particules s'arrêtent pour en accroître la masse ; en un mot, *si je me nourris,* c'est que j'ai un corps.

Le cours des esprits au cerveau. Si des parties de ce sang, plus mues et
91 plus subtiles | que les autres, montent comme une fumée de l'endroit que j'appelle mon cœur, à celui que je nomme mon cerveau, par une artère qui les empêche de se dissiper en allant de l'un à l'autre [1].

Leur passage dans les nerfs. S'il y a des cavités dans mon cerveau, où cette foule de petits corps, que l'on nomme *les esprits,* tourne en mille façons diverses jusqu'à ce que quelque chose leur faisant ouverture, ou déterminant leur cours plus fortement d'un côté que de l'autre, leur donne moyen de s'ouvrir au passage dans mes nerfs, c'est-à-dire entre ces filets déliés qui, composés de la substance de mon cerveau, s'allongent jusqu'aux extrémités de mes membres, avec les mêmes enveloppes qui servent à les conserver dans la tête.

Leur passage dans les muscles. – Le mouvement des membres. Si mes nerfs, rassemblés comme des cordons en quelques endroits, et comme des tissus en d'autres, se divisent pour se mêler à certaines chairs retendues en filets très déliés, et se rejoindre vers l'extrémité opposée à celle par laquelle ils s'y sont introduits pour y répandre les esprits, et si les esprits répandus dans tous les filets de ce composé de nerfs et de chair, que l'on appelle *Muscle,* les raccourcissent, de sorte que les deux extrémités, se rapprochant vers le milieu, elles tirent les membres auxquels elles sont attachées.

Le transport de tout le corps. Enfin, si tous mes muscles sont disposés de telle façon que l'un d'eux ayant toujours communication avec un autre, ce qu'ils ont d'esprits passe de l'un à l'autre, selon qu'ils y sont déterminés
92 par de nouveaux esprits, qui descendent incessamment du | cerveau, en sorte que par ces tours et ces retours, quelquefois lents et quelquefois précipités, ils tirent l'un de mes membres et souvent tout mon corps tantôt vers

cerveau. Les différentes fonctions qui vont être décrites sont celles du corps pensé séparément. Quant à la description des fonctions, voir Descartes, *Traité de l'homme,* AT, XI, 119 *sq.* ; *Passions de l'âme,* I, art. 7-27, AT, XI, 331-349.

1. Sous entendu, c'est que j'ai un corps, *passim* au § suivant.

un côté, tantôt vers un autre. En un mot, *si je suis transporté d'un lieu en un autre,* c'est que j'ai un corps.

La veille. Si ce cours des esprits étant assez abondant tient les cavités de mon cerveau si bien ouvertes, et les filets de mes nerfs si bien tendus, que ce qui touchera les extrémités de mon corps, en poussant un de ces filets, remue mon cerveau à l'endroit d'où naît ce même filet, et qu'à l'occasion de ce mouvement, d'autres esprits soient déterminés à passer à des endroits où ils n'auraient pas passé sans cela ; en un mot, si je *veille,* c'est que j'ai un corps.

Le sommeil. Si quelquefois ces mêmes esprits étant épuisés, et ne montant plus, ni avec assez de force, ni en assez grande quantité, les parties de mon cerveau viennent à s'affaisser, et les filets de mes nerfs à se détendre, en sorte qu'il n'y ait plus que ceux qui envoient des esprits aux muscles qui servent à entretenir ces battements, par lesquels la poitrine se haussant et se baissant, fait entrer l'air dans les poumons, ou l'en chasse, c'est-à-dire, *si je dors, et si en dormant je respire,* c'est que j'ai un corps.

L'assoupissement. Si quelquefois ces gros nerfs, dont les filets se répandent dans le fond de mon œil, étant plus détendus que ceux qui vont aboutir à mon oreille, soit parce qu'ils ont été plus exercés, soit parce que le cœur, commençant d'envoyer moins d'esprits qu'il | n'en faut pour enfler 93
un nerf aussi large que le nerf optique, en envoie encore assez pour tenir tendus les filets du nerf de l'oreille qui est bien plus étroit, il arrive que ce qui touche mon oreille transmette son action jusque dedans mon cerveau, tandis que mes paupières déjà fermées, et tous les nerfs de mon œil affaissés, ne permettent plus aucun mouvement au cerveau par cet organe. En un mot, si quelquefois *je dors à demi,* c'est que j'ai un corps.

L'ivresse. Les convulsions, etc. Si quelquefois l'abondance des esprits, la figure qu'ils ont, ou la matière dont ils sont formés, leur donnant plus de force à pousser les cavités de mon cerveau, qu'il n'en a pour les retenir, ils vont témérairement heurter tout à coup mille endroits du cerveau, forcer les entrées des organes, et couler dans les muscles, où conservant la même impétuosité, ils entrent et ressortent de l'un dans l'autre, tirant tumultuairement mes membres en mille façons qui n'ont rien de déterminé ; enfin, *si j'ai des convulsions, si je suis ivre, si j'ai la fièvre,* ou quelque autre mal violent, c'est que j'ai un corps.

La mort. Si mon cœur ou les autres vaisseaux, qui contiennent mon sang, ou mes esprits, sont ouverts, de sorte qu'ils ne puissent plus arrêter cette liqueur ou cette fumée, si je manque des aliments qui les peuvent réparer, ou si je me rencontre en des endroits, où les corps voisins trop émus, ou trop arrêtés, donnent trop ou trop peu de mouvement au sang ou aux esprit ; en un mot *si je meurs* d'une blessure, de faim, de froid ou de chaud, c'est que j'ai un corps.

94 | Ainsi, je reconnais que si je me nourris, si je suis remué, si je veille, si je dors, si je me porte bien ou mal, enfin, si je meurs, c'est que j'ai un corps.

Cette discussion est capable toute seule de me persuader, car il suffit de rendre compte exactement de toutes ces choses par mon corps pour m'assurer qu'elles arrivent par lui seulement. Mais outre cela je vois qu'il n'y a que lui, à qui tout ce que je viens d'examiner, puisse convenir, et que l'âme n'y a point de part.

Véritablement, elle s'intéresse fort à tout ce qui concerne le corps, c'est-à-dire, elle souhaite qu'il soit toujours en état d'être mû facilement, mais je connais bien que cet état ne dépend point de ma volonté. Le cours de mes esprits n'est pas toujours aussi réglé que je le voudrais. Je dors quelquefois, et quelquefois je veille contre mon gré, et ces transports ou d'humeurs, ou d'esprits, qui se font souvent avec des révolutions si dangereuses et si subites apprennent à mon âme qu'elle n'est pas la maîtresse de leur mouvement. Ils finiront peut-être plus tôt qu'elle ne voudra, et quand le désespoir la pousserait à souhaiter la dissolution de mon corps, il ne lui suffirait pas de la souhaiter, il faudrait exposer mon corps à d'autres corps, dont le mouvement puisse ruiner cet arrangement de parties ou solides, ou liquides, qui fait durer ma vie, autrement elle durerait malgré moi.

Plus j'y pense, et plus je reconnais que ce merveilleux rapport de tant de
95 parties, qui composent | mon corps, ne dépend pas de ma pensée, il dépend des autres corps qui l'environnent, et fait une partie si nécessaire de l'Univers qu'il dépend absolument du cours de toute la matière [1].

Je vois bien qu'il est fait d'une manière à se pouvoir conserver quelque temps. J'ai des os assez solides pour soutenir sa masse contre le poids de l'air ou de l'eau, et j'ai un cerveau dont la consistance et la disposition sont telles qu'à l'aspect des objets qui lui seraient nuisibles, et des lieux, où des

1. Après avoir décrit les opérations qui relèvent de l'âme seule, Cordemoy a analysé les fonctions qui relèvent seulement du corps. Le corps se conserve lui-même en quelque façon mécaniquement. Et l'âme, bien que concernée au plus haut point par l'aisance, et le bon fonctionnement, du corps auquel elle est unie, n'a pas d'efficacité causale sur ce fonctionnement ; la volonté ne peut pas le maîtriser ; et le bon fonctionnement ne dépend pas non plus causalement de l'âme. En effet, ce n'est pas l'âme qui fait subsister le corps, elle n'en commande pas le fonctionnement organique. Tout en s'efforçant de soutenir l'union étroite de l'âme et du corps, Cordemoy maintient la distinction réelle de l'âme et du corps.

corps plus pesants que l'air et l'eau le pourraient opprimer, il s'ouvre par des endroits qui laissent couler des esprits dans les muscles qui servent à le reculer de ces lieux et de ces objets dangereux. Mais je vois bien aussi que, quand mon âme ne s'apercevrait pas de ces choses funestes, toutes les parties de mon corps sont arrangées de sorte que, suivant les lois de la Mécanique, cela arriverait aussi nécessairement qu'il arrive à un aimant de se reculer d'un autre aimant, lorsqu'on lui en présente un certain côté. J'éprouve même quelquefois que j'ai bien de la peine à ne pas céder aux mouvement, auxquels la disposition des organes les fait tous conspirer pour le salut de toute la machine à laquelle je suis uni, et de laquelle je ne suis maître que d'une façon si empruntée que cette connaissance m'échappe presque à tout moment, et m'oblige à reconnaître et même à réclamer une puissance supérieure.

III. Mais, pour ne point sortir de moi-même, après avoir examiné
séparément ce qui arriverait quand | je ne serais qu'un corps, et ce qui 96
m'arriverait, quand je ne serais qu'un esprit ou une âme (car, comme je l'ai déjà remarqué, c'est ici la même chose) il me reste, pour achever de me bien connaître d'examiner ce qui m'appartient à cause de leur union.

J'ai reconnu par d'autres méditations que deux choses sont unies dès qu'elles ont entre elles un rapport si nécessaire, que l'une suive les déterminations de l'autre.

J'ai reconnu, par exemple, que deux corps sont unis, autant qu'ils le peuvent être, quand leurs étendues se touchent mutuellement, et avec un tel rapport que l'un suive nécessairement les déterminations de l'autre.

J'ai aussi reconnu que deux esprits seraient unis, autant qu'ils le peuvent être, si leurs pensées se manifestaient mutuellement, et avec un tel rapport que l'un suivît nécessairement les déterminations de l'autre.

Et, ayant enfin reconnu par ces exemples, que l'union des choses ne se fait que par ce qu'elles ont de rapport, il m'a été facile de juger que, si un corps et un esprit sont unis, ce n'est pas par le rapport de deux étendues, puisque l'esprit n'en a point, ni par le rapport de deux pensées, puisque le corps n'en a pas.

Mais, sans répéter ici ce que j'en ai dit plus précisément dans le *Cinquième Discours,* je m'arrêterai simplement à la conclusion que je tirais
de ces observations, qui est que, si un esprit dont la nature | est de penser a 97
quelques pensées auxquelles un corps puisse avoir du rapport par son étendue, son mouvement, ou autre chose de sa nature, par exemple, si de ce que cet esprit veut que ce corps soit mû en certain sens, ce corps est tellement disposé qu'en effet il y soit mu, ou si de ce qu'il y aura certains mouvements en ce corps, il vient de certaines perceptions en cet esprit, on

pourra assurer (par quelque puissance qu'ils aient été disposés) qu'ils sont unis, et tandis qu'ils auront ce rapport entre eux, on pourra dire que leur union continue.

Or je n'ai maintenant qu'à m'appliquer toutes ces choses. Et, comme je reconnais qu'il y a un certain corps entre les autres, qui est mu, dès que mon âme souhaite qu'il le soit ; que d'ailleurs il n'arrive presque aucun changement en ce corps, dont mon esprit ne s'aperçoive ; et que je ne me puis empêcher d'avoir ces perceptions, je dois conclure que ce corps est uni à mon esprit, et tant que ce rapport qui se trouve entre quelques-uns de ses mouvements et de mes pensées, durera, je devrai croire que leur union dure.

Cela posé, je n'ai plus qu'à faire réflexion sur ce qui m'arrive à cause de cette union. Et, pour le connaître, il faut que j'examine si certaines choses que j'éprouve tous les jours en moi, et que je n'ai point mises au rang de celles qui m'appartiennent, comme étant un esprit, ou de celles qui m'appartiennent comme étant un corps, sont telles qu'en effet elles ne me
98 pussent convenir, si je n'avais à la fois un | corps et une âme. Car, si entre toutes celles que je n'ai pas encore examinées, il s'en trouve quelqu'une qui pût m'appartenir, si je n'avais qu'un corps, ou si je n'avais qu'une âme, il ne faudrait point croire qu'elle ne vint de ce que j'ai l'un et l'autre ensemble. Mais, si elles sont telles que le corps seul, ou l'âme seule, n'en puisse être la cause toute entière, il faudra l'attribuer à leur union.

Pour commencer cette discussion, et la faire aussi exactement que le sujet le mérite, je considèrerais qu'en observant les divers changements qui arrivent dans mon corps, j'ai reconnu qu'il n'a besoin que de son étendue, de la figure de ses parties, de leur arrangement, et de la disposition de ses organes, pour être nourri et pour être mû. En effet j'ai trouvé que la nourriture du corps ne se fait que par l'addition de quelques parties du sang, qui s'étant échauffé dans le cœur est porté par les artères en différents endroits. Que de tout le sang qui coule dans les artères, il n'en demeure précisément en chaque membre que celles qui sont propres à l'augmenter, et que si ces parties du sang s'arrêtent si justement où elles peuvent servir, ce n'est pas par un choix qu'elles fassent, mais seulement parce qu'étant toutes de très différentes figures, et tendant à sortir des artères à cause qu'elles sont incessamment poussées par le nouveau sang qui sort du cœur, il faut nécessairement que chacune s'échappe dès qu'elle trouve des pores ajustés à sa figure. Et, comme l'Auteur, à qui je dois la structure de mon corps, a fait les
99 pores de mes artères différents, | selon la différence des membres où elles se trouvent, il faut nécessairement, et selon les lois de la Mécanique, qu'il ne demeure en chacun que les particules qui lui sont propres.

De même, j'ai trouvé que le mouvement ne se fait que par les plus délicates parties de ce même sang, qui étant plus échauffées que les autres, montent au cerveau, où, forçant des passages étroits, et se démêlant de toutes celles qui sont plus grossières, elles composent les esprits qui coulent, selon qu'ils sont diversement dirigés, tantôt par un nerf, et tantôt par un autre, dans les différents muscles qui peuvent servir ou à reculer mon corps, ou à l'approcher de certains endroits, selon qu'il lui est convenable.

Mais il me semble que, pour concevoir cela plus distinctement, j'ai besoin de faire encore ici quelques réflexions. Et premièrement que mon cerveau est d'une substance assez molle pour recevoir avec facilité différentes impressions, mais que cette substance, toute molle qu'elle est, n'est pourtant pas si fluide, qu'elle n'ait quelque consistance.

Secondement, que mes nerfs, n'étant qu'un allongement de mon cerveau dont la substance et les enveloppes sont étendues jusqu'aux extrémités de mon corps, tout ce qui l'environne ne peut toucher leurs bouts extérieurs qu'aussitôt leurs autres bouts intérieurs ne soient ébranlés dans le cerveau, et que cet ébranlement est différent au dedans, selon que les objets poussent diversement les parties au dehors.

En troisième lieu, que les esprits qui remuent dans | mon cerveau, 100
comme les vapeurs de quelque liqueur enfermée dans un Eolipyle[1] sont diversement agités, selon que le cerveau est diversement ébranlé.

En quatrième lieu, que selon que cette agitation des esprits est différente, ils vont heurter tantôt un endroit du cerveau, et tantôt l'autre, et que, selon la disposition des pores, ils s'insinuent dans un nerf, ou dans un autre, qui les conduit dans les muscles du bras, dans ceux du pied, ou de toute autre partie, qui répond aux endroits par où ils sont sortis du cerveau.

Ce que c'est que voir, à ne considérer que le corps[2]. Ainsi, lorsque les rayons du soleil, ou ceux d'un flambeau réfléchissant d'un objet

1. Sur les Eolipyles (« boules de métal creuses contenant de l'eau, et qui, chauffées, donnent un jet continu de vapeur »), voir Descartes, *Lettre à Mersenne,* 25 février 1630, AT, I, 118-119, 124; *Lettres à Plempius,* 3 octobre 1637, AT, I, 430, et 15 février 1638, p. 528; *Lettre à Mersenne,* 2 février 1643, AT, III, 612; *Lettre à Huygens,* juin 1645, AT, IV, 224; *Les Météores,* AT, VI, 265-267.

2. L'union de l'âme et du corps se laisse apercevoir par la finalité qui s'exerce au cœur des fonctions corporelles. Ces fonctions illustrent l'importance de l'utilité, laquelle est relative à l'homme dans son entier; elles impliquent la conservation de soi, *i. e.* la considération, et la discrimination, de ce qui convient, et de ce qui est nuisible, à la conservation de soi. Cette finalité témoigne de l'attachement naturel, et de l'intérêt vital, que l'âme d'un homme a pour son propre corps. Descartes souligne, dans le cadre de l'interaction psycho-physiologique, que c'est l'âme qui sent et non le corps, et comment, en tant qu'unie au cerveau, elle a toutes ses

s'insinuent dans mes yeux, et vont ébranler les filets du nerf optique, qui sont répandus dans la rétine, cet ébranlement de chaque filet passant de l'extrémité du dehors à celle du dedans y remue le cerveau diversement, selon que l'objet est nuisible ou convenable à mon corps.

De sorte que, s'il est nuisible, l'ébranlement est tel que, suivant la proportion que son admirable Ouvrier a mise entre lui et tous les autres corps, les esprits dont il est plein l'ouvrent par les endroits répondant aux muscles qui servent à transporter mon corps, de manière qu'il se détourne de l'objet. Au contraire, si l'objet est utile, le cerveau s'ouvre par les endroits qui laissent couler dans les muscles des esprits propres à transporter mon corps vers cet objet.

Ce que c'est qu'ouïr. De même, si l'air qui est diversement agité, selon
101 | la différence des corps qui le poussent en se poussant les uns et les autres, venant à rencontrer la membrane qui est tendue dans le fond de mon oreille, excite les nerfs qui y répondent d'une certaine manière, mon cerveau s'ouvrira de sorte que les esprits couleront, où il est besoin qu'ils aillent, pour approcher ou reculer mon corps de ceux dont le frappement a donné cette agitation à l'air.

Ce que c'est qu'odorer. Je conçois aussi que, si certaines petites particules se détachant des roses, s'insinuent dans les narines et vont émouvoir certaines parties du cerveau qui répondent à l'os cribleux, le cerveau, les esprits, et les muscles pourront être incontinent disposés de sorte que tout le corps avancera vers les lieux où sont les roses.

Ce que c'est que toucher. – Ce que c'est que goûter. Enfin il pourra être que, sans l'entremise de la lumière, de l'air, ou des petites particules, les corps qui environnent le mien, en émouvant les parties par eux-mêmes, et en ce cas, selon les différentes émotions qu'ils causeront au dehors, et qui se continueront par l'entremise des nerfs jusqu'au dedans du cerveau, il s'ouvrira diversement, selon qu'il sera nécessaire, ou de s'unir plus fortement à ces objets, ou de les rejeter, soit que ces corps touchent à la langue et au palais, ou à quelques extrémités du corps.

sensations. Il fournit des analyses précises des processus physiologiques, qui font la part belle à la description des nerfs et aux dispositions du cerveau. Voir *Dioptrique,* IV, AT, VI, 109-114, et aussi les *Principes,* IV, art. 189-199, AT, IX-2, 310-318 ; et le *Traité de l'homme,* AT, XI, 142-145 (le toucher), 145-147 (odorat), 149-151 (ouïe), 151-163 (vue). De telles analyses permettent à Cordemoy d'être en position de traiter du sentir en considérant le corps séparément.

Que si les objets, qui agissent sur le cerveau, n'y font aucune impression considérable, cela ne changeant rien à la situation de ses parties, il ne s'ouvrira en aucun endroit qu'en ceux qui ont coutume de l'être pour le chemin des esprits qui servent à faire | battre le cœur et toute la poitrine. Et 102
le reste des esprits, demeurant dans les cavités du cerveau, ils y tourneront comme des vapeurs enfermées dans un Eolipyle qui sont toujours prêtes à s'échapper par quelque ouverture qu'on leur fasse.

Et ces choses sont si nécessaires, qu'elles doivent toujours arriver ainsi, si ce n'est que les particules du sang, qui montent du cœur au cerveau, soient plus solides, ou plus échauffées, ou d'une autre figure qu'il ne faut. Car en ce cas, les parties du cerveau, en étant trop ébranlées, ne les peuvent contenir, et les laissant couler tumultuairement dans un muscle, et puis dans un autre, agitent tout le corps d'une manière qui ne l'approche ni ne l'éloigne plus des autres corps, selon qu'ils lui sont nuisibles ou convenables, mais selon que les esprits ont pris leurs cours par les passages du cerveau qu'ils ont forcés dans les muscles les plus proches.

Jusqu'ici, il me semble que tout ce que j'ai observé de mon corps lui pourrait arriver par la seule construction de ses parties, et par le rapport qu'il a avec les autres corps de l'Univers.

Ainsi je pourrais *voir,* c'est-à-dire avoir le cerveau ému par les rayons qui réfléchiraient des objets.

Je pourrais *ouïr,* c'est-à-dire avoir le cerveau ému par l'air qui serait poussé par des corps qui le frapperaient.

Je pourrais *odorer,* c'est-à-dire avoir le cerveau ému par les particules qui s'évaporeraient ou s'exhaleraient de certains corps.

| Je pourrais enfin *goûter et toucher,* c'est-à-dire avoir le cerveau ému 103
par ce qui remuerait les parties de ma langue ou de ma main, et n'avoir que du corps.

Ce que c'est que la faim à ne considérer que le corps. Je pourrais aussi *avoir faim,* c'est-à-dire que certaines artères pourraient laisser couler une eau coupante comme de l'eau-forte dans le fond de mon estomac laquelle, picotant ses membranes, exciterait le nerf qui y répond, et ensuite le cerveau, de la manière qu'il le doit être pour laisser couler des esprits dans les muscles propres à transporter mon corps du côté où seraient les aliments, qui d'ailleurs pourraient émouvoir en même temps mon cerveau par l'entremise des yeux ou du nez.

Ce que c'est que la soif. Je pourrais aussi *avoir soif,* c'est-à-dire que certaines exhalaisons sèches sortant des choses qui sont renfermées dans mon estomac, et quelques fois des artères situées le long de l'œsophage pourraient s'attacher à la membrane qui s'étend depuis la bouche jusqu'à l'estomac, et me dessécher le gosier de sorte que les nerfs qui y répondent, agités pendant cette sécheresse d'une autre façon qu'il n'est convenable à mon corps, pourraient exciter mon cerveau aux endroits répondants aux muscles, dont l'action le peut conduire vers l'eau, ou vers les autres liqueurs, qui peut-être en même temps émouvraient mon cerveau par l'ébranlement qu'elles causeraient aux nerfs des yeux, du nez, ou de quelque autre partie de mon corps.

Je pourrais, dis-je, avoir toutes ces choses, et n'avoir que le corps.

104 | Mais il n'est pas possible (ce me semble) que je les sente, et que je m'en aperçoive dès qu'elles arrivent sans avoir une âme, et sans que cette âme soit unie au corps que je nomme le mien.

Et afin d'examiner bien ceci, je commencerai par les choses que je sens le plus vivement et le plus distinctement pour en appliquer les notions à celles qui pourraient être plus confuses et qu'ainsi je sois moins en danger de me tromper.

La douleur. Si j'ai de la *douleur,* lorsqu'on me pique au bout du doigt, je ne puis dire que cela vienne simplement de ce que je suis un corps. Car, si je n'étais que cela, je pourrais à la vérité avoir le bout d'un doigt entrouvert, le dérangement de ses parties pourrait être assez grand pour faire passage au sang des veines et des artères qui y aboutissent, et les nerfs qui s'y étendent, en étant ébranlés, pourraient communiquer un mouvement violent et convulsif à mon cerveau, y troubler le cours des esprits, et les faire couler dans des muscles qui feraient faire d'étranges mouvements en tout mon corps. Je conçois même que les esprits pourraient enfler les muscles de la poitrine, de sorte que comprimant le poumon, ils en chasseraient tout l'air par la trachée artère, qui, selon qu'elle serait plus ou moins ouverte, pourrait causer des sons plus ou moins aigus. Mais cela n'est pas sentir.

Aussi si je n'avais qu'une âme, je pourrais bien m'apercevoir de tout ce qui se passe dans le corps que je viens de décrire, sans prendre aucune part à
105 la destruction de ce corps, et n'ayant aucun intérêt à sa | conversation, j'en connaîtrais le désordre, comme celui de quelque autre machine, sans en recevoir aucune altération fâcheuse. Et cela n'est pas sentir la douleur.

Mais, il est certain que, si par la puissance qui a fait ce corps et cette âme, ils sont en telle disposition, qu'il y ait un rapport nécessaire entre les pensées de l'une et les mouvements de l'autre, en sorte que cette âme ait intérêt que les mouvements de ce corps soient toujours justes, et les organes qui y servent, bien ordonnés, elle ne pourra s'apercevoir de l'état violent, ou contraire à l'économie de ce corps, qu'avec douleur.

Ainsi, si je sens de la douleur, ce n'est pas parce que j'ai un corps seulement, mais parce que l'un et l'autre sont unis [1].

La volupté. Il en est de même de la volupté par la raison contraire.

Le chatouillement. Quant au chatouillement, la manière dont il arrive m'en fait connaître la cause, car je vois que quand la même pointe, qui en entrant dans l'une de mes lèvres, me ferait de la douleur, passe dessus comme en coulant, et sans y appuyer, je sens cela avec des émotions telles qu'on les a, lorsqu'on voit un mal fort prochain, mais dont on croit être à couvert. En effet cette pointe semble menacer le corps de le détruire par l'endroit auquel elle est appliquée, et le mouvement du cerveau qui commence d'en être ébranlé fait craindre à l'âme ce qui pourrait lui causer une extrême douleur, mais tout aussitôt cette | pointe, quittant l'endroit **106**
qu'elle menaçait, pour passer à un autre, et ainsi de suite, est cause (par ces petits ébranlements qu'elle fait en différentes parties du cerveau, au lieu de ceux que l'âme appréhendait) que l'âme conçoit une volupté contraire au mal dont elle était menacée. Et c'est ce qu'on appelle *chatouillement,* qui peut être causé non seulement par une pointe mais par une humeur, ou autre liqueur qui s'épandra sur une membrane. Enfin toute matière, dont les parties ont des figures et des mouvements tellement proportionnés à l'état du corps, qu'elle ne les pique ou ne les meut qu'autant qu'il faut pour faire craindre la douleur, et pour ne la pas faire sentir, causera le chatouillement qui n'est autre chose que le plaisir que l'âme a de voir que ce qui meut le corps, pour lors n'agit pas aussi fort qu'il serait nécessaire pour le détruire, ou de ce que le corps est assez robuste pour y résister. Souvent il arrive que, pour perpétuer ce plaisir, on frotte l'endroit où quelque humeur chatouille, ce qui, lui causant un plus grand mouvement, cause d'abord un sentiment un peu plus fort, c'est-à-dire une volupté plus sensible. Mais enfin le mouvement devenant trop grand va jusqu'à la douleur, d'où vient que dans les démangeaisons, si on se gratte, on ne saurait éviter une extrême cuisson.

Le sentiment de la faim et de la soif. Maintenant il m'est aisé de reconnaître de la faim et de la soif les mêmes choses que j'ai reconnues de

1. Voir les textes de Descartes qui font du plaisir et de la douleur la marque de l'union de l'âme et du corps, en particulier la *Sixième Méditation,* AT, IX, 64. Voir aussi sur la faim et la soif, *Lettre à Newcastle,* octobre 1645, AT, IV, 326-328 et *Traité de l'homme,* AT, XI, 163-167 ; sur le chatouillement, *Traité de l'homme,* AT, XI, 144, *Passions de l'âme,* art. 94, AT, XI, 398-399.

la douleur et de la volupté. Car il est certain que, si je n'avais que le corps,
107 cette liqueur qui coule des | artères pour picoter les membranes de l'estomac, ou ces exhalaisons qui dessèchent le gosier, pourraient faire tous les effets qu'elles produisent sur le cerveau, et l'obliger à s'ouvrir vers les endroits les plus convenables pour faire que les esprits passant dans les nerfs allassent dans les muscles, dont l'action peut transporter le corps vers les aliments ou vers l'eau, mais cela n'est pas sentir. D'ailleurs une âme pourrait s'apercevoir que tous ces mouvements, soit de l'estomac, soit des esprits, soit de tout le corps, sans y prendre part, et cela n'est pas sentir la faim. Mais quand mon âme, qui prend tant d'intérêt à tout ce qui peut conserver mon corps en état d'être mû commodément, s'aperçoit qu'il a besoin d'aliment pour réparer les esprits dissipés, ou de rafraîchissement pour les calmer, ou enfin d'une liqueur qui fasse couler certaines parties trop arrêtées, elle ressent une espèce de mal qui est différent selon qu'il est causé par le défaut du manger, ou par celui du boire.

Or je dois d'autant plus considérer ces effets de la faim et de la soif que je crois que les aliments sont les causes des premières passions que mon âme ait ressenties depuis qu'elle a été unie au corps. Et, pour le connaître, il faut que je fasse un peu de réflexion en cet endroit sur toutes les choses dont il me semble que celle-ci peut être déduite.

Il est certain en premier lieu que l'union d'un corps et d'une âme ne consiste qu'en ce qu'il y a un rapport si nécessaire entre certaines pensées
108 de cette | âme, et certains mouvements de ce corps, que les uns doivent nécessairement suivre les autres [1].

De cette première observation, il suit que mon âme n'a pu être unie à mon corps, que lorsque mon cerveau a eu déjà la meilleure partie de l'arrangement, qui le devait rendre propre à ces mouvements.

Il est certain, en second lieu, qu'à ne considérer que le corps, il n'y a que deux choses qui puissent causer les différents mouvements du cerveau ; savoir la différence des esprits qui y montent incessamment du cœur, ou

1. *Cf.* Malebranche, *Recherche de la Vérité,* Livre I, chap. V, § I, *OC,* I, p. 70-71 : « Car l'union de l'âme et du corps consistant principalement dans un rapport mutuel des sentiments avec les mouvements des organes » ; voir aussi Louis de La Forge, *Traité de l'esprit de l'homme,* chap. XIII, p. 210 : « Nous disons donc généralement parlant, que l'union de l'esprit et d'un corps consiste dans une mutuelle et réciproque dépendance des pensées de l'un et des mouvements de l'autre et dans le commerce mutuel de leurs actions et passions, soit que ce soit la volonté de l'esprit qui est uni qui l'ait obligé à cette dépendance, soit qu'un autre l'y ait astreint ». Voir aussi, dans *La Logique ou l'art de penser,* Première partie, chap. IX, ce que Arnauld et Nicole écrivent à propos de la douleur, éd. Clair et Girbal, p. 70 *sq.* ; éd. de Lausanne, p. 156 *sq.*

celle des objets qui en agitant les nerfs des extrémités transmettent leur action dans le cerveau.

Par cette seconde observation, il est évident que si mon corps a été d'abord dans un lieu, où la différence des objets ne puisse rien changer dans le cerveau par leur action (comme j'ai occasion de le croire par des raisons que je n'examine pas maintenant), mon cerveau n'a pu être disposé comme il l'était quand mon âme a commencé d'y être unie que par le cours des esprits, et que ces esprits ne l'ont bien ou mal disposé qu'autant qu'ils ont été, ou convenables, ou nuisibles à tout le corps.

Cela posé, je conçois nettement que rien ne pouvant être plus convenable, ou plus nuisible à mon corps, avant qu'il fût uni à l'âme que ce qui servait à le nourrir, mon cerveau n'était jamais mieux disposé que lorsque quelque bon aliment, ou quelque sang louable passait dans le cœur. Car alors il versait dans les artères de quoi porter partout une bonne
| nourriture, et n'envoyait au cerveau que des esprits convenables qui [XIV], y 109
tournoyant, n'ont rencontré aucun endroit dont les pores fussent ajustés à leur figure, que ceux qui répondaient aux muscles voisins des parties, d'où ce bon aliment ou ce sang louable venait dans le cœur, si bien qu'ils ont coulé dans les muscles et les ont enflés comme ils le devaient être pour épreindre ces parties, et faire couler vers le cœur le suc dont elles étaient pleines.

Je conçois de même que si cet aliment ou ce sang ont été mauvais, un effet tout contraire a dû arriver, c'est-à-dire que le cerveau étant plein d'esprits différents de ceux dont je viens de parler, soit par la grosseur, soit par la figure, ou par l'agitation, était ouvert en d'autres endroits et laissait couler ces esprits en d'autres muscles.

Enfin je conçois que quoi que ces effets fussent différents, selon que leurs causes étaient différentes, néanmoins toute la fabrique du cerveau se rapportant à toutes les autres parties, autant qu'il est nécessaire pour la conservation de tout le corps, les esprits devaient couler vers les parties d'où venait l'aliment ou le sang, tantôt pour faire en les épreignant, qu'elles en envoyassent davantage s'il était bon, et tantôt pour faire, en comprimant les passages, qu'elles en envoyassent moins s'il était mauvais [1].

La cause des premières passions de l'âme. Et voilà ce qui devait nécessairement arriver par la seule construction du corps. Mais quand

1. Sur les esprits animaux venant des objets et sur le rôle de la glande pinéale, voir la *Lettre à Meyssonier,* 29 janvier 1640, AT, III, 18-20 ; sur ceux qui viennent du cœur, *Lettre à Élisabeth,* 6 octobre 1645, AT, V, 312-313.

110 l'âme a | commencé d'y être unie, il est évident que cette bonne ou mauvaise disposition du cerveau n'a pu arriver qu'elle ne l'ait sentie, et qu'en même temps elle n'ait éprouvé une volupté, ou une douleur, telle que maintenant elle la sent, lorsqu'il arrive quelque chose qui peut être utile ou nuisible au corps. Peut-être même en a-t-elle eu pour lors un sentiment plus fort qu'elle ne l'éprouve à présent, parce qu'elle était moins divertie par les objets. Outre cela, comme elle s'est fort intéressée en tout ce qui concernait le corps, dès les premiers moments de leur union, elle a sans doute voulu, selon que cet état était bon ou mauvais, tout ce qui pouvait faire qu'il continuât ou qu'il cessât. Et, comme pour lors tous les mouvements différents, à l'occasion desquels elle avait de fâcheuses ou d'agréables sensations[1] venaient seulement (comme je viens de remarquer) de la différence des esprits, elle ne souhaitait rien que ce qui pouvait, ou les changer, ou les entretenir, et par ce rapport si nécessaire, qui se trouve entre ses volontés et les mouvements du cerveau, il était disposé par la puissance qui les unit, comme il fallait qu'il le fut, pour laisser couler les esprits dans les muscles voisins des parties, d'où l'aliment ou le sang venait au cœur, afin de l'en exprimer, ou de l'y retenir, tellement qu'outre la disposition naturelle de tout le corps, qui seule pouvait produire cet effet, et qui le produisait avant que l'âme y fût unie, cette volonté de l'âme qui y est survenue, a été une nouvelle occasion au cerveau de s'ouvrir, et aux esprits
111 | de couler dans les muscles des parties, d'où venait l'aliment ou le sang, afin de presser ou de retarder son cours, selon qu'il était salutaire pour tout corps. Ce doit être là sans doute la véritable cause de ses premières passions, et cela posé, je n'en vois aucune dont il me semble facile d'expliquer la naissance et les effets.

L'Amour. Ainsi la première fois que mon âme a senti l'Amour comme une passion, depuis qu'elle est unie au corps, cela a été lorsqu'il a passé dans le cœur un nouvel aliment, dont les particules montant au cerveau n'ont composé que des esprits louables. Car alors elle s'est unie de volonté à cet aliment, c'est-à-dire elle a voulu qu'il continuât de couler dans le cœur, et pour cet effet les esprits ont couru dans les muscles de l'estomac,

1. Il faut remarquer, comme l'indiquent Clair et Girbal (*cf.* CG, n. 14, du Discours sixième, p. 328) que nous avons affaire ici à un des premiers emplois du mot français « sensation » associé à des tonalités affectives agréables ou désagréables. Descartes n'emploie pas ce terme ; quand il est question de phénomènes psycho-physiologiques affectifs, il utilise « sens », « sentiment », ou parfois « perception », souvent alors qualifiée de « confuse ». Les cartésiens ont contribué à fixer l'usage du terme de « sensation » dans la langue française, à partir des années 1670.

des intestins, et de tous les conduits de la chyle, et l'ont fait couler abondamment vers le cœur [1].

Ce qu'on doit entendre par le mot Passion. Je ne pense pas me tromper lorsque je dis que c'est la première fois que mon âme a ressenti l'Amour comme une passion. Car je conçois bien qu'étant séparée du corps, elle pourrait aimer beaucoup, et même infiniment sans que cela se dû appeler passion, mais je crois devoir ici donner ce nom qu'aux altérations que mon âme souffre à cause du corps. Je crois même ne le devoir pas donner indifféremment à toutes les sensations, bien que toutes soient des changements qui arrivent en elle à cause du corps, et quoique ce mot de *passion* doive, étant pris généralement, signifier jusqu'aux moindres | changements, **112**
néanmoins on ne l'entend ordinairement que des plus considérables tels que sont ceux qui arrivent en l'âme par la subite agitation des esprits [2].

D'ailleurs, je dis que quelque bon aliment a du être la première cause de cette passion, et non pas un sang louable ; nommant ici aliment ce qui passe dans le cœur pour la première fois et sang ce qui a déjà circulé.

Et il ne faut pas s'étonner de ce qu'elle souffre de plus grands changements, lorsque les esprits sont agités, que quand les nerfs sont simplement excités par les objets. Car cette agitation des esprits intéresse tout le corps qui ne reçoit ses mouvements que d'eux, et comme c'est à ces mouvements que les pensées de l'âme ont ce rapport qui fait toute son union avec le corps, il n'est pas étrange que les changements qu'elle

1. À propos de la genèse des passions dans la vie intra-utérine, voir Descartes, la *Lettre à Chanut,* 1er février 1647, AT, IV, 604-606. L'analyse de Cordemoy est calquée sur cette *Lettre,* mais son but s'éloigne de celui poursuivi par Descartes. Cordemoy montre en effet que l'âme est unie au corps pour la conservation duquel elle a diverses passions. Il concentre son intérêt sur l'utilité et sur la nocivité de l'aliment dans la vie fœtale, utilité et nocivité que l'âme ressent dès qu'elle est unie au corps dans le ventre de la mère. Descartes développe pour sa part sa psychophysiologie des passions. Il entend rendre compte de leur genèse et éclairer les origines de l'être humain. Nous renvoyons chaque passion décrite par Cordemoy aux analyses similaires de Descartes ; en effet, leur physiologie des passions est sensiblement la même. Mais Descartes développe en outre une psychophysiologie des passions orientée par la réflexion sur leur maîtrise, ouverte sur la dimension morale de la vie affective ; comme le dit l'article 212 des *Passions de l'âme,* d'elles seules dépend tout le bien et tout le mal de cette vie, et leur valeur est liée au fait que « les hommes qu'elles peuvent le plus émouvoir sont capables de goûter le plus de douceur en cette vie ».

2. Cordemoy donne une définition des passions qui ressemble plutôt à celle de Malebranche qu'à celle de Descartes, cf. *Passions de l'âme,* art. 27-29, AT, XI, 349-350. La définition de Malebranche est quant à elle résolument occasionaliste : « J'appelle ici passions toutes les émotions que l'âme ressent naturellement à l'occasion des mouvements extraordinaires des esprits animaux et du sang » (*Recherche de la Vérité,* Livre V, chap. I, *OC,* II, 127).

souffre à l'occasion des esprits soient les plus considérables de tous ceux qui peuvent arriver en elle.

Mais, pour entendre ceci, il faut remarquer que tout ce qui entre de nouveau dans le corps n'en fait point encore partie tant qu'il demeure dans les viscères qui ne servent qu'à préparer sa nourriture. Par exemple, un bouillon ne fait non plus partie de l'estomac quand il y est descendu, qu'il le faisait du pot dont on l'a tiré, et s'il y reçoit quelque changement par les matières qui s'y mêlent, ou par la chaleur des entrailles, il est certain que la
113 même chose lui pourrait arriver en tout autre vaisseau. On en peut dire | de même, lorsqu'il a passé dans les veines lactées, et enfin dans ce conduit qui le mène jusqu'au cœur. Mais, quand il a passé dans le cœur et qu'il y a reçu un dernier changement qui l'a rendu propre à réparer les organes ou les esprits, il commence à devenir une partie nécessaire et véritable du corps. D'où il résulte que, tandis qu'il est dans l'estomac, dans les veines lactées, et dans le conduit du chyle, on ne peut pas dire qu'il soit effectivement uni à l'âme, mais elle peut bien s'unir de volonté à cet aliment, c'est-à-dire vouloir qu'il devienne effectivement une partie du corps, auquel elle est déjà unie, au lieu qu'elle n'a pas occasion de vouloir la même chose à l'égard du sang qui a circulé, car, comme il lui est uni autant qu'il peut l'être, elle n'a pas sujet de s'unir à lui de volonté, et ainsi, s'il est capable de lui causer quelque passion, ce doit être une autre passion que l'amour.

Je dis enfin que s'étant unie de volonté à cet aliment, c'est-à-dire, (suivant la nature de l'amour qui fait que l'on veut toutes choses convenablement à ce qu'on aime), ayant voulu que cet aliment, qui était convenable au corps qu'elle aime, continuât de couler dans le corps, il est arrivé que les esprits ont couru dans les muscles de l'estomac et des conduits, par où les choses qui arrivent de nouveau dans le corps, ont coutume d'aller au cœur, pour en faire couler le suc avec plus d'abondance, ce qui me semble assez clair pour n'avoir pas besoin de m'y arrêter davantage. Mais je dois prendre
114 garde que, comme ce | suc n'était point encore entré dans le cœur, ses parties étant plus grossières et moins atténuées que celles du sang qui a déjà circulé, elles ont dû s'y mouvoir avec plus d'effort. Ainsi la chaleur a dû croître en l'estomac, et même en la poitrine, à cause des conduits par où le nouveau sang est obligé de passer, suivant l'ordre de la circulation, pour aller du ventricule droit au ventricule gauche du cœur.

Enfin, comme toute la liaison du corps et de l'âme (suivant ce que j'ai dit et qui ne peut trop se répéter) consiste dans le rapport des pensées de l'une et des mouvements de l'autre, et que ce rapport est tel que dès qu'une pensée a été jointe à un mouvement du cerveau, jamais l'âme n'a cette pensée, par quelque occasion que ce soit, que ce mouvement ne soit excité de nouveau, il s'ensuit que le [XV] premier amour, ayant eu pour objet un suc alimentaire, dont le cours ne pouvait continuer sans les mouvements du cerveau, de l'estomac, des intestins, du cœur et de la poitrine, ces mêmes mouvements ne manquent point d'être excités dans le corps, dès que l'âme ressent la même passion, pour quelque objet qu'elle la ressente.

En effet, on sent en cet état que le battement du pouls est plus grand et plus égal que de coutume, qu'une douce chaleur coule dans la poitrine, et que la digestion se fait promptement dans l'estomac. Ce qui arrive, parce que le nouveau suc étant poussé avec force de l'estomac et des intestins, le cœur envoie du sang dont les parties sont plus grossières et plus agitées qu'à l'ordinaire dans toutes les artères, d'où | vient que le pouls est plus 115
grand. Mais, comme les parties de ce nouveau suc sont plus égales que celles du sang ordinaire, par les raisons que j'expliquerai incontinent, le pouls des artères est égal. Enfin il est évident que le cœur envoyant pour lors des esprits plus forts et plus agités vers le cerveau, ces esprits y doivent fortifier l'impression de l'objet aimé, c'est-à-dire, qu'étant propres à faire continuer la disposition du cerveau, qui accompagne la passion où est l'âme quand elle aime quelque objet, ils font que la pensée de l'objet se fortifie et que l'âme s'y arrête davantage. Ainsi, tant que l'âme est unie au corps, elle ne peut aimer aucun objet, qu'aussitôt les esprits du cerveau, et les autres parties du corps, qui ont la première fois excité en elle une semblable pensée ne soient excités par cette pensée et ne servent ensuite à la fortifier.

La haine. Que si quelquefois, au lieu d'un bon aliment, il est venu de l'estomac et des veines lactées un suc dangereux au cœur et au reste du corps, il faut considérer que quand même il n'y a eu que le corps, le cerveau s'est disposé de sorte que quelques esprits ont coulé vers les muscles de ces mêmes parties, non plus comme il fallait pour les épreindre et en faire couler le suc vers le cœur, mais au contraire, pour empêcher que ce mauvais suc y fût porté, et souvent pour faire que l'estomac s'en déchargeât en le vomissant (ce qui pourtant n'a pu arriver dans ces premiers temps) tandis que d'autres esprits ont coulé vers les petits muscles voisins de la rate, et vers la partie | inférieure, où est la bile, tellement que le sang et l'humeur de 116
ces deux parties en sont sortis avec abondance, et se mêlant au sang du rameau de la veine cave dans le cœur, ils ont causé de grandes inégalités dans ses battements et dans le pouls des artères, car le plus gros sang de la rate, s'échauffant difficilement, et celui du fiel s'échauffant fort vite, ils ont dû produire des esprits fort inégaux, et des mouvements extraordinaires dans le cerveau.

Or ces mouvements qui, lorsqu'il n'y avait que le corps, étaient excités dans le cerveau à l'occasion d'un mauvais aliment, n'y ont pu être excités, quand l'âme a été unie au corps qu'elle n'en ait eu une fâcheuse sensation, ou qu'elle n'ait eu de la haine pour cet aliment, c'est-à-dire qu'elle ne s'en soit séparée de volonté, et n'ai voulu tout ce qui pouvait empêcher qu'il ne devint une partie du corps auquel elle est unie. Ainsi, outre la disposition naturelle du corps, suivant laquelle le cerveau se devait ouvrir aux endroits par où les esprits pouvaient couler dans les muscles, dont l'action pouvait empêcher que ce mauvais aliment ne vint jusqu'au cœur, ou faire que l'estomac s'en déchargeât, et vers les viscères, d'où il pouvait venir un aliment moins nuisible, il est arrivé lorsque l'âme a été unie au corps qu'elle a voulu que cela fût ; ce qui a fait que toutes choses s'y sont plus fortement disposées, à cause du rapport que les mouvements du cerveau ont avec ses volontés. Et cette pensée qu'elle a eue en cette première haine
117 s'est tellement jointe à tous les mouvements | qui l'ont excitée, que jamais ensuite il n'est arrivé à l'âme de haïr aucun objet que les mêmes mouvements ne soient excités dans le cerveau et dans tout le reste du corps.

Aussi est-il certain que dans la haine on a le pouls inégal, plus petit et souvent plus vite. On sent des froideurs entremêlées de chaleurs âpres et piquantes et loin de faire digestion, l'on se sent presque toujours sollicité à vomir[1].

La joie. Quant à la première joie, elle peut être arrivée de ce que le corps, n'ayant pas eu besoin d'un nouvel aliment, qui vint de l'estomac et des intestins, ni de celui que la rate ou la vésicule du fiel fournit lorsqu'il y a disette d'aliment, a pu subsister par le sang, déjà coulant dans les artères, et dans les veines. Car en cet état, par la seule disposition du corps, quelques esprits, au lieu de couler du cerveau vers les endroits répondants à l'estomac, aux intestins, à la rate et au foie, ont été vers les endroits des veines, et les ont pressées au sens qui était le plus propre pour faire couler vers le cœur le sang dont elles étaient pleines ; c'est ce qui est arrivé quand il n'y a eu que le corps.

Mais lorsque l'âme y a été jointe, une si belle disposition n'a pu être dans toute l'habitude du corps, et principalement du cerveau, que l'âme n'en ait eu de la joie, c'est-à-dire qu'elle n'ait eu cette extrême satisfaction que l'on a, quand on sait que rien ne manque à ce qu'on aime parfaitement,
118 et qu'il a en soi tout ce qui le peut conserver dans un état convenable | à sa

1. Sur la haine, voir par exemple Descartes, *Les Passions de l'âme,* art. 56, 84, 98, 103, 140, 142.

nature. Et enfin cette pensée de l'âme a été si bien jointe à cette disposition intérieure du cerveau, dans ce moment, que depuis l'âme n'a pu avoir de joie qui n'ait excité une semblable disposition dans le cerveau et de là dans tout le corps.

Aussi voyons-nous que dans la joie, les esprits, coulant vers les muscles qui sont auprès des veines et des parties extérieures, et non pas vers ceux des viscères, de l'estomac, du foi et de la rate, poussent tout le sang des veines vers le cœur, dont les orifices étant ouverts par d'autres esprits qui coulent par les nerfs qui y répondent, y laissent entrer le sang avec abondance. Et, comme ce sang a déjà passé plusieurs fois des artères aux veines, il se dilate plus aisément dans le cœur, et les esprits que le cœur envoie au cerveau sont plus égaux et plus subtils ; d'où vient que durant la joie le pouls est plus égal et plus vite qu'à l'ordinaire, sans être toutefois si fort ni si haut que dans l'amour, et l'on sent une chaleur agréable, non seulement dans la poitrine, comme en l'amour, mais partout à l'extérieur, où le sang est abondant. On a même pour l'ordinaire moins d'appétit à cause que sortant peu de choses des intestins et de l'estomac, et le sang qui est dans le corps, pouvant servir à sa nourriture et à l'entretien des esprits, il n'y a pas occasion d'appéter de nouveaux aliments [1].

La tristesse. La tristesse au contraire a pu venir de ce que le cœur ne recevant plus d'aliment de l'estomac et des intestins, parce qu'ils étaient vides, ni du sang des veines, parce qu'il y en avait peu dans tous le corps,
| les esprits ont coulé vers la rate et vers la vésicule du fiel, qui n'envoyant **119**
que des humeurs contraires à tout le corps, ont fait que quelques esprits coulant par les nerfs qui répondent au cœur en ont rétréci les orifices, afin qu'il n'y entrât de ce mauvais sang qu'autant qu'il en fallait pour entretenir la vie.

C'est ce qui a pu arriver quand il n'y a eu que le corps, mais lorsque l'âme y a été jointe, une si mauvaise disposition n'a pu être dans toute l'habitude du corps, et principalement du cerveau, que l'âme n'en ait eu de la tristesse, c'est-à-dire cette extrême fâcherie que l'on a quand on voit que presque tout manque à ce qu'on aime parfaitement, et qu'il n'y a presque rien en soi qui ne lui soit nuisible.

Et enfin, cette pensée de l'âme a été si bien jointe à cette disposition intérieure du cerveau, dans ce moment, que depuis l'âme n'a pu avoir de

1. Sur la joie, voir *Les Passions de l'âme,* art. 56, 91, 104, 109, 125 ; *Lettre à Chanut,* 1er février 1647, AT, IV, 600 ; *Lettres à Elisabeth,* mai ou juin 1645 et novembre 1646, AT, IV, 218 et 529-532.

tristesse pour quelque cause que c'ait été, qui n'ait excité une semblable disposition dans le cerveau, et de là dans tout le corps.

Aussi voyons-nous que dans la tristesse les orifices du cœur sont rétrécis, et que sans qu'il vienne que peu de sang des veines, il n'y a presque que la rate ou la vessie du fiel qui envoient leurs humeurs vers le cœur, et cependant les passages de l'estomac et des intestins demeurent ouverts, en sorte que ce qu'ils contiennent coule promptement vers le bas, sans passer en nourriture. D'où vient que quand on est triste, le pouls est lent et faible, on sent comme des liens autour du cœur qui le serrent et quelquefois des
120 glaçons qui le | gèlent, et qui communiquent leur froideur à tout le corps. Cependant on ne laisse pas d'avoir bon appétit, et de manger beaucoup, sans que l'on puisse engraisser, ce qui arrive lorsque l'on a simplement de la tristesse, et qu'il n'y a point d'autre passion mêlée à celle-là, comme la haine.

Il est évident par l'examen que j'ai fait de ces quatre passions, qu'elles n'ont été excitées la première fois que par des choses qui se passaient dans le corps même. Car on voit que leurs premières causes ont été, ou bien un nouvel aliment, qui selon qu'il était convenable ou nuisible, a disposé les esprits à courir aux parties d'où il venaient, soit pour lui faciliter un passage au cœur, comme dans l'amour, soit pour le lui fermer, comme dans la haine, ou bien le sang des veines qui, selon qu'il a été abondant, ou en petite quantité, a causé le différent cours des esprits vers les extrémités du corps, et vers les orifices du cœur, soit pour les élargir, comme dans la joie, ou pour les rétrécir comme dans la tristesse. Et par ce moyen, je vois clairement que les premières causes de ces quatre passions sont dans le corps même, et qu'il peut, sans être transporté d'un lieu en l'autre, en ressentir tous les effets [1].

Le désir. Mais le désir n'a pu naître que de ce qu'il a été nécessaire que le corps fût transporté du lieu où il était vers quelque autre, soit pour éviter quelque chose qui l'aurait détruit, soit pour l'approcher de quelque autre, qui pouvait servir à sa conservation. Et toutes les parties extérieures, ou
121 quelques unes | d'elles, ayant été ébranlées immédiatement par les corps environnants, ou par d'autres plus éloignés, ont ému le dedans du cerveau par le moyen des nerfs, de sorte que les esprits ont cessé de couler vers les intestins et vers l'estomac, d'où vient le nouveau suc, vers la rate et le foie,

1. Sur la tristesse, voir *Passions de l'âme,* art. 61, 69, 92, 100, 105, 110, 137 ; *Lettre à Pollot,* mi-janvier 1641, AT, III, 278 ; *Lettres à Elisabeth,* 18 mai 1645, 6 octobre 1645, mai 1646, AT, IV, 200, 304, 414.

d'où vient l'aliment au défaut de ce nouveau suc, et même vers les veines, d'où vient le sang le plus propre à l'entretien de la vie. Et[XVI] ces esprits ont été portés avec effort et en abondance dans tous les muscles qui servent à transporter le corps vers les endroits, où il lui est le plus utile d'être, ou à le mettre en la situation qui lui est la plus commode, et cela a pu être ainsi, quand même il n'y a eu que le corps. Mais, depuis que l'âme y a été unie, elle n'a pu être avertie par les impressions intérieures qu'avait fait dans le cerveau l'ébranlement des parties du dehors, qu'elle n'ait souhaité que le corps fût transporté vers les lieux, où il était besoin pour lui qu'il le fût, et qu'il quittât ceux où il ne pouvait demeurer sans péril. On a nommé *Désir* la pensée qu'elle a eu de suivre ce qui pouvait servir au corps, et *Crainte* celle qu'elle a eu d'éviter ce qui lui pouvait nuire ; l'un et l'autre pensée n'étant pourtant que la même, à vrai dire[1].

Et cette pensée de l'âme a été si bien jointe à la disposition intérieure, où était tout le cerveau dans le premier moment qu'elle a été excitée en l'âme, que depuis ce temps l'âme n'a pu avoir aucun désir pour quoi que ce soit qui n'ait excité une semblable disposition | dans le cerveau, et de là dans tout le 122
corps. Aussi voyons-nous que dans le désir, les esprits coulent avec effort vers les muscles qui servent à mouvoir tout le corps ; d'où vient que souvent, quoi que l'on ne croie pas pouvoir obtenir la chose qu'on souhaite, en allant vers l'endroit où l'on sait qu'elle est, néanmoins on est sujet à marcher comme pour y aller, ou si l'on se tient en une place, on sent d'extrêmes agitations au cœur, et les particules qui exhalent du sang qui s'y échauffe extraordinairement montent avec tant d'impétuosité au cerveau, et coulent si vite dans les muscles, qu'à peine se peut-on contenir.

Ayant ainsi distingué dans la douleur, dans la volupté, dans les chatouillements, dans la faim, dans la soif, et dans toutes les passions principales, comme sont l'amour, la haine, la joie, la tristesse, et le désir, ce qu'il y a de la part du corps et de celle de l'âme, il me semble reconnaître évidemment que s'il y a des corps au monde qui, sans être unis à des âmes, soient mouvants et mobiles (ce que je sais être possible, puisque je sais que mon âme ne cause ni la vie, ni les mouvements de mon corps) ces corps sans âmes pourraient avoir tous les mouvements de la douleur, de la volupté, du chatouillement, de la faim, de la soif, de l'amour, de la haine, de la joie, de la tristesse, du désir, et de la crainte, sans qu'il fût besoin qu'ils en

1. Cordemoy concentre son analyse du désir sur la recherche de l'utile, et la fuite devant le nuisible, et sur le mouvement corporel dans lequel l'homme poursuit ou s'écarte des objets. Sur le désir comme passion qui regarde vers l'avenir, voir *Passions de l'âme,* art. 57, 69, 86, 87, 88, 99, 101, 106, 111.

eussent les sentiments[1]. Mais, sans prévenir cette difficulté, qui commence à ne m'être plus considérable, et sans sortir sitôt de moi-même, je veux
123 tâcher de | reconnaître dans les autres effets qui proviennent de l'union du corps et de l'âme, ce qu'il y a précisément de l'un et de l'autre.

La vision. Dans *la vision,* par exemple, il est facile de concevoir que s'il n'y avait que le corps, les rayons du soleil, ou d'un flambeau, réfléchissant des objets d'une manière différente, pourraient exciter diversement les filets du nerf optique, qui sont répandus dans le fond de l'œil, et que cet ébranlement, continuant jusque dans le cerveau [XVII], lui donnerait aussi un ébranlement tel que, suivant le rapport que l'Ouvrier admirable qui l'a composé, a mis entre le cerveau et les objets qui entourent le corps, il s'ouvrirait en différents endroits selon qu'il serait à propos de s'arrêter en la présence de ces objets, ou de s'en approcher ou de les fuir, et tout cela se ferait sans apercevance, sans sentiment, et sans choix.

Mais lorsqu'une âme est unie au corps, comme il est de la nature de l'âme de penser, il est convenable qu'elle s'aperçoive des choses qui ont causé l'ébranlement du cerveau, qu'elle sente même quelque altération en elle, suivant que l'objet est utile ou nuisible au corps, et que choisissant ce qui est plus expédient au corps, elle souhaite qu'il demeure, ou qu'il soit transporté proche ou loin des objets, qu'elle aperçoit par son entremise.

Et il est bon de remarquer ici, que la sensation de l'âme en la vision, est tellement jointe à certains mouvements intérieurs du cerveau, que s'il y a
124 quelque chose qui arrête vers le milieu du nerf optique, | le mouvement que les rayons de la lumière ont causé dans les bouts de ce nerf qui sont au fond de l'œil, en sorte que les extrémités du même nerf qui sont au dedans du cerveau, n'en soient point ébranlées, l'âme n'aura point de sensation de lumière. Et c'est tellement à l'ébranlement de ces parties intérieures du cerveau que la sensation de la lumière est jointe, que si quelque chose ébranle ces parties intérieures du cerveau, tout aussitôt l'âme a les mêmes sensations qu'elle aurait en la présence du soleil, d'un flambeau ou d'un feu. Et en effet, lorsque quelqu'un se frappe rudement contre un mur dans

1. Parce que, selon Cordemoy, l'âme n'est pas la cause des mouvements du corps, et n'est pas non plus principe de vie du corps, l'examen des passions n'a pas fourni la preuve de l'union de l'âme et du corps. Les bêtes éprouvent de la peur, de la haine, de la joie ou de la tristesse, comme elles manifestent les mouvements de la faim, de la soif, la volupté ou le chatouillement, sans en avoir pourtant les sentiments. C'est pourquoi Cordemoy se tourne de nouveau vers les sensations ; autant celles qui nous préviennent de l'existence, et de l'utilité, ou du caractère nuisible, des corps extérieurs, que celles qui nous avertissent de l'état de notre propre corps, afin de déployer la finalité vitale, où se manifeste l'union de l'âme et du corps.

quelque lieu fort obscur, l'ébranlement que le coup donne à tout le cerveau, venant à émouvoir les parties à l'occasion du mouvement desquelles l'âme a la sensation de la lumière fait qu'elle a les mêmes sensations qu'elle aurait en la présence de mille chandelles.

Il faut encore observer une seconde chose, qui est que l'âme ne rapporte pas sa sensation à ce qui la cause immédiatement ; car si cela était, il est constant que toutes les sensations lui arrivant à l'occasion des mouvements intérieurs du cerveau, elle devrait toutes les rapporter aux parties intérieures du cerveau. Mais au contraire, il a été bon que l'âme rapportât ses sensations aux endroits d'où ces ébranlements ont coutume de procéder. Et, comme il est utile au corps que le cerveau puisse être ébranlé de loin par l'entremise des corps subtils qui sont entre lui et les objets, et d'être disposé ou à les fuir, ou à les aborder, selon qu'ils lui sont convenables ; de même il est | utile à l'âme de rapporter la sensation qui lui est causée par l'ébran- 125
lement des parties intérieures du nerf optique aux objets qui les ont excités par l'entremise des rayons.

Ce n'est pas que quelquefois cela ne soit fautif, comme nous l'avons vu par l'exemple de ceux à qui quelque grand coup fait voir des chandelles, et comme on le peut voir par l'exemple de ceux qui, en dormant, voient comme hors d'eux plusieurs objets qui ne leur sont pas présents. Car, encore que dans le premier exemple cela arrive parce que le cerveau est ébranlé par le coup, comme il le serait par des chandelles, et dans le second, parce que quelques esprits courant dans le cerveau ont ébranlé les parties, que les objets qu'on voit dans le songe ébranleraient, s'ils étaient présents, il est certain que rien ne pouvait être mieux ordonné que de faire que l'âme n'eût ses sensations qu'à l'occasion des mouvements intérieurs du cerveau, et qu'elle ne les rapportât qu'à ce qui les a causés.

Il était bon, dis-je, qu'elle n'eût ses sensations qu'à l'occasion des mouvements du cerveau, car tout ce qui agit sur les extrémités du corps, devant porter son action jusque-là, avant que les esprits puissent prendre aucun cours pour transporter le corps, selon qu'il lui est utile d'être transporté ; il était raisonnable que l'âme s'aperçût justement en cet instant de ce qui affecte le corps afin de pourvoir à ses besoins et qu'elle pût aider cette disposition organique et naturelle qu'il a pour sa conservation. Enfin il est bon qu'elle ne rapporte pas sa sensation à la partie | intérieure du 126
cerveau qui l'a excitée, mais à l'objet qui a été la première cause, comme en la vision, comme nous le verrons dans la suite [1].

1. Sur la vision, les rapports de l'union de l'union de l'âme et du corps, et sur les autres sens, voir *Traité de l'homme,* AT, XI, 143 *sq.* ; *Le Monde,* AT, XI, 1 *sq.* ; *La Dioptrique,* et en

L'ouïe. L'on peut connaître les mêmes choses dans *l'Ouïe* ; car il est certain que, s'il n'y avait que le corps, l'air battu d'une certaine façon par les corps qui se froissent, ou sortant diversement de plusieurs trous, pourrait frapper diversement la membrane de l'oreille, et cette membrane pourrait exciter le nerf de la cinquième conjugaison par un ébranlement qui, continuant jusqu'aux parties les plus intérieures du cerveau, le disposerait comme il serait à propos qu'il le fût pour le salut de tout le corps, en le faisant ouvrir aux endroits par où les esprits pourraient couler dans les muscles d'une manière à faire arrêter le corps, et à l'approcher ou le reculer des objets qui auraient été les premières causes de cet ébranlement dans le cerveau. Et tout cela se ferait sans apercevance, sans sentiment et sans choix.

Mais on conçoit que l'âme étant unie au corps, comme sa nature est de penser, il est convenable qu'elle s'aperçoive des choses qui ont causé cet ébranlement du cerveau, qu'elle sente même quelque altération en elle, selon que l'objet est utile ou nuisible au corps, et que choisissant ce qui est plus expédient au corps, elle souhaite qu'il en soit approché ou reculé. Enfin on voit qu'il est plus expédient à l'âme en cette sensation, aussi bien qu'en la vision, de la rapporter plutôt à l'objet, qui en est la première cause,
127 qu'à | l'ébranlement du cerveau qui l'a immédiatement excitée.

L'Odorat. Cela se peut aussi appliquer à *l'Odorat* ; puisque l'on voit que les petits corps qui exhalent d'une rose, ou d'un bourbier, étant différents, ils ébranlent diversement les parties du cerveau qui aboutissent à l'os cribleux, et que cet ébranlement, passant dans le fond du cerveau, le dispose comme il faut qu'il le soit, ou pour faire que les esprits aillent dans les muscles qui peuvent servir à éloigner le corps du bourbier, ou pour le faire avancer vers la rose, selon que les odeurs sont utiles ou nuisibles au cerveau. Et l'on conçoit aisément que tout cela pouvant arriver, quand il n'y aurait que le corps, se ferait sans apercevance, sans sentiment et sans choix.

Mais on conçoit que l'âme étant unie au corps, il est convenable qu'elle s'aperçoive des choses qui ont causé l'ébranlement du cerveau, qu'elle sente elle-même quelque changement différent, selon les différents effets que ces choses ont produits dans le cerveau, et que choisissant ce qui lui est le plus propre, elle souhaite qu'il en soit approché ou reculé. Et l'on voit

particulier IV, AT, VI, 109 *sq.* ; *Principes,* IV, art. 189-198 ; *Passions de l'âme,* art. 12-26. Voir aussi Louis de La Forge, *Traité de l'esprit de l'homme,* chap. 17 ; et Rohault, *Traité de physique,* (1671), in 4°, I, chap. 24-33, p. 225-349.

qu'il est plus expédient à l'âme de rapporter cette sensation à l'objet qui l'a causée qu'à aucune partie du corps, ni même au dedans du cerveau, quoique ce soit par son ébranlement qu'elle soit excitée.

Le Goût. Il en est de même du *Goût* ; car certaines particules de viandes s'insinuant dans les pores de la langue et du palais y ébranlent les nerfs de la troisième et de la quatrième conjugaison, et cet ébranlement agitant | diver- 128
sement le cerveau, selon la diversité des parties qui l'ont causé, fait qu'il s'ouvre aux endroits d'où les esprits peuvent couler en même temps vers les glandes qui renferment une eau, dont les parties sont telles qu'en se mêlant aux viandes, elles peuvent servir, en les délayant, à faciliter leur passage dans l'œsophage et vers les muscles destinés à remuer les mâchoires et les dents qui doivent servir à faire la première résolution des viandes solides. Il peut aussi être que les viandes soient mêlées de petites parties, dont les figures ébranleront les nerfs de la langue et du palais, d'une manière qui dispose le cerveau à envoyer des esprits dans les muscles, comme il faut qu'ils y soient pour faire rejeter les viandes de la bouche. Et tout cela pourrait arriver, quand il n'y aurait que le corps, et sans qu'il fût besoin d'apercevance, de sentiment, ou de choix.

Mais l'âme étant unie au corps, on voit qu'il est bon qu'elle s'aperçoive de l'aliment, qu'elle le sente, et que choisissant ou de le laisser, ou de le prendre, elle souhaite que le mouvement des esprits se conforme à l'un ou à l'autre de ces effets.

Au reste, il est vrai que si elle n'était point unie au corps, cette seule conformation ferait rejeter les viandes de mauvais goût (c'est-à-dire, celles dont les parties, en mouvant les nerfs du palais et de la langue, affectent mal le cerveau) que souvent, quand on veut absolument se forcer à manger certaines choses, contre les dispositions qu'elles ont causées dans le cerveau, on voit qu'on a mille peines à le disposer | à laisser couler les 129
esprits où il faut qu'ils coulent pour faire avaler ce qu'il était prêt à rebuter. Et, si l'âme (dont les souhaits sont plus puissants sur les endroits du cerveau qui répondent aux muscles destinés à remuer certaines parties extérieures) fait que cette viande entre dans le gosier, comme elle peut beaucoup moins sur les endroits répondants aux muscles intérieurs, qui ne sont que pour émouvoir les viscères, il arrive souvent que, dès que la viande est dans l'estomac, les esprits coulent abondamment du cerveau vers tous les muscles, dont l'action peut, en soulevant le ventricule, l'obliger à s'en décharger par le vomissement. À quoi l'âme même consent, quand les mouvements de l'estomac ont ébranlé le cerveau, d'une manière dont elle reçoit de fâcheuses sensations ; car alors, quoiqu'elle ait voulu que la viande entrât dans l'estomac, elle ne peut s'empêcher de consentir au cours

que prennent les esprits pour les faire sortir, quand elle en ressent de grande douleurs.

Au reste, il y a cela de notable que l'âme ne rapporte point cette sensation, non plus que les autres, aux parties du cerveau qui l'excitent en elle, mais aux parties de la langue et du palais, parce qu'il est expédient qu'elle sente comme en ces parties, afin que s'il y a du mal, les viandes ne passent pas plus avant.

Le toucher. Pour le *toucher,* on sait que, dès que les nerfs des extrémités du corps sont ébranlés par les corps environnants, chaque filet, continuant jusqu'au cerveau, y cause un ébranlement qui fait couler les esprits dans
130 | les endroits, où il est utile à tout le corps qu'ils se répandent. Et cela doit arriver par la seule construction du corps, sans supposer aucune perception, aucun sentiment, ni aucun choix. Au lieu que, quand l'âme est unie au corps, le cerveau ne peut plus être ébranlé par l'action des objets qui touchent le corps qu'elle ne s'en aperçoive, et ne souhaite ce qui est le plus expédient au corps.

Il faut observer que l'âme rapporte ce sentiment aux parties du corps qui ont été touchées les premières, et non pas à celles du cerveau qui l'ont excité en elle.

On en a deux preuves indubitables : la première est que si on fait une forte ligature au milieu du bras, et que l'on fasse une incision à la main, on ne sentira pas l'incision, parce que l'ébranlement des filets des nerfs qu'on coupe à la main, étant arrêté à la ligature, ne peut parvenir aux extrémités que ces mêmes filets ont dans le cerveau. Et, comme ce n'est qu'à l'occasion de l'ébranlement du bout que ces filets ont dans le cerveau, que l'âme sent, il ne faut pas s'étonner qu'elle ne puisse sentir ce qui se passe vers la main quand le milieu est empêché.

La seconde preuve est que si on coupe la main d'un homme, il sent encore longtemps après des douleurs dans les doigts de cette main qu'il n'a plus [1]. Et, afin de parler plus correctement, il a les mêmes sensations qu'il aurait, s'il avait encore cette main, et qu'elle fût blessée. Ce qui n'arrive
131 que parce que les filets des nerfs, qui s'étendaient jusqu'à cette main, | étant encore remués dans le cerveau de la même façon qu'ils le seraient, si la main était encore jointe au reste du corps, le cerveau en reçoit les mêmes impressions et les mêmes mouvements. Et, comme ces mouvements

1. Sur l'illusion des amputés, voir *Sixième Méditation,* AT, IX, 61. Voir aussi Malebranche, *Recherche de la Vérité,* I, X, III, p. 55-56 ; *Éclaircissement* VI, *OC,* III, p. 56 ; *Entretiens sur la Métaphysique,* I, § V, *OC,* XII-XIII, p. 37.

étaient institués pour représenter à l'âme ce qui se passait en la main, elle rapporte toujours son sentiment à cette main qu'elle n'a plus, et cela dure autant de temps qu'il en faut pour joindre par raisonnement ce sentiment aux parties qui, par le retranchement de la main, sont devenues les extrémités du bras, c'est-à-dire, au poignet.

Et cela fait voir pourquoi l'âme, qui n'est pas à dix lieues du corps voit ou entend ce qui est à dix lieues [1], car pourvu que l'air, ou quelque matière plus subtile, poussée par des objets éloignés, touche les organes, et que le cerveau en reçoive les impressions, l'âme qui en a les sentiments, les rapporte aux objets qui les causent. Et il n'est pas plus nécessaire qu'elle sente à dix lieues du corps, pour voir ou entendre ce qui s'y passe, qu'il est nécessaire qu'elle sente dans sa main ce qui s'y fait. Or, comme ces deux exemples que j'ai rapportés font voir nettement que ce n'est point dans la main que l'âme sent, quoi qu'elle y rapporte son sentiment, il est aisé aussi de voir que ce n'est pas à dix lieues du corps qu'elle sent les objets qui y sont, encore qu'elle rapporte là ses sensations.

Et, pour dernière conviction, il ne faut que considérer l'effet des songes, dans lesquels nous voyons souvent le ciel, la mer, et la terre, selon toute l'étendue qui nous est si visible. Cependant nous avons | les yeux 132
fermés, et il n'y a que les parties intérieures du cerveau qui soient ébranlées par le cours fortuit de quelques esprits. Et, comme le mouvement de ces parties est institué pour exciter en l'âme la vision, si ces parties sont ébranlées par le cours des esprits, comme elles le seraient par les objets mêmes, nous avons les mêmes sensations que leur présence nous causerait, et nous les rapportons aussi loin que nous les rapporterions, si ces sensations étaient effectivement causées par les objets. De la même manière, nous entendons souvent en songe du bruit, nous avons des goûts et nous sentons des odeurs, sans qu'il y ait d'autre cause de toutes ces

1. Sur la perception à distance, l'extranéité de l'objet et le jugement qu'elles impliquent, voir Descartes, *Sixièmes Réponses*, n° 9, AT, IX, 237 : « car, que de ce sentiment de la couleur, dont je sens l'impression, je vienne à juger que ce bâton qui est hors de moi est coloré, et que l'étendue de cette couleur, de sa terminaison et de la relation de sa situation avec les parties de son cerveau, je détermine quelque chose touchant la grandeur, la figure et la distance de ce même bâton, quoiqu'on ait accoutumé de l'attribuer au sens ; et que pour ce sujet je l'aie rapporté à un troisième degré du sentiment, c'est néanmoins une chose manifeste que cela ne dépend que de l'entendement seul », et voir aussi *Dioptrique*, VI, AT, VI, p. 137-147 : le jugement de la distance s'appuie sur le sentiment naturel que nous en avons et sur l'image peinte sur notre rétine (voir p. 140-141). La grandeur est estimée par la connaissance qu'on a de leur distance comparée à la grandeur des images peintes sur le fond de l'œil. Voir aussi Malebranche, *Recherche de la vérité*, I, IX, III, p. 45-49, pour qui le jugement naturel s'identifie à la comparaison des sensations.

sensations que l'ébranlement des parties intérieures du cerveau. Ainsi, le mouvement de ces parties du cerveau, étant joint à quelque sentiment de l'âme, sitôt que ce mouvement arrive dans le cerveau par quelque cause que ce soit, le sentiment qui y répond est toujours excité dans l'âme, et elle ne manque point de la rapporter où il est plus expédient qu'elle le rapporte pour la conservation de tout le corps[1].

En effet, elle rapporte hors du corps la vision, ou la sensation qu'elle reçoit par l'ébranlement des nerfs optiques ; l'ouïe, ou la sensation qu'elle reçoit par l'ébranlement de ceux de l'oreille ; et l'odorat, ou la sensation qu'elle reçoit par l'ébranlement des parties du cerveau, qui aboutissent à l'os cribleux. Et tout cela se fait pour éviter les choses nuisibles, avant qu'elles ne soient trop proches, ou pour aller chercher celles qui peuvent servir quand elles sont éloignées.

133 |De même elle rapporte le goût et le toucher aux extrémités du corps, parce que les premières sensations pouvant être fautives, il est bon de faire une dernière épreuve des choses qui touchent à notre corps, ou qui y doivent entrer. Enfin elle rapporte à l'estomac et au gosier les sensations de la faim et de la soif, parce qu'il est utile de rapporter à ces parties un sentiment qui peut exciter l'âme à souhaiter que tout le reste du corps se dispose comme il faut qu'il le soit, pour leur procurer ce qui leur manque.

Au reste, comme l'âme n'a aucune sensation que quelque mouvement du cerveau n'en soit l'occasion, et comme elle n'imagine aucun objet corporel que par ce rapport aux parties du cerveau, il est visible que tant qu'elle est unie au corps, elle ne peut imaginer tout à la fois que les objets dont le cerveau peut recevoir les impressions en même temps. Mais il est aisé de concevoir qu'étant séparée du corps, elle pourrait imaginer à la fois

1. Cordemoy appuie son propos sur la thèse cartésienne selon laquelle les sensations ont pour finalité la conservation de soi de l'union de l'âme et du corps. Voir Descartes, *Sixième Méditation,* AT, IX, 69-70 : « Je remarque que, puisque de tous les mouvements qui se font dans la partie du cerveau dont l'esprit reçoit immédiatement l'impression, chacun ne cause qu'un certain sentiment, on ne peut rien en cela souhaiter ni imaginer de mieux, sinon que ce mouvement fasse ressentir à l'esprit, entre tous les sentiments qu'il est capable de causer, celui qui est le plus propre et le plus ordinairement utile à la conservation du corps humain, lorsqu'il est en pleine santé ». Malebranche prolonge les descriptions de Cordemoy en se centrant sur le principe final de la conservation de la vie, autrement dit de l'union de l'âme et du corps ; voir *Recherche de la vérité,* I, chap. XI, III, et chap. XII, III-IV à propos des trois sortes de sensations (fortes et vives, faibles et languissantes, moyennes). Bien que l'âme se méconnaisse et ne voie pas que ses propres sensations lui appartiennent, cependant en vue de la conservation, les premières, comme les douleurs, doivent se sentir à l'endroit du corps blessé, ou agressé, et les autres, comme les couleurs, dans les objets, afin de les distinguer les uns les autres.

tous les corps, et en voir les propriétés, sans que l'un empêchât la connaissance de l'autre. Car, si à présent un corps solide empêche la vue de celui au devant duquel il est, c'est que la lumière ne peut réfléchir que de la superficie, et que les rayons étant poussés vers le nerf optique, dont l'ébranlement doit précéder la sensation de l'âme, tandis qu'elle est unie au corps, il arrive qu'elle ne peut apercevoir que les objets qui réfléchissent la lumière vers les yeux du corps qu'elle anime. Mais, si elle était libre, cette raison en laquelle consiste toute son union avec le corps, cessant, c'est-à-dire ses pensées n'étant plus | nécessairement jointes au mouvement d'un 134
certain corps, il s'ensuit qu'il ne répugne pas qu'elle pût à la fois apercevoir tous les autres [1].

En effet, n'étant pas corps elle-même, elle ne doit pas être assujettie aux lois des corps, qui ne peuvent recevoir immédiatement que l'action de ceux qui les environnent. Et il est certain qu'encore que présentement elle ne soit excitée que par les mouvements intérieurs du cerveau, jamais elle ne les aperçoit, mais seulement les objets qui causent leur ébranlement, quelque éloignés qu'ils soient. D'où il suit que quelque nombre de corps qui environnent celui qu'elle voudra apercevoir, quand elle ne sera plus unie au corps, elle pourra l'apercevoir sans que les corps environnants l'en empêchent. Et, si cela n'arrive pas dès à présent, c'est que son union avec le corps, ne consistant qu'en ce qu'elle ne doit apercevoir les autres qu'autant qu'ils concernent celui qu'elle anime, et que par les ébranlements du cerveau, elle n'en peut apercevoir à la fois qu'autant qu'il y en a qui le peuvent ébranler en même temps.

Je pourrais porter mes considérations plus loin, soit touchant ce qui regarde le corps ou l'âme à part, soit touchant ce qui résulte de leur union.

1. Voir, à la fin des *Deux Petits Traités de métaphysique* de Cordemoy, la note « Des sensations qui regardent les corps, et d'où vient que l'âme confond ces sensations avec leurs objets », éd. Clair et Girbal, p. 286 : « I. Les sensations sont données à l'âme pour apercevoir ou l'état de son corps, ou les corps qui le touchent immédiatement, ou les effets des corps éloignés, ou enfin les corps mêmes. II. L'âme rapporte chaque sensation à la chose pour laquelle elle lui est donnée. Ainsi elle rapporte aux parties de son corps la douleur, le plaisir, etc. parce que la douleur et le plaisir sont des sensations qui lui sont données pour apercevoir l'état de son corps. III. De même elle rapporte aux corps qui affectent immédiatement le sien la sensation du toucher et du goût, parce que ces deux sensations lui sont données pour apercevoir les différences des corps qui touchent immédiatement le sien. IV. Elle rapporte aussi aux corps éloignés les sensations de l'ouïe et de l'odorat, parce que ces deux sensations lui sont données pour apercevoir les effets des corps éloignés. V. Enfin elle rapporte aux corps mêmes toutes les sensations de la vue, parce que cette sensation lui est donnée pour les apercevoir. VI. De sorte que l'âme, appliquant toujours sa sensation à la chose, pour la perception de laquelle elle lui est donnée, il lui arrive ordinairement de la confondre avec cette chose ».

Mais il me suffit d'en avoir examiné les choses les plus ordinaires, et qui peuvent rendre raison des autres. Ainsi, portant dans la suite mes considérations hors de moi, je tâcherai de reconnaître si entre les corps qui m'environnent, il n'y en a point auxquels je sois obligé de croire qu'il y ait des âmes unies.

DISCOURS PHYSIQUE DE LA PAROLE

AU ROI.

SIRE,

Ce Discours est la suite de quelques autres qui ont paru dans le public sous l'auguste Nom de VOTRE MAJESTÉ. Je crus lui devoir offrir la première partie de cet Ouvrage, parce que m'étant proposé dans le commencement de faire considérer à chacun ce qu'il est, il me semblait que VOTRE MAJESTÉ devait trouver en cette considération plus de plaisir que tous les autres hommes.

J'ai les mêmes raisons de lui présenter encore celle-ci, où je traite, non plus de la connaissance de soi-même, mais du moyen de connaître les autres, et d'en être connu. Je fais voir que ce moyen est la Parole ; j'en explique tous les effets, et pour en mieux découvrir les causes, je recherche avec soin tout ce qu'elle emprunte du corps, ou de l'âme.

Ces causes, SIRE, sont si belles en VOTRE MAJESTÉ, que vous aurez sans doute une incroyable satisfaction à les examiner, surtout, je suis persuadé que vous en aurez plus que personne, à considérer les effets de la Parole. Vous verrez que c'est elle qui produit ce que vous aimez le plus, je veux dire la gloire, et vous reconnaîtrez que vous lui devez cet éclat qui fait briller VOTRE MAJESTÉ au-dessus de toutes les Puissances de la Terre. C'est par elle, SIRE, que vous expliquez ces généreuses pensées qui vont toutes à notre félicité, et c'est par elle que vous avez achevé ces grandes choses qui font dire à toutes les Nations que vous êtes le plus grand Prince qui fut jamais.

Je sais bien, SIRE, qu'on n'admire pas moins en VOTRE MAJESTÉ le pouvoir qu'Elle a de se taire que la facilité qu'Elle a de parler [1] ; je sais, dis-je, que le pouvoir qu'Elle a de se taire est une des raisons qui font tant parler d'Elle. Mais je sais bien aussi que le secret, tout favorable qu'il est aux

1. Voir CG, n. 1, p. 330. À propos de la facilité de parole de Louis XIV, Saint-Simon écrit : « Ce long commerce de galanterie et de fêtes qui lui avais acquis cette élocution facile et toujours majestueuse, cette aisance à répondre en si peu de mots et si choisis, aux harangues, aux ministres étrangers, aux souverains ; à parler à ceux qu'il voulait honorer, à recevoir les hommages de ses villes et de ses conquêtes, et à assaisonner les dons qu'il faisait ; à quoi les grâces et la Majesté singulières de sa personne ajoutaient un grand prix » (*Parallèle des trois premiers rois de Bourbons*, éd. Faugères, Paris, Hachette, 1880).

grands desseins, ne saurait seul les faire réussir, et que si VOTRE MAJESTÉ s'en est utilement servie dans tous les projets qu'Elle a faits pour notre bonheur, jamais Elle n'en aurait obtenu l'exécution si Elle n'avait employé la Parole. Il a fallu donner des ordres pour cela. Véritablement, SIRE, Vous les savez donner en Prince, qui n'a besoin que de soi-même pour méditer, et pour résoudre. Vous savez seul pourquoi Vous les donnez, et ceux qui les reçoivent ne connaissent souvent la belle fin que VOTRE MAJESTÉ se propose que dans le moment qui la fait réussir. Que la gloire est belle, quand on se la doit toute entière ! Et que celle de VOTRE MAJESTÉ me paraît pure ! D'autres qui n'ont que la puissance en partage s'entendent louer de cent événements, où leur conduite n'a point de part ; on trouve toujours pour eux des paroles. Mais toutes les actions de VOTRE MAJESTÉ sont tellement au-dessus de ce qu'on en peut dire que ceux à qui la louange coûte le moins se plaignent de n'en pouvoir trouver pour les exprimer. Tel a demandé pour écrire ce qu'on vous a vu faire en dix jours, et tel qui sait qu'on a moins de peine à comparer les Héros qu'à faire leur éloge, en a voulu chercher de semblables à VOTRE MAJESTÉ, qui n'en a pu rencontrer parmi tous ceux que l'Antiquité nous propose.

En effet, SIRE, l'on en connaît point de qui les passions n'aient conduit toutes les entreprises. On a vu celui que les siècles passés ont le plus vanté ne suivre que les mouvements de son ambition, et sans considérer le repos de ses Sujets, porter le trouble dans toute l'Asie. Au lieu, SIRE, que toute l'Europe Vous a vu, jeune et victorieux, faire grâce à vos ennemis pour donner la Paix à vos peuples, et maintenant encore elle voit que VOTRE MAJESTÉ ne veut de tout un grand Pays ouvert à ses Conquêtes que ce qu'elle a droit d'y prétendre. Cette modération, SIRE, est la plus grande vertu des Rois, et surtout elle est admirable en un Prince assez vigilant pour surprendre l'ennemi dans une saison, où les plus ardents à la guerre quittent ce pénible exercice, et assez brave pour exécuter lui-même ce que les plus hardis n'oseraient conseiller. Qui pourrait, SIRE, avec ces qualités, arrêter VOTRE MAJESTÉ, si le droit de bienséance la pouvait tenter ? Mais ses Voisins se doivent rassurer ; l'ambition ne l'a point armée, et c'est des mains de la Justice qu'elle tient cette épée qui soumet les Provinces en moins de temps qu'il n'en faut pour les parcourir. Le Brabant et le Hénaut en peuvent rendre témoignage au reste de la Terre. VOTRE MAJESTÉ leur a fait connaître ses droits avant que de leur faire éprouver la force de ses armes, et l'on sait que leur témérité est la seule cause de ces grands Exploits, que l'Histoire ne pourra jamais assez dignement célébrer, et pour qui la Poésie même, qui se vante de parler comme les Dieux, avoue qu'elle n'a point d'expressions.

Mais, SIRE, quand la Poésie ne peut exprimer les effets surprenants de votre Courage, trouvez bon que la Philosophie en reprenne l'excès, et qu'avec cette liberté qui lui est ordinaire, elle Vous reproche d'avoir exposé votre Personne Sacrée comme celle d'un simple Soldat. Ce reproche ferait la gloire de tout autre Prince, mais Vous, SIRE, comment aurait-on pu Vous excuser à la postérité, si ce grand Cœur, qui ne Vous est donné que pour soutenir le destin de la France, Vous avait fait périr dans cette occasion ? On ne peut assez louer cette ardeur qui vous fait quitter les plaisirs au milieu de l'hiver, mais toute noble qu'elle est, on la doit blâmer, quand elle vous fait chercher les périls, et qu'elle expose contre des Sujets rebelles une vie si précieuse à tant d'autres Sujets fidèles. Ecoutez, SIRE, celle qui vous parle ainsi. Elle a toujours aimé les Rois, elle n'en a jamais flatté, et comme elle n'en connaît point de plus grand que Vous, elle ne peut dans le temps qu'elle veut expliquer ce que c'est que la Parole, en faire un usage plus utile à tout le monde, qu'en vous disant ce que vous devez à votre conservation. J'ajouterai, SIRE, qu'ayant à s'expliquer sur ce sujet par la bouche d'un homme, elle n'en pouvait choisir un, dont le zèle fût égal au mien. Je suis avec un profond respect,

SIRE,
De VOTRE MAJESTÉ,

Le très humble, très obéissant,
et très fidèle serviteur et sujet,
DE CORDEMOY

PRÉFACE

J'ai proposé, dans les *Six Discours*, qui ont précédé celui-ci, le moyen de se connaître, et j'ai fait voir qu'il ne consiste qu'à discerner en soi-même les opérations de l'âme et celles du corps. Je propose maintenant le moyen de connaître les autres, et ce moyen est *la Parole* [1]. J'explique, autant qu'il m'est possible, ce qu'elle est ; et suivant toujours mon premier dessein, je fais en ce Discours un discernement exact de tout ce qu'elle tient de l'âme, et de tout ce qu'elle emprunte du corps.

1. Pour commencer cette recherche plus sûrement, je ne raisonne que sur ce que j'ai reconnu en moi-même dans le *Sixième Discours,* et comme si je n'avais encore jamais été assuré qu'il y eût d'autres hommes que moi, je m'arrête d'abord à considérer s'il est nécessaire que tous les corps, que je vois semblables au mien, soient unis à des âmes comme la mienne, me proposant de ne le pas croire, à moins que j'en ai des signes si évidents qu'il ne me soit plus permis d'en douter. J'examine ce que ces corps font de plus surprenant, et tant que j'en puis attribuer la cause à la disposition de leurs

1. *Le Discours physique de la parole* reprend certains objectifs des *Six Discours sur la distinction et l'union du corps et de l'âme* : voir la *Préface* de ce dernier ouvrage. En s'appuyant sur ce qui nous apparaît à nous-mêmes le plus évidemment, « sans sortir de soi », son but était de fournir les éléments de la connaissance de soi, laquelle consiste à distinguer les opérations relevant du corps, celles propres à l'âme, et celles qui découlent de leur union. Mais il se proposait en outre de traiter, toujours à partir de la connaissance de soi, des autres hommes et des bêtes ; ce qu'il n'a pas fait, et que va accomplir ce *Discours physique de la parole*. Chomsky rend hommage au travail de Cordemoy et le cite comme celui qui a développé, avec d'autres (par ex. Bernard Lamy), une philosophie cartésienne du langage et de la pensée ; voir, *La Linguistique cartésienne,* trad. fr. E. Delannoe et D. Sperber, Paris, Seuil, 1969, p. 25-28, 62, 100, etc. et p. 7-10, 32, 63, etc. dans l'édition américaine de *Cartesian Linguistics : A Chapter in the History of Rationalist Thought,* New York, Harper & Raw, 1966 ; rééd. Cambridge University Press, en 2009.

organes, je pense devoir assurer qu'ils n'ont point d'âme. Mais après avoir trouvé dans le seul arrangement de certaines parties des corps de quoi rendre raison du bruit, des sons, de la différence des voix, et même des mots que profèrent les échos et les perroquets, je suis enfin obligé d'admettre des âmes dans tous les corps qui ressemblent au mien, et de reconnaître qu'il n'est pas possible qu'ils parlent si à propos [1] sans avoir de la raison.

2. Dans la suite, ayant reconnu que *parler* n'est en général autre chose que donner des signes de sa pensée, j'observe quelques-uns de ces signes. Les premiers que je considère sont ces mouvements d'yeux ou de visage, et ces cris, qui accompagnent ordinairement les différents états du corps. Je remarque qu'ils sont naturellement joints aux passions, que l'âme ressent à l'occasion des changements du corps, et que le meilleur moyen qu'on ait de faire entendre ce qu'elle souffre est de ne pas contraindre le visage, les yeux ou la voix. Je remarque aussi que cette façon de s'expliquer est la première des langues, et la plus universelle, puisqu'il n'y a point de nation qui ne l'entende [2]. Mais en même temps, j'observe que la malice des hommes l'a

1. Descartes explique, dans la *Lettre au Marquis de Newcastle,* 23 novembre 1646, (AT, IV, 574-576), que seules les paroles, et les autres signes, faits « à propos » des choses, ou des sujets, qui se présentent, sans se rapporter à aucune passion, peuvent assurer ceux qui les examinent que notre corps n'est pas seulement une machine, mais qu'il y a en lui une âme. L'à-propos ne désigne pas précisément le caractère sensé, ou pas, des propos, mais leur application à quelque objet ; Descartes veut en effet exclure le parler des perroquets, mais pas celui des fous. Cordemoy se situe dans ce cadre, quand il voit dans la capacité de répondre, et dans la poursuite de la conversation, la marque qui nous assure de l'existence des autres esprits.

2. Comme on va le voir, la différence entre signes institutionnels et signes naturels, nécessairement liés à l'expression des émotions, trouve ses prolongements dans une réflexion sur le mensonge, où l'esprit se manifeste comme liberté de nier la finalité normale de la parole, dans sa fonction de communication. C'est la possibilité de ruser avec l'expression naturelle qui en fait paradoxalement « la première des langues » et « la plus trompeuse de toutes ». Ces analyses trouvent leur prolongement chez Malebranche, qui, en comparant le lien entre les mots et les idées à la distinction réelle et à l'union de l'âme et du corps, défend très clairement l'arbitraire des signes contre les partisans d'une langue originelle, naturellement expressive. Voir *Recherche de la Vérité, OC,* I, p. 212-224, qui donne le premier état de ce qu'était le Livre II-2, chap. III, et ce qu'il est devenu dans les éditions suivantes, au Livre II-1, chap. V. « Ces choses font bien voir, ainsi que M. Descartes le remarque à la fin des *Principes* de sa philosophie, que notre âme peut être unie à notre corps, quoiqu'il n'y ait aucune ressemblance entre elle et lui. [...] Si la liaison des idées, et des sons, dont on vient de parler, dépend de la volonté des hommes, c'est parce que cette liaison n'est point absolument nécessaire pour vivre, mais seulement pour vivre comme des hommes, c'est-à-dire pour vivre en se servant de sa raison. / La liaison par exemple, qui se trouve entre les traces et les mouvements des cris, et de la douleur, ne vient point de la volonté, et le son de ceux qui crient ayant frappé les oreilles des autres hommes réveille des traces naturellement, et indépendamment de leur volonté, et il

rendue la plus trompeuse de toutes. Outre ces signes naturels des passions de l'âme, je découvre qu'il y en a d'autres qui ne sont que d'institution, par lesquels elle peut exprimer tout ce qu'elle conçoit. Je montre assez sommairement le rapport et la différence de quelques-uns de ces signes pour faire entendre tout ce que j'en veux déduire en cet endroit, et me réservant d'en parler plus précisément et plus à propos dans la suite, je m'arrête à considérer comment on peut inventer une langue, comment on peut apprendre celle d'un pays où personne ne sait la sienne, et enfin comment les enfants apprennent à parler. J'admire les efforts que la raison fait en eux dès le premier âge pour leur faire discerner la signification de chaque mot, surtout l'ordre qu'ils suivent pour cela me paraît surprenant, en ce qu'il est tout semblable à celui de la Grammaire, de sorte que, voyant combien cet art imite la nature, je n'ai pas de peine à découvrir comment ceux qui nous en ont donné des règles les ont apprises des enfants. Et dans toute cette discussion, je rencontre tant de nouveaux arguments pour montrer la distinction du corps et de l'âme qu'il ne me semble pas qu'on puisse connaître aucune chose plus évidemment que celle-là.

3. Après quelques réflexions sur une vérité si importante, je m'applique, pour mieux connaître encore ce que c'est que *la Parole,* à démêler en cet endroit tout ce qui s'y rencontre de la part du corps. Je considère en celui qui parle la manière dont l'air entre dans ses poumons; pourquoi il fait du son en sortant par la trachée; ce que les muscles, qui servent à ouvrir ou fermer ce conduit, apportent de diversité au son; quelles parties de la bouche sont employées à le terminer en voix; quelle est la situation de chacune en ces différentes terminaisons; et quel est le changement de gosier, de la langue, des dents, ou des lèvres dans toutes les articulations; ce qui me fait connaître, autant qu'il en est besoin, ce que c'est que *la parole,* à ne considérer que le corps. J'observe avec la même exactitude l'effet que produit le son dans l'oreille et dans le cerveau de celui qui écoute; je reconnais que c'est à cause du rapport qui est entre le cerveau et les autres parties de chaque animal qu'il peut être si diversement agité par les sons différents, et m'arrêtant surtout à considérer l'usage des nerfs qui se communiquent de l'oreille à toutes les parties propres à former la voix, je découvre les raisons de plusieurs effets qu'on trouve

excite des mouvements, qui sont propres pour les conduire à celui qui se blesse, et pour le secourir, et tout cela se fait par l'ordre admirable, que Dieu a mis dans les choses, et par cette volonté générale qu'on appelle la nature » (p. 213-214), voir aussi, *Éclaircissement* VIII, *OC*, III, 92-93.

surprenants, comme de voir certains oiseaux imiter le chant des autres, le son de nos instruments de musique, et souvent nos paroles mêmes.

4. Je tire aussi de là de quoi me convaincre que les bêtes n'ont pas besoin d'une âme pour crier, ni pour être émues par des voix, ni même pour imiter le son de nos paroles, et que si le cri de celles qui sont d'une même espèce les dispose à s'approcher, et fait reculer celles qui sont d'une autre espèce, on n'en doit chercher la cause que dans leur corps et la différente construction de leurs organes. Mais en même temps, je reconnais que dans les hommes le mouvement des parties qui servent à la voix, ou de celles qui sont ébranlées, est toujours accompagné de quelques pensées, et que dans la parole il y a toujours deux choses, savoir la formation de la voix qui ne peut venir que du corps, et la signification ou l'idée qu'on y joint, qui ne peut être que de la part de l'âme.

5. Et parce que jusque là je n'ai presque parlé de la voix, de l'écriture, et des signes, que pour faire connaître ce que ces trois manières d'exprimer nos pensées ont de commun, n'ayant pas eu besoin de marquer plutôt toutes les différences de chacune, j'observe en cet endroit trois sortes de signes, deux sortes d'écritures, et deux sortes de voix. Je m'arrête principalement à la dernière, au sujet de laquelle j'achève d'expliquer ce que l'ordre des choses précédentes ne m'avait pas permis d'expliquer plutôt sur la facilité, ou la difficulté, qu'on a de joindre certaines idées à certains mots lorsqu'on apprend une langue. Et, démêlant le plus exactement qu'il m'est possible comment tout cela se fait, je reconnais que la peine, que quelques-uns ont à concevoir, ou à s'expliquer, n'est pas un défaut de l'âme, et que cette merveilleuse facilité qu'ont d'autres à s'exprimer ne vient que d'une heureuse disposition du cerveau, et de toutes les parties qui servent à la voix ou aux mouvements du corps.

6. À propos de quoi, recherchant les causes physiques de l'Éloquence, je trouve que pour être parfaite, elle exige à la fois deux talents que la naissance ne donne jamais à une même personne, mais que néanmoins, quand on a l'un naturellement, on peut avec l'art suppléer aux défauts de l'autre. Et, après avoir remarqué que cela n'est pas réciproque, je dis, autant qu'il est permis dans un discours, où je ne dois expliquer que les principes, d'où viennent ces défauts, et ce qui les peut corriger. J'examine même, sans entrer dans la Morale, pourquoi l'Orateur doit être homme de bien, et ce que le mensonge peut diminuer de la force ou de la grâce de son action.

7. Enfin, ayant assez considéré combien l'éloquence dépend du tempérament, et comment il se peut corriger ou se perfectionner par l'exercice, j'examine si elle pourrait se rencontrer entre des Esprits qui ne seraient pas unis à des corps. Ce qui m'oblige à rechercher la manière dont ils se pourraient manifester leurs pensées, et me fait découvrir que nos esprits mêmes auraient entre eux une communication plus aisée, si l'étroite union qu'ils ont avec le corps ne les obligeait indispensablement à se servir de signes. Le même raisonnement me fait aussi connaître que la peine que nous avons dans les entretiens n'est pas de concevoir la pensée de ceux qui nous parlent, mais de démêler les signes dont ils se servent pour l'exprimer, qui souvent ne lui conviennent pas ; d'où je conclus que la pensée d'un esprit est toujours claire à l'autre dès qu'il la peut apercevoir, et cette vérité, que je discute autant que j'en suis capable, me sert à résoudre des difficultés que quelques-uns ont cru ne pouvoir surmonter qu'en se soumettant à la foi.

Je sais bien que c'est d'elle qu'il faut apprendre si certaines choses sont en effet, mais on n'a pas toujours besoin de son secours pour les concevoir. C'est à elle, par exemple, à nous dire s'il y a d'autres Esprits plus éclairés qui servent à régir les nôtres. Mais, quand une fois elle nous a déclaré cette vérité, il me semble que notre raison y peut atteindre ; et je pense qu'en faisant un peu de réflexion sur ce que la suite de mon sujet m'a nécessairement obligé d'en écrire ici, on trouvera qu'il est plus aisé de concevoir comment de purs Esprits pourraient nous inspirer leurs sentiments que de concevoir comment un homme peut inspirer les siens à d'autres hommes.

J'aurais pu aller plus avant en cette recherche, mais ne m'étant proposé que d'examiner ce qui sert à *la parole,* j'ai cru devoir finir, après avoir considéré les diverses manières dont les pensées peuvent se communiquer, parce que c'est proprement ce qu'on appelle *parler*. Je souhaiterais que le discours que j'en ai fait fût aussi agréable aux autres que me l'ont été les réflexions qu'il m'a obligé de faire. J'avoue qu'elles ont fait tout mon divertissement pendant ces dernières vacations, et comme il est permis, du moins en ce temps là, de faire une partie de ce qu'on veut, le plaisir que j'y ai trouvé me sollicite puissamment à passer de même toutes les heures où il me sera permis de me divertir.

Au reste, cette matière est si belle et si heureuse qu'il ne faut que la proposer pour faire naître mille agréables pensées, et je ne doute point que tous ceux qui ont plus de génie que moi ne trouvent en ce discours mille belles choses que je n'y ai point mises, tellement que, sans vanter mon Ouvrage, je puis assurer que plus on aura d'esprit, et plus on aura de plaisir à le lire.

| DISCOURS PHYSIQUE DE LA PAROLE 1

Entre les corps que je vois dans le monde, j'en aperçois qui sont en toutes choses semblables au mien, et j'avoue que j'ai grande inclination à croire qu'ils sont unis à des âmes comme la mienne. Mais, quand je viens à considérer que mon corps a tant d'opérations distinctes de celles de mon âme, et que tout ce qui le fait subsister ne dépend d'elle en aucune façon, je pense avoir au moins sujet de douter que ces corps soient unis à des âmes jusqu'à ce que j'ai examiné toutes leurs actions. Je vois même que, suivant
| le bon sens [1], je serai obligé de croire qu'il n'y a point d'âme en eux, s'ils 2
ne font que les choses dont j'ai reconnu en moi-même que le corps seul peut être la cause [2].

1. Le bon sens, *bona mens,* notion cartésienne par excellence, signifie le jugement, ou plutôt l'exercice du jugement. Descartes avait probablement écrit entre 1620 et 1623 un opuscule qu'il laissa inachevé, le *Studium Bonæ Mentis.* On trouve l'expression dans les *Regula* I, AT, X, 360, identifiée à la sagesse universelle, ou à la lumière naturelle de la raison. On la trouve dans l'*incipit* du *Discours de la méthode,* AT, VI, 1.

2. Cordemoy suit un principe cartésien dans une problématique assez différente ; celle de la preuve de l'existence des autres esprits. Voir la *Lettre à Morus,* 5 février 1649, n°4, AT, V, 274-279. La problématique de Descartes ne prend pas pour objet les autres esprits, il s'efforce plutôt de savoir si on doit attribuer la pensée, *i. e.* une âme immatérielle et immortelle, aux bêtes, en particulier à celles dont la conformation des membres ressemble à la nôtre. Le principe est le suivant : « [Mais ayant pris garde qu'] il faut distinguer deux différents principes de nos mouvements, l'un tout à fait mécanique et corporel, qui ne dépend que de la seule force des esprits animaux et de la configuration des parties, et que l'on pourrait appeler âme corporelle, et l'autre incorporel, c'est-à-dire l'esprit ou l'âme, que j'ai défini une substance qui pense, j'ai cherché avec grand soin si les mouvements des animaux provenaient de ces deux principes ou d'un seul ». (trad. FA, III, 884). La conclusion de Descartes récuse l'analogie entre la conformation des membres et l'induction de la pensée. « Parce qu'il est conforme à la raison que l'art imitant la nature, et les hommes pouvant construire divers automates, où il se trouve du mouvement sans aucune pensée, la nature puisse de son côté produire ces automates, et bien plus excellents, comme les brutes, que ceux qui viennent de main

Ainsi, si je vois que les objets fassent différentes impressions sur eux par les yeux, par les oreilles, par le nez, ou par l'attouchement, et si je les vois manger, dormir, veiller, se nourrir, respirer, marcher, et mourir ; tout cela ne me doit point faire croire qu'il y ait autre chose en eux qu'un certain ordre d'organes et de parties, qui est merveilleux à la vérité, mais si dépendant du cours et de l'arrangement du reste de la matière que je l'ai reconnu en moi pour la seule cause de la nourriture, du sommeil, de la respiration, et de la force que les objets ont de remuer le cerveau en tant de façons surprenantes.

Il est vrai que j'ai remarqué que certaines pensées accompagnaient toujours en moi la plupart des mouvements de mes organes, mais enfin il est vrai aussi que par la précision exacte avec laquelle j'ai distingué ce qu'il y avait en toutes mes opérations de la part du corps, et de la part de l'âme, j'ai connu manifestement que quand je n'aurais que le corps, je pourrais avoir tout ce qui me paraît dans les autres corps qui ressemblent au mien.

Il faut donc que j'observe ces corps de plus près, et que j'examine si je n'apercevrai par aucune de leurs actions qu'ils soient régis par des âmes. Je vois qu'ordinairement ils sont transportés vers les lieux, où l'air me semble
3 le plus propre à entretenir par la | respiration une juste température dans le sang. Je vois qu'ils se reculent également des endroits, où le froid en pourrait trop retarder le mouvement, et de ceux où le chaud le pourrait trop exciter ; je vois qu'ils fuient souvent avec effort la rencontre de beaucoup d'autres corps, qui me paraissaient d'une figure, et dans un mouvement capable de les détruire. Je vois aussi qu'ils s'approchent de ceux qui leur peuvent être utiles, et toutes ces actions me paraissent faites avec un discernement, tel que je le trouve en moi, quand je fais les mêmes actions.

Cependant, lorsque je viens à considérer que j'ai reconnu par d'autres méditations, que la seule disposition des organes est la cause de toutes ces opérations en moi, je crains de trop assurer, si j'attribue les différents mouvements des corps qui m'environnent, à une autre cause qu'au rapport qu'il y a entre leur cerveau et les objets, et tandis que je ne leur verrai faire que ce qui leur est utile, comme de manger, de boire, de chercher le frais ou la chaleur, et tout ce qui le peut entretenir dans un état conforme à leur nature, je ne dois pas croire qu'il y ait autre chose en eux que les organes qui peuvent suffire à cela.

d'homme, surtout ne voyant aucune raison pour laquelle la pensée doive se trouver partout où nous voyons une conformation de membres telle que celle des animaux, et qu'il est plus digne d'admiration de trouver une âme dans chaque corps humain, que de n'en point trouver dans les bêtes » (*ibid.*, p. 886).

Mais il me semble que je leur vois souvent faire des choses qui ne se rapportent nullement à eux-mêmes, ni à leur conservation. J'en vois qui se commettent à d'autres corps, dont la rencontre les doit apparemment détruire, j'en vois même quitter les aliments dont ils ont besoin, et les lieux où ils sont à couvert de tout ce qui leur peut nuire, pour courir | où leur 4
destruction est presque certaine, et cela me fait assez raisonnablement présumer qu'ils pourraient en ces occasions être conduits par quelque chose de fort différent d'eux-mêmes. Car, quand je vois qu'ils s'approchent avec fermeté de ce qui va les détruire, et qu'ils abandonnent ce qui les pourrait conserver, je ne puis attribuer ces effets à cette proportion mécanique qui se rencontre entre eux et les objets. Et, comme j'ai souvent remarqué que, malgré la pente qu'a mon corps vers certaines choses, et la force avec laquelle sa construction lui en fait éviter d'autres, j'ai néanmoins des volontés contraires à sa disposition naturelle, qui font que souvent il est transporté d'une façon tout à fait différente de celle dont il serait, s'il ne suivait que la disposition de ses organes, et l'effort que les objets font sur lui, j'ai peine à m'empêcher de croire que le mouvement de tous les corps qui ressemblent au mien ne dépende pas d'une volonté comme la mienne.

Mais enfin je n'en saurais presque douter quand je fais réflexion sur la suite de plusieurs de leurs actions, qui n'ont aucun rapport avec ce qui les peut conserver ; et surtout la liaison que je rencontre entre les paroles que je leur entends proférer, à tous moments, me semble démontrer qu'ils ont des pensées. Car, encore que je conçoive bien qu'une pure machine pourrait proférer quelques paroles, je connais en même temps que, si les ressorts qui distribueraient le vent, ou qui feraient ouvrir les tuyaux, d'où ces voix sortiraient, avaient un certain ordre entre eux, jamais | ils ne le pourraient 5
changer, de sorte que dès que la première voix serait entendue, celles qui auraient accoutumé de la suivre le seraient nécessairement aussi, pourvu que le vent ne manquât pas à la machine, au lieu que les paroles que j'entends proférer à ces corps faits comme le mien n'ont presque jamais la même suite [1].

1. Voir Descartes, *Discours de la méthode,* V, AT, VI, 56-59. « On peut bien concevoir qu'une machine soit tellement faite qu'elle profère des paroles, et même qu'elle en profère quelques-unes à propos des actions corporelles qui causeront quelque changement en ses organes : comme, si on la touche en quelque endroit, qu'elle demande ce qu'on veut lui dire ; si en un autre, qu'elle crie qu'on lui fait mal ; mais non pas qu'elle les arrange diversement, pour répondre au sens de tout ce qui se dira en sa présence, ainsi que les hommes les plus hébétés peuvent faire » (56-57).

J'observe d'ailleurs que ces paroles sont les mêmes dont je me voudrais servir pour expliquer mes pensées à d'autres sujets, qui seraient capables de les concevoir. Enfin, plus je prends garde à l'effet que produisent mes paroles, quand je les profère devant ces corps, plus il me semble qu'elles sont entendues, et celles qu'ils profèrent répondent si parfaitement au sens des miennes, qu'il ne me paraît plus de sujet de douter qu'une âme ne fasse en eux ce que la mienne fait en moi.

Néanmoins, suivant cette ferme résolution que j'ai faite de n'admettre rien en ma croyance que ce qui me paraîtra évidemment quand je l'aurai assez considéré pour ne devoir plus craindre que je me trompe, je veux plus sérieusement que jamais réfléchir sur toutes les choses qui servent à la Parole, puisque c'est le plus sûr moyen que j'ai de connaître si tous les corps qui ressemblent parfaitement au mien, sont en effet des hommes comme moi.

La première, qui me semble digne de considération, est qu'il y a plusieurs corps qui peuvent causer du bruit en poussant l'air, et que ce bruit
6 peut être différent, selon que ces corps se rencontrent | diversement, ou que leurs parties sont différentes. Ainsi loin d'avoir besoin de supposer qu'il y a des âmes dans les corps qui produisent cet effet, je connais au contraire que le bruit n'arrivant que parce que l'air est poussé, on ne peut raisonnablement en attribuer la cause qu'à ce qui est capable de pousser, c'est-à-dire au corps.

Je sais aussi que par le secours des Mécaniques, on peut si bien ajuster certains corps les uns aux autres, qu'ils pourront composer des instruments capables de rendre des sons agréables, et même d'imiter les chants que j'ai quelquefois employés pour exprimer de la douleur ou de la joie.

Je connais encore que les rochers et d'autres corps semblables peuvent faire entendre non seulement des sons, comme les instruments de Musique, mais des paroles bien articulées. Je connais à la vérité qu'ils ne les forment pas, et que comme ils repousseraient une balle à celui qui l'aurait poussée vers eux, ils ne font que renvoyer les paroles à celui qui les a proférées [1] ;

1. À l'opposé de ce que s'objecte ici Cordemoy, pour Aristote ces sons ne sont pas humains, cf. *Traité de l'Âme*, II, 8, 419 *b* 25-30, trad. fr. J. Tricot, Paris, Vrin, 1985, p. 114, *cf.* encore en 420 *b* 6-8 : « Aucun des êtres inanimés, en effet ne possède la voix ; c'est seulement par analogie que certains sont dits avoir une voix : tel est le cas de la flûte, de la lyre et de tous les autres êtres inanimés qui ont registre, son musical et langage ». Descartes utilise aussi de l'image de la balle lorsqu'il étudie le phénomène de l'écho : « il est bien certain qu'une même voix peut être plusieurs fois repoussée par les mêmes corps, ainsi qu'une balle peut bricoler plusieurs fois contre une même muraille » (*Lettre à Mersenne*, 23 août 1638, AT, II, 329).

c'est-à-dire, qu'ils repoussent vers lui le même air qu'il a poussé vers eux, sans rien changer à cette impression, qui lui fait porter les paroles si loin des lieux où on les prononce lorsque rien ne l'arrête.

Je connais même, ainsi que je l'ai déjà dit, que l'art peut aller jusqu'à
former une machine qui articulerait des paroles semblables à celles que je
prononce[1]. Mais en même temps je conçois qu'elle ne prononcerait que
celles qu'on aurait eu dessein qu'elle | prononçât, et qu'elle les pronon- 7
cerait toujours dans le même ordre.

Ainsi je ne dois pas légèrement croire que tout ce qui peut faire du bruit, rendre du son, former des voix, ou prononcer des paroles, ait des pensées. Surtout, je dois prendre garde que l'Ouvrier admirable, à qui je dois la structure de mon corps, en a si mécaniquement arrangé toutes les parties, et principalement celles qui servent à la voix, que pour la former je n'ai pas besoin d'avoir une âme. Les seuls battements des muscles de la poitrine et du diaphragme peuvent faire entrer l'air dans les poumons, ou l'en faire sortir, et la seule situation des cartilages du larynx, diversement changée par les petits muscles qui servent à les remuer, peut être cause de mille sons aigus ou graves, doux ou aigres, perçants ou faibles, selon les différentes flexions, que reçoit l'air en ce passage.

Je dois aussi considérer que, si j'articule diverses paroles, ce n'est que parce que cet air est déjà sorti de la gorge, est diversement agité, selon que

1. CG, n. 7, p. 331. Concernant les machines parlantes et les automates, *Discours de la méthode* de Descartes, Cinquième partie, précédemment cité ; *Lettre à Mersenne,* 8 octobre 1629, AT, I, 24 ; *Lettre à ****, mars 1638, AT, II, 39-41 ; *Lettre à Morus,* 5 février 1649, AT, V, 277-278 ; *Principes,* IV, art. 203, AT, IX-2, 321-322 ; *Cogitationes privatae,* AT, X, 231-232 ; *Recherche de la vérité,* AT, X, 505 ; *Traité de l'homme,* AT, XI, 120-130 ; « addition », AT, IX, 669. Plus tard, un autre cartésien, Bernard Lamy, développe les éléments d'une phonétique, et d'une théorie du langage, de style cartésien. Dans un esprit conforme à Descartes, dans *La Rhétorique ou l'art de parler,* (éd. de 1678, référée à la 4e éd. augmentée, F. & P. Delaulne, 1715), il écrit : « On ne ferait pas avec un million de machines ce que nous faisons avec la bouche. Après cela qu'on me vante tant qu'on voudra ces têtes parlantes, je suis persuadé que ce n'étaient que des marionnettes. On trompait avec esprit ceux à qui on ne donnait pas le temps de remarquer l'artifice dont on se servait. Les Historiens qui nous parlent d'une tête semblable, faite par Albert le Grand, nous content ce qu'ils veulent. Il n'y a que ceux qui n'ont pas fait attention à la manière dont nous parlons, qui croient qu'on puisse admirer un ouvrage aussi admirable qu'est la tête des hommes », (p. 191). Sur Bernard Lamy, voir F. Girbal, *Bernard Lamy, Étude biographique et bibliographique,* P.U.F., 1964 ; et G. Rodis-Lewis, « Un Théoricien du langage au XVIIe siècle : Bernard Lamy », dans *L'Anthropologie cartésienne,* Paris, P.U.F., 1990, (p. 247-281). Quant à l'allusion à Albert le Grand, *Summa de creaturis,* q. 25, sur le son vocal, éd. Borgnet, *Opera omnia,* Paris, Vivès, trad. fr. Irène Rosier, dans *La Parole comme acte, Sur la grammaire et la sémantique au XIIIe siècle,* Paris, Vrin, 1994, [Texte 5], p. 303-316.

les muscles de ma langue la remuent en cet instant vers le haut ou vers le bas de ma bouche, ou bien parce qu'étant près d'échapper, il est agité suivant les diverses manières dont mes dents ou mes lèvres peuvent s'appliquer les unes aux autres, par le mouvement de leurs muscles.

Outre cela, je dois considérer que les muscles, qui servent à remuer toutes ces parties ne se meuvent eux-mêmes que selon que mon cerveau est
8 agité, et qu'il | le peut être en mille façons différentes par les organes de l'oreille, sans que mon âme ait autre part à tous ces mouvements que d'en apercevoir les effets.

Enfin, je dois considérer qu'il y a tant de communication et de rapport entre les nerfs de l'oreille et ceux du larynx que dès que quelque son agite le cerveau, il coule aussitôt des esprits vers les muscles du larynx, qui les disposent comme il faut qu'ils le soient, pour former un son tout semblable à celui qui vient de frapper le cerveau. Et, quoique je conçoive bien qu'il est besoin de quelque temps pour faciliter ces mouvements des muscles de la gorge, en sorte que les sons qui excitent le cerveau pour la première fois ne peuvent pas aisément être exprimés par la gorge, néanmoins je conçois bien aussi qu'à force de les répéter, on peut faire que le cerveau, qui en est souvent ébranlé aux mêmes endroits, envoie tant d'esprits par les nerfs insérés aux muscles de la gorge, qu'enfin ils meuvent aisément tous les cartilages qui servent à cette action, comme il est nécessaire qu'ils soient remués, pour former des sons semblables à ceux qui ont ébranlé le cerveau.

Ainsi ce n'est pas assez que les corps rendent des sons, forment des voix, ou même articulent des paroles semblables à celles par lesquelles je dis ce que je pense, pour me persuader qu'ils pensent tout ce qu'ils semblent dire. Par exemple, je ne dois pas légèrement croire qu'un perroquet ait aucune pensée quand il prononce quelques mots [1]. Car, outre
9 que je remarque qu'après lui avoir répété une prodigieuse | quantité de fois des paroles dans un certain ordre, il ne rend jamais que les mêmes, et dans la même suite, il me semble que, ne faisant point ces redites à propos, il imite moins les hommes que les échos qui ne répondent jamais que ce qu'on leur a dit. Et, s'il y a quelque différence entre les perroquets et les échos, c'est que les rochers, en repoussant l'air, sans rien changer aux impressions qu'il a reçues, rendent les mêmes voix qui les ont frappés, au lieu que les

1. Voir Descartes, *Discours de la méthode*, V, AT, VI, 55-5 § ; et 58-59 : « Et on ne doit pas confondre les paroles avec les mouvements naturels, qui témoignent les passions et peuvent être imités par des machines aussi bien que par les animaux » ; voir en outre la *Lettre au Marquis de Newcastle*, 23 novembre 1646, précédemment citée, la *Lettre à Morus*, 21 février 1649, AT, V, 278.

perroquets forment une autre voix semblable à celle qui leur a frappé l'oreille, et que souvent ils répètent les paroles qu'on ne leur redit plus. Mais enfin, comme je ne puis dire que les rochers parlent quand ils renvoient des paroles, je n'ose assurer aussi que les perroquets parlent quand ils les répètent. Car il me semble que *parler* n'est pas répéter les mêmes paroles dont on a eu l'oreille frappée, mais que c'est en proférer d'autres à propos de celles-là. Et, comme j'ai raison de croire que tous les corps qui font des échos ne pensent point quoique je leur entende redire mes paroles, parce qu'ils ne les rendent jamais dans l'ordre que je les ai proférées, je dois juger, par la même raison que les perroquets ne pensent point aussi [1].

Mais, sans m'amuser encore à examiner ce qui regarde les perroquets et tant d'autres corps vivants, dont la figure est très différente de la mienne, je veux continuer la recherche dont j'ai besoin pour connaître l'intérieur de ceux qui me ressemblent si parfaitement au dehors, et pour cela je pense, après | la discussion que je viens de faire de tout ce qui cause le bruit, les **10**
sons, les voix, et la parole, pouvoir établir comme un principe certain que, si les corps qui sont semblables au mien, n'avaient que la facilité de prononcer des paroles, je ne devrais pas croire pour cela qu'ils eussent l'avantage d'être unis à des âmes [2]. Mais aussi, si je trouve par toutes les

1. CG, n. 10, p. 332. Cordemoy emprunte beaucoup de ses réflexions à la *Grammaire de Port-Royal,* dont le titre exact est *Grammaire générale et raisonnée contenant les fondements de l'art de parler, expliqués d'une manière claire et naturelle* (1ère éd. 1660), Seconde partie, chap. premier : « Jusques ici nous n'avons considéré dans la parole que ce qu'elle a de matériel, et qui est commun, au moins pour le son, aux hommes et aux perroquets. Il nous reste à examiner ce qu'elle a de spirituel, qui fait l'un des plus grands avantages de l'homme au-dessus de tous les autres animaux et qui est une des plus grandes preuve de la raison. C'est l'usage que nous faisons pour signifier nos pensées » (*Œuvres de Messire Antoine Arnauld,* Paris-Lausanne, 1780, t. XLI, p. 16).

2. *Cf.* Aristote, *Histoire des animaux,* texte établi et traduction P. Louis, Les Belles Lettres, Paris, 1968, IV, 9, 536 *b.* Aristote attribue à certains animaux la voix (*phoné*), en commun avec l'homme, mais pas le langage (*logos, dialogos*) faute de raison. Le son vocal, produit naturellement et non par raison, est en effet l'indice de la pensée : appétit, imagination, affects, que certains animaux peuvent s'exprimer les uns aux autres par la production de sons vocaux. Mais le mot est, pour sa part, la pensée même. Voir *Traité de l'Âme,* II, 8, 420 *b* 5-10, et 30 : « Tout son émis par l'animal n'est pas voix (car on peut encore faire du bruit avec la langue, ou même en toussant) ; ce qu'il faut, c'est que le corps qui frappe soit animé et quelque représentation accompagne son action. Car la voix est assurément un son pourvu de signification ». Voir aussi *De l'Interprétation,* trad. fr. J. Tricot, Paris, Vrin, 1984, chap. premier, « Les sons émis par la voix sont les symboles des états de l'âme, et les mots écrits les symboles des mots émis par la voix. Et de même que l'écriture n'est pas la même chez tous les hommes, les mots parlés ne sont pas non plus les mêmes, bien que les états de l'âme dont ces expressions

expériences que je suis capable d'en faire, qu'ils usent comme moi de la parole, je croirai avoir une raison infaillible de penser qu'ils ont une âme comme moi.

Ce que c'est que parler. Pour faire cet examen dans un ordre qui ne me laisse aucun soupçon de m'être trompé, je dois considérer avant tout ce que j'entends par la parole. *Parler,* à mon avis, n'est autre chose que faire connaître ce que l'on pense à ce qui est capable de l'entendre, et supposé que les corps, qui ressemblent au mien, aient des âmes, je vois que le seul moyen de nous expliquer les uns aux autres ce que nous pensons est de nous en donner des signes extérieurs.

Or il me semble avoir reconnu qu'il y a plusieurs signes communs entre eux et moi, par lesquels nous nous entendons. Car, voyant qu'ils répondent à mes signes par d'autres signes qui me donnent des idées convenables à ce que je pense, je ne crois pas me tromper quand je me persuade qu'ils ont compris ma pensée, et que la pensée nouvelle que leurs signes ont excitée en moi est en effet celle qu'ils ont.

De plus, je vois que je puis convenir avec quelques-uns d'eux que ce qui
11 signifie ordinairement une chose, | en signifiera une autre, et que cela réussit, de sorte qu'il n'y a plus que ceux avec qui j'en suis convenu qui me paraissent entendre ce que je pense.

D'où je conçois que ces signes sont d'institution [1], et comme cette institution suppose nécessairement de la raison et des pensées en ceux qui sont capables d'en convenir [2], je n'avancerais peut-être rien avec témérité, si j'assurerais dès à présent que ces corps sont unis à des âmes.

sont les signes immédiats soient identiques chez tous, comme sont identiques aussi les choses dont ces états sont les images ».

1. Voir, CG, n. 12, p. 332-333. Concernant les paroles comme signes d'institution (ou « conventions), voir la thèse d'Hermogène dans le *Cratyle* de Platon ; Aristote, *De L'Interprétation,* chap. IV ; voir aussi Descartes, *Le Monde,* AT, XI, 4-5 ; *Troisièmes Réponses*, AT, IX, 139 ; voir en outre Antoine Arnauld et Pierre Nicole, *La Logique ou l'art de penser*, 1 ère partie, chap. I, p. 162-163 : « Car les conventions dont parle ce philosophe (Hobbes) ne peuvent avoir été que l'accord que les hommes ont fait de prendre de certains sons pour être signes des idées que nous avons dans l'esprit. De sorte que si outre les noms nous n'avions en nous-mêmes les idées des choses, cette convention aurait été impossible ».

2. Pour Cordemoy, le langage est la manifestation de l'union de l'âme et du corps, et bien qu'il se meuve, par sa problématique, dans le registre cartésien, il convient de remarquer qu'il mobilise pour son propos l'essentiel de la réflexion antique et médiévale sur le signe, dont Aristote et Augustin, sont les sources. *Cf.* Aristote, *De l'Interprétation,* l'ensemble du chap. IV, 16 *b* 25-17 *a* 5, sur le *logos* : « Le discours est un son vocal possédant une signification conventionnelle, et dont chaque partie, prise séparément, possède une signification comme énonciation et non pas comme affirmation », qui, au travers de Boèce, est la source

Mais ce qui me pourrait troubler en cela, c'est que s'il y a des signes d'institution, je pense en reconnaître d'autres qui sont absolument naturels, par exemple, tous ceux par lesquels je témoigne mes passions sans en avoir dessein, certain air riant ou triste, et certains mouvements de mes yeux, ou des autres parties de mon visage, me font souvent apercevoir, quand je consulte le miroir, que si d'autres me voyaient, ils connaîtraient ma tristesse, ma joie, ou les autres passions qui m'agitent. Et c'est peut-être là, si ces corps semblables au mien ont des âmes, le plus sûr moyen de leur découvrir les différents états de la mienne [1].

Toutefois, si j'y prends garde de près, je puis rendre ces signes assez trompeurs, car je sens qu'encore que naturellement je paraisse au dehors joyeux ou triste, quand je le suis en effet, j'ai pourtant le pouvoir de contraindre les mouvements de mon visage et de mes yeux, en sorte qu'ils ont un air tout différent de celui qu'ils auraient, si je laissais leurs mouvements libres. Ce qui me fait connaître que, bien que naturellement
certains mouvements de mon visage, et même de tout | mon corps, aient été 12
joints à quelques-unes de mes pensées, ce rapport néanmoins n'est pas si nécessaire, que je ne le puisse quelquefois changer, en joignant ces pensées à d'autres mouvements tout contraires. Et quoique, à la vérité, cela me fasse beaucoup de peine, je conçois pourtant que, comme on peut former

première de la distinction entre les signes *ad placitum,* signifiant par institution, et les signes naturels. Les manuels logiques (voir par exemple *Logica modernorum,* L.-M. De Rijk, Assen Van Gorcum, 1962-1967, vol. 2 ou le *Tractatus* de Pierre d'Espagne) s'ouvrent sur la distinction entre sons vocaux significatifs et non significatifs, distinguant ensuite les premiers selon qu'ils signifient conventionnellement ou naturellement, le critère de cette dernière opposition étant l'institution.

1. *Cf.* Augustin, *De Doctrina Christiana,* J. Martin (éd.), *Corpus Christianorum, series latina,* XXXII, IV, 1, Turnhout, Brepols, 1962. Augustin distingue deux sortes de signes : « Parmi les signes, les uns sont naturels, les autres sont ceux que l'âme s'est donnée (*data*). Les signes naturels sont ceux qui sans intention ni désir de signifier, font connaître, d'eux-mêmes, quelque chose d'autre en plus de ce qu'ils sont eux-mêmes. C'est ainsi que la fumée signale le feu. Car elle le fait sans le vouloir, mais nous savons, par expérience, en observant et en remarquant les choses que même si la fumée apparaît seule, il y a du feu dessous » (II, I, 2, p. 32). « Les signes *data* sont ceux que tous les êtres vivants se font les uns aux autres pour montrer, autant qu'ils le peuvent, les mouvements de leur âme, c'est-à-dire tout ce qu'ils sentent et tout ce qu'ils pensent » (II, 3, p. 33). Et au XIIIe siècle, Roger Bacon, reprend la distinction entre les signes naturels et les signes établis par l'âme pour signifier, et il distingue les signes *ad placitum* – les langues, le langage des gestes, ou encore les enseignes de tavernes, ou de magasins – et les signes signifiant naturellement, au second sens du terme, les gémissements, les aboiements, et les cris, etc.

une habitude aisée de tout ce qui paraît d'abord le plus difficile, je pourrais me rendre ces changements assez faciles [1].

Mais ce que je dois le plus observer en cet endroit est qu'encore qu'il soit fort convenable que, tandis que mon âme est unie à un corps, pour la conservation duquel elle a diverses passions, sa joie, sa tristesse, ses désirs, ou sa crainte soient toujours unies aux mouvements que la bonne ou mauvaise disposition de ce corps peut causer dans le cerveau, et que ce rapport qu'il y a des parties du cerveau à celles du visage ou des yeux, et à toutes celles qui sont extérieures, soit cause que le dedans ne peut jamais changer, qu'il n'y en ait des marques au dehors, néanmoins, comme ces marques extérieures n'ont une relation nécessaire qu'avec les changements du cerveau, et que le seul état du corps en peut être la cause, il pourrait être quand les corps qui ressemblent au mien ne seraient point unis à des âmes, qu'ils auraient les mêmes mouvements d'yeux et de visage que j'aperçois souvent en moi, selon qu'ils seraient bien ou mal disposés au dedans, tellement que ces signes extérieurs, si semblables dans ces corps et dans le
13 mien ne sont pas tout seuls un argument | infaillible que ces corps aient des âmes.

Aussi, comme ces mouvements du visage et des yeux, et même ces cris qui ne manquent jamais quand rien ne les contraint de suivre les différents états du corps, à cause du rapport qu'il y a entre toutes ses parties, se peuvent très proprement appeler les signes naturels de l'état où est le corps, je me garderai bien, quand les yeux et le visage, ou même les cris de ces corps ne me paraîtront excités que par les objets qui leur peuvent servir ou nuire, de croire que ces mouvements extérieurs soient les signes d'aucune pensée. Mais, encore un coup, quand je verrai que ces corps feront des signes qui n'auront aucun rapport à l'état où ils se trouveront, ni à leur conservation ; quand je verrai que ces signes conviendront à ceux que j'aurai faits pour dire mes pensées, quand je verrai qu'ils me donneront des idées que je n'avais pas auparavant, et qui se rapporteront à la chose que j'avais déjà dans l'esprit, enfin quand je verrai une grande suite entre leurs signes et les miens, je ne serai pas raisonnable, si je ne crois qu'ils le sont comme moi.

1. C'est la relation entre l'intérieur (les passions et les mouvements qui m'agitent) et l'extérieur (ce que j'en peux laisser paraître « au dehors »), et le fait qu'on peut tromper autrui par des signes extérieurs, qui rendent compte du paradoxe que constitue l'acte de vivre et de penser *à la fois* la distinction réelle *et* l'union de l'âme et du corps.

Ainsi, je n'ai plus à douter sur ce point, car j'ai fait mille épreuves semblables, et non seulement j'ai vu une grande liaison entre leurs signes et mes pensées, mais j'en ai reconnu une si grande entre leurs signes et les miens, qu'il ne m'est plus possible de douter de leurs pensées. Et, si le pouvoir que j'ai d'empêcher que les mouvements extérieurs de mon visage, et les autres signes de mes passions ne | les expriment, a été une des 14
raisons que j'ai eues pour reconnaître que mes pensées étaient très différentes des mouvements qui ont coutume de les accompagner ; je puis maintenant assurer non seulement que ces autres corps, qui ressemblent au mien, ont des pensées, mais encore qu'ils peuvent comme moi, ne les pas toujours laisser tellement jointes aux mouvements qui ont coutume de les signifier, qu'on doive toujours s'y fier. J'ai reconnu qu'ils savaient l'art de se contraindre, et souvent, après un grand nombre de signes de leur part et de la mienne, qui me faisaient voir qu'ils entendaient ma pensée, et qui me faisaient croire que j'entendais la leur, je me suis aperçu qu'ils avaient dessein de me tromper.

Maintenant qu'il ne m'est plus permis de douter que les corps qui ressemblent au mien ne soient unis à des âmes, et qu'en un mot, je suis assuré qu'il y a d'autres hommes que moi [1], je pense devoir rechercher avec soin ce qui me reste à connaître de *la parole*.

Je n'en ai discouru jusqu'ici qu'en général, et j'ai dit seulement que *parler* était donner des signes de sa pensée [2]. Mais, puisque le peu de réflexion que j'ai faite sur ces signes m'a déjà découvert une vérité si importante, et que d'ailleurs je vois que ces mêmes signes sont le seul

1. Voir Arnauld, pour qui, après Cordemoy, la parole nous fait connaître avec certitude que les autres hommes ont une âme, cf. *Des Vraies et des Fausses Idées,* D. Moreau (éd.), Paris, Vrin, 2011, chap. XXV : « Je juge [...] sur le rapport de mes sens que des corps semblables au mien s'approchent de moi, et cela me porte à croire que ce sont des corps humains ; mais, quand je leur parle, et qu'ils me répondent, et que je leur vois faire un grand nombre d'actions, qui sont des marques infaillibles d'esprit et de raison, j'en conclus bien [...] évidemment que ces corps semblables au mien, sont animés par des âmes semblables à la mienne, c'est-à-dire, par des substances intelligentes, distinguées réellement de ces corps ».

2. Autre emprunt à la *Grammaire de Port-Royal,* voir p. 5 : « La Grammaire est l'Art de parler. Parler est expliquer ses pensées par des signes, que les hommes ont inventés à ce dessein » ; p. 16 : « Ainsi l'on peut définir les mots, des sons distincts et articulés, dont les hommes ont fait des signes pour signifier leurs pensées ». Arnauld et Nicole proposent une logique cartésienne, mais leur conception du signe provient en grande partie d'Augustin, *cf.* Thomas d'Aquin, *Quaestiones disputatae de Veritate,* Qu. IV, *De Verbo,* art. 1, Sed Contra 4, dans lequel selon Augustin, « Verbum nihil est aliud quam cogitatio formata », « Le verbe n'est autre que la pensée formée » (*Questions Disputées sur la Vérité, Question IV, Le Verbe,* trad. fr. B. Jollès, Paris, Vrin, 1992, p. 29).

moyen d'entretenir entre les hommes la société, qui est le plus grand tous les biens en ce monde, je veux, autant qu'il me sera possible, en observer les différentes espèces avec leurs propriétés, et tâcher d'en découvrir toutes
15 les | merveilles, pour en reconnaître toutes les utilités.

Une des principales choses, que je trouve digne de considération touchant ces signes est qu'ils n'ont aucune conformité avec les pensées [1] que l'on y joint par institution. En effet, soit que nous exprimions nos pensées par des gestes, par des discours, ou par des caractères qui sont les trois sortes de signes les plus ordinaires, par lesquels nous fassions connaître nos pensées, nous voyons bien (si nous y faisons un peu de réflexion) qu'il n'y a rien de moins ressemblant à nos pensées que tout ce qui nous sert à les expliquer. Car enfin, quand un homme, pour me témoigner qu'il n'est pas d'accord de quelque chose vient à branler la tête, quand, pour me l'expliquer mieux, il remue la gorge, la langue, les dents et les lèvres pour former des paroles, ou bien qu'il prend du papier, et trace avec une plume des caractères pour me l'écrire, je vois si peu de ressemblance [2] entre tous ces mouvements de la tête, de la bouche, ou de la main, et tout ce qu'ils m'apprennent, que je ne puis assez admirer comment ils me donnent si facilement l'intelligence d'une chose qu'ils représentent si mal.

Mais ce que je trouve de plus admirable en cela, c'est que cette extrême différence qu'il y a entre ces signes et nos pensées, en nous marquant celle qui est entre notre corps et notre âme, nous donne en même temps à connaître tout le secret de leur union. Au moins il me semble que cette étroite union, que la seule institution des hommes est capable de mettre
16 entre certains mouvements extérieurs, et nos pensées, | est, à qui veut y prendre garde, le plus beau moyen de concevoir en quoi consiste véritablement l'union du corps et de l'âme [3]. Car enfin, si l'on conçoit que les

1. Voir Descartes, *Le Monde,* chap. I, AT, XI, 5 ; *Lettre à Chanut,* AT, IV, 603-604 ; *Dioptrique,* IV, AT, VI, 112 ; *Principes,* IV, art. 197, AT, IX-2, 315-316. Bien que Descartes n'ait pas fourni une théorie du signe, il donne certains éléments sur la nature et le fonctionnement des signes dans sa conception du sens.

2. Sans citer précisément Cordemoy, Michel Foucault voit comment, en un sens, l'âge classique délaisse en grande partie les similitudes du Moyen Age, et de la Renaissance, pour un ordre des savoirs, ou du discours, centré sur la représentation, et la dissimilitude, voir M. Foucault, *Les Mots et les choses,* Gallimard, 1966.

3. La liaison de l'âme et du corps est instituée par Dieu en vue de la conservation, mais elle n'est pas nécessaire. Elle rend donc possible un certain écart entre l'intérieur et l'extérieur, entre les pensées et les mouvements extérieurs. Ainsi elle prescrit une forme d'harmonie, ou de naturalité, dans la relation de l'affectivité et de son expression, c'est-à-dire, elle engage chacun, autant qu'il est possible, à rechercher l'aisance et la facilité de pouvoir ressentir et s'exprimer. Le rapport à soi est donc un rapport au langage, et à l'expression de soi,

hommes puissent par institution joindre certains mouvements à certaines pensées, on ne doit pas avoir de peine à concevoir que l'Auteur de la nature, en formant un homme, unisse si bien quelques pensées de son âme à quelques mouvements de son corps que ces mouvements ne puissent être excités dans le corps, qu'aussitôt des pensées ne soient excitées en l'âme, et que réciproquement, dès que l'âme veut que le corps soit mû d'une certaine façon, il le soit en même temps.

Au reste, il est évident que c'est de ce rapport si nécessaire que l'Auteur de la nature entretient entre le corps et l'âme, qu'est venue la nécessité de faire des signes pour communiquer ses pensées. Car, puisque l'âme ne peut avoir de pensée, à l'occasion de laquelle il ne se fasse un mouvement dans le corps, et que d'ailleurs elle ne peut recevoir aucune idée de ce qui est au dehors que par les mouvements qui sont excités dans le corps qu'elle anime, il faut nécessairement que deux âmes, unies à deux corps différents, expriment leurs pensées par des mouvements, ou, si vous voulez, par des signes extérieurs [1]. Or, pour connaître parfaitement comment cela se fait, il n'est besoin, à mon avis, que de faire un peu de réflexion à ce que j'ai déjà remarqué sur les principales différences des signes, sur la cause particulière de chacun, et sur les raisons qu'on a de s'en servir.

| Et premièrement, s'il est vrai que certains mouvements du visage et 17
certains cris suivent naturellement certains états du corps, par le rapport qu'il y a entre ses parties, il faut croire que les pensées qui sont jointes naturellement à ces mouvements du visage et à ces cris, sont les passions que l'âme souffre à l'occasion de l'état où est le corps, tellement que si un homme a bien observé ses yeux, son visage, et tout l'extérieur de son corps, pendant qu'il a eu certaines passions, il a pu, voyant les mêmes mouvements dans un autre homme, juger que cet homme sentait les mêmes passions. Véritablement, si quelquefois il a su se contraindre en de pareils états, il peut avoir appris à se défier de ces signes. Mais enfin il est évident qu'ils sont naturellement propres à expliquer les passions, et que le

qui implique le rapport à autrui. Enraciné dans les préoccupations de l'anthropologie cartésienne, Cordemoy fait se rejoindre la réflexion sur les signes et celle sur la rhétorique et l'éloquence, de telle sorte que la question de l'homme est devenue de part en part psycho-physiologique *et* morale. C'est la raison pour laquelle l'institution humaine du langage est « le plus beau moyen » de concevoir l'union ; elle en fait comprendre la concrétude, tout autant que la dimension morale, ou esthétique (par exemple dans la réflexion sur l'éloquence).

1. L'explication « occasionaliste » de la liaison des pensées, et des passions, avec leurs signes extérieurs, ou avec leur expression vocale dans la parole, met en valeur son caractère institué, en même temps que celui de l'union de l'âme et du corps, dont elle n'est finalement que la manifestation.

meilleur moyen de faire entendre ce que l'âme souffre est de ne pas contraindre son visage, ses yeux ou sa voix. C'est la manière d'exprimer ses pensées la plus naïve, c'est aussi la première de toutes les langues, et la plus universelle qui soit dans le monde, puisqu'il n'y a point de nation qui ne l'entende [1].

Il y a deux autres moyens d'exprimer non seulement les passions de l'âme mais encore tout ce qu'elle conçoit, savoir ce qu'on appelle ordinairement *Parole,* et ce qu'on appelle *Écriture,* qui ne sont à vrai dire qu'une même chose. Car les hommes, ayant observé qu'ils pouvaient former différentes voix ou différents caractères, sont convenus que les
18 mots ou les caractères signifieraient les choses, et se sont exprimés | par l'un ou par l'autre de ces moyens, selon qu'il a été plus convenable à l'état où ils se sont trouvés. S'ils ont été absents, les caractères qui demeurent après qu'ils ont été tracés leur ont été plus commodes, comme pouvant être transportés où la voix n'aurait su parvenir [2]. Mais, s'ils ont été présents, les mots prononcés leur ont semblé un moyen plus aisé de s'exprimer, et enfin si quelqu'un n'a point eu la voix libre, il a pu par les caractères exposer aux yeux les signes de sa pensée, de sorte que s'il y a quelque véritable différence entre *écrire* et *parler,* c'est qu'en parlant on se sert de la voix, et en écrivant des caractères qui sont à la vérité des signes fort différents, mais en tous les deux, on s'exprime par des choses extérieures et corporelles, auxquelles on fait signifier par institution ce que l'on pense, et c'est en général ce qu'on appelle *parler.*

Cela posé, il n'y a personne qui ne conçoive qu'on peut apprendre une langue, ou une manière d'écrire, et même qu'on en peut inventer [3]. Car il est

1. Voir Descartes, *Lettre à Mersenne,* 18 décembre 1629, AT, I, 103 : « Pour les dictions qui signifient naturellement, je trouve la raison bonne pour ce qui frappe tellement nos sens que cela nous oblige à jeter quelques voix : comme si on nous frappe, cela nous oblige à crier ; si on fait quelque chose de plaisant, à rire ; et les voix qu'on jette, criant ou riant, sont semblables en toutes langues ».

2. Cf. *La Grammaire de Port-Royal,* p. 5 : « On a trouvé que les plus commodes de ces signes étaient les sons et les voix. Mais parce que ces sons passent, on a inventé d'autres signes pour les rendre durables et visibles, qui sont les caractères de l'écriture ».

3. Voir le projet cartésien de l'invention d'une langue universelle (Descartes, *Lettre à Mersenne,* 20 novembre 1629, AT, I, 76-82). Ce projet restera à l'état d'ébauche. C'est Leibniz qui, dès 1677, a voulu accomplir ce projet avec sa *Caractéristique universelle*. Les mathématiques illustrent ce que devrait être la vraie méthode, parce qu'elles s'exercent non « sur la chose même, mais sur les caractères que nous avons substitué à la place de la chose » (L. Couturat, *Opuscules et fragments inédits de Leibniz,* Paris, Vrin, 1903 ; réimpression G. Olms, Hildescheim, 1961 ; p. 154). Ainsi la vraie méthode, *i. e.* la Caractéristique, doit pouvoir s'appliquer universellement à n'importe quel contenu. « Il est manifeste que si l'on

évident que, soit qu'on les apprenne, ou qu'on les invente, on ne fait autre chose que convenir que certains caractères signifieront certaines pensées [1]. On voit aussi que s'il y a quelque différence entre les apprendre et les inventer, c'est qu'en apprenant on s'instruit seulement des signes dont quelques autres hommes sont déjà convenus, et qu'en inventant on est maître de l'institution qui fait que les mots ou les caractères signifient plutôt une chose que l'autre, et c'est par ce moyen que presque toutes les nations se sont fait des langues différentes.

| Mais, comme il est aisé de concevoir comment des hommes qui 19
parlent une même langue peuvent convenir entre eux des moyens d'en inventer de nouvelles, je m'arrêterai à considérer comment une personne, qui n'aurait aucune connaissance de la langue d'un pays, la pourrait apprendre, quoique ceux du pays ne sussent pas la sienne.

Comment on peut apprendre une langue étrangère. Pour cela, je conçois que s'appliquant d'abord à savoir le nom des choses qui lui seraient les plus nécessaires, il écouterait soigneusement tout ce qui se dirait par ceux qui tiendraient, ou qui démontreraient quelqu'une de ces choses, et le mot qu'ils répèteraient le plus souvent en parlant de cette chose, devant

pouvait trouver des caractères ou signes propres à exprimer toutes nos pensées, aussi nettement et exactement que l'arithmétique exprime les nombres, ou que (l'algèbre) l'analyse géométrique exprime les lignes, on pourrait faire en toutes les matières *autant qu'elles sont sujettes au raisonnement,* tout ce qu'on peut faire en Arithmétique et en Géométrie » (*ibid.*, p. 155). Cette langue universelle servirait à l'invention et au jugement, voire même à estimer les degrés de certitude dans les raisonnements en physique, en morale ou en jurisprudence, qui ne sont pas aussi démonstratifs qu'en arithmétique, et enveloppent une part de probabilité. La Caractéristique enveloppe une théorie de la définition (que l'on trouve déjà dans la *Lettre à Tschirnhaus* de mai 1678, dans l'éd. Gerhardt, *Mathematischen Schriften,* Livre IV, p. 462, et ensuite dans les *Méditations sur la connaissance, la vérité et les idées* ou le *Discours de Métaphysique*). La Caractéristique compose et décompose les concepts ; les concepts définis sont construits à partir de leurs éléments. Dans ses démonstrations, elle s'appuie simplement sur le principe d'identité. Sur les aspects logiques, voir Hidé Ishiguro, *Leibniz's Philosophy of Logic and Language,* chap. III : « *Ars Combinatoria* », *Cambridge,* Cambridge University Press, 1990. Sur la métaphysique qui sous-tend ce projet, voir Michel Fichant, « Leibniz et l'universel », dans *Science et métaphysique dans Descartes et Leibniz,* Paris, P.U.F., 1998.

1. CG, n. 23, p. 334. Voir Louis La Forge, *Traité de l'esprit de l'homme,* chap. XX, p. 295 : « Il s'ensuit évidemment de tout ceci, que toutes les langues sont d'institution, et qu'il doit y avoir une notable différence entre les Hommes et les autres animaux, puisqu'il n'y a point d'Hommes si hébétés et si stupides, sans en excepter même les fous et insensés, qui ne soient capables d'inventer quelques signes, pour faire entendre leurs pensées ». La Forge parvient même à des formules assez semblables à celles de Cordemoy, puisqu'il poursuit : « et que la plus sage de toutes les Bêtes n'est pas capable de rien faire de semblable, et ainsi nous n'avons aucune raison de croire qu'elles aient la moindre pensée ».

nécessairement être son nom, il pourrait en prononçant ce mot, user en même temps, pour obtenir la chose, de quelque signe qui témoignât le besoin qu'il en a. Que, si en la démontrant, et en faisant connaître qu'il en a besoin, il ne la nommait pas bien, on ne manquerait pas de lui en dire le véritable nom, de sorte qu'il pourrait par de semblables démonstrations, savoir en peu de temps le nom de plusieurs choses, et pour peu qu'il eût d'esprit, il observerait surtout les mots qu'on répéterait le plus de fois, en répondant à ses diverses demandes sur le nom des choses qu'il démontrerait. Car apparemment les mots, qui se trouveraient dans toutes les réponses les plus proches du nom de chaque chose signifieraient *cela s'appelle,* ou *cela se nomme*: si bien qu'il n'aurait qu'à les répéter pour faire de nouvelles questions.

20 |Après avoir appris par ce moyen les noms de plusieurs choses, il pourrait, selon qu'elles seraient utiles ou dommageables, observer les mots dont ceux qui témoigneraient en être affectés se serviraient pour exprimer ce qu'ils en penseraient, et apprendre par ce moyen les mots qui, signifiant les qualités, sont toujours ajoutés à ceux qui signifient les choses, auxquelles ces qualités conviennent.

Ensuite, voyant faire certaines actions, comme monter, descendre, aller et venir, il pourrait demander comment cela s'appelle, et quand il saurait assez de mots pour en former des discours, où il pût mêler les verbes aux noms, c'est-à-dire ce qu'il penserait touchant les choses et touchant leurs actions, il pourrait se faire entendre, quoiqu'il parlât encore fort improprement pour les mots et pour la construction.

La manière dont les enfants apprennent à parler[1]. Mais, pour connaître que cela n'est pas impossible, il ne faut que considérer que cela doit être

1. CG, n. 24, p. 334. Nous citons ce texte célèbre d'Augustin, que Cordemoy a certainement à l'esprit quand il écrit. « Je me souviens de cela. Mais comment j'avais appris à parler, plus tard je m'en suis rendu compte. Ce n'était pas les grandes personnes qui m'instruisaient en me présentant les mots dans un ordre donné d'enseignement, comme on le fait un peu plus tard pour les lettres de l'alphabet ; c'était moi-même, avec l'intelligence que tu m'as donnée, mon Dieu. Par des gémissements et des cris divers et divers gestes, je voulais divulguer les pensées de mon cœur, pour qu'on obéît à ma volonté, mais je ne pouvais ni exprimer tout ce que je voulais, ni le faire à tous ceux que je le voulais ; alors j'utilisais les prises de la mémoire : quand les gens nommaient un objet et qu'à la suite de ce son de voix, ils faisaient un geste vers quelque chose, je voyais et je retenais que cet objet s'appelait pour eux du nom qu'ils faisaient raisonner, lorsqu'ils avaient l'intention de le montrer (*vellent ostendere*). D'ailleurs cette intention de leur part apparaissait dans les gestes : ils sont comme le langage naturel de tous les peuples, faits de jeux de physionomie, de clins d'yeux, et de mouvements des autres membres, et aussi du ton de la voix qui trahit le sentiment de l'âme

souvent arrivé à des voyageurs. Et comment des hommes faits ne trouveraient-ils pas les moyens de se faire entendre dans un pays où ils arrivent puisque les enfants en trouvent bien pour apprendre la langue du pays où ils naissent ? Ils n'apportent, en venant au monde, que ce que la nature donne à tous les hommes pour exprimer la douleur, la joie, ou les autres passions, cependant cela leur suffit. Et, pour peu qu'ils aient vécu, ils étudient si bien le visage de leur nourrice, qu'elle peut les faire pleurer ou
rire, à les regarder seulement. Ainsi ils connaissent aisément | les passions 21
de ceux qui les approchent, par les mouvements extérieurs qui en sont les signes naturels.

Ils sont un peu plus longs à démêler les signes que les hommes ont institués pour signifier les choses. Mais la nécessité qu'ils ont de quelques-unes les rend si attentifs à tout ce qu'on dit de ces choses, quand ils s'aperçoivent qu'on les touche, ou qu'on les montre de la main, qu'ils en apprennent enfin le nom. Il est vrai qu'ordinairement on tâche d'exciter en eux quelque passion (comme la joie) par quelque cri qui accompagnant la démonstration qu'on leur fait des choses, en même temps qu'on leur dit les noms, fait qu'ils y sont plus attentifs, et qu'en étant plus affectés par ce moyen, ils les retiennent mieux.

Mais, quelque peine qu'on se donne pour leur apprendre certaines choses, on s'aperçoit souvent qu'ils savent les noms de mille autres choses qu'on n'a point eu dessein de leur montrer. Et ce qu'il y a de plus surprenant en cela, c'est de voir, lorsqu'ils ont deux ou trois ans, que par la seule force de leur attention, ils soient capables de démêler, dans toutes les constructions qu'on fait en parlant d'une même chose, le nom qu'on donne à cette chose.

Ils apprennent ensuite avec la même application, et le même discernement, les mots qui signifient les qualités des choses dont ils savent les noms.

Enfin, étendant leur connaissance plus loin, ils remarquent quelques actions ou quelques mouvements de ces mêmes choses, et observent à
même temps ceux qui en parlent, ils distinguent à force | d'être attentifs, et 22

dans la poursuite, la possession, le rejet ou la fuite des choses. Ainsi les mots, mis à leur place dans diverses phrases et souvent entendus, me livraient leur valeur significative ; peu à peu, je les recueillais, et déjà mes volontés, une fois mes lèvres dressées à émettre ces signes, se servaient d'eux pour s'énoncer. C'est ainsi qu'avec ceux de mon entourage, pour énoncer mes volontés, je fis échange de signes, et que j'entrai plus avant dans le commerce orageux de la vie humaine, tout en dépendant de l'autorité de mes parents et du bon plaisir des grandes personnes » (*Les Confessions*, I, chap. VIII, citées dans les *Œuvres de Saint Augustin*, Bibliothèque Augustinienne, vol. 13).

d'entendre répéter les mots qu'on mêle aux noms qui signifient les choses ou leurs qualités ceux qui signifient leur action [1].

Ainsi un enfant, dont le tempérament est fort et vigoureux, voyant un cheval qui court, semble vouloir voler après. Ceux qui le veulent divertir lui demandent souvent s'ils voit le cheval, mais, parce que peut-être ce mot serait difficile à prononcer pour lui, à cause que les enfants prononcent mieux tous les mots qui n'ont besoin que de lèvres ou de gencives pour être bien articulés, ils lui donnent un nom convenable à cela. Et, lorsque dans les efforts qu'il fait pour se joindre au cheval, il a prononcé ce mot, on le mène auprès de cet animal qu'on lui fait caresser en disant qu'il est bon ; ce qui se répète souvent tandis qu'il le flatte. Mais, si le cheval vient à faire quelque mouvement ou quelque souffle qui fasse craindre qu'il ne blesse l'enfant, ceux qui le veulent ôter de là disent incontinent que le cheval est méchant, et si cet enfant, lorsqu'on l'emporte, témoigne par des cris que cela lui déplaît, ceux qui le tiennent feignent de la peur, dont l'enfant connaissant les signes extérieurs sur leur visage, sent incontinent les mêmes mouvements, ce qui le fait consentir à s'éloigner du cheval. Et comme pendant tout cela on répète souvent le mot de *méchant,* avec des démonstrations qui le rendent plus attentif, il conçoit ce que veut dire ce nouveau mot, le retient et souvent le répète à sa manière, de sorte que, si après de semblables leçons, ce même enfant voit un cheval, il répétera le mot qui lui
23 signifie | cet animal, et si en l'approchant, il le trouve assez paisible pour se laisser flatter, il dira en même temps le mot qui signifie le cheval, et celui qui signifie sa douceur. Mais s'il s'agite trop, la peur qu'il en aura, lui faisant faire effort pour s'en éloigner, lui fera dire à même temps le mot de méchant à sa manière, après celui qui signifie cheval, sans lier ces deux mots par aucun verbe qui désigne aucune action.

Que les Grammairiens imitent cette manière. Je dirai en passant qu'il y a bien de l'apparence que ceux qui ont donné les éléments de la Grammaire ont fait de semblables observations. Comme tout l'art de leur méthode n'a pu être tiré que de la nature même, il faut qu'ils aient bien considéré comment les enfants apprennent à parler, et je vois qu'en effet leurs préceptes ne sont qu'une imitation de ceux que la nature donne aux enfants.

D'abord les Grammairiens font connaître les noms qui signifient les choses qu'ils appellent substantifs, puis ils font connaître ceux qui signifient les qualités, qu'ils appellent *adjectifs.* Et ce n'est qu'après avoir

1. CG, n. 25, p. 335. Les ouvrages de logique insistaient sur l'attention, par exemple, Clauberg, *Logica vetus et nova, Pars prima,* chap. III, et IV.

bien distingué ces différents noms qu'ils font connaître les mots qui signifient les actions des choses, qu'ils appellent *verbes* : en quoi ils suivent encore les leçons que la nature donne aux enfants, qui selon ce qu'on en peut observer, ne se rendent attentifs aux mots qui signifient les actions d'une chose que quand ils en savent déjà le nom, et celui des qualités par lesquelles cette chose leur plaît ou leur déplaît. Car c'est toujours selon cette convenance | qu'ils apprennent plutôt une chose que l'autre. 24

Et, afin que cela s'explique par le même exemple, dont j'ai déjà commencé de me servir, lorsque l'enfant sait bien le nom du cheval, et ceux des qualités qui font qu'il lui plaît ou lui déplaît, le désir qu'il a naturellement d'étendre ses connaissances fait qu'il observe les actions du cheval dès qu'il le voit. Et si quelquefois on s'aperçoit que suivant l'impétuosité de son tempérament, il donne des signes de joie en voyant courir le cheval, on dira alors avec des cris, qui accompagnent ordinairement la joie, et en le remuant d'une façon approchante de celle dont cet animal remue, que *le cheval court.* Cela répété plusieurs fois, lui fera concevoir le mot qui exprime cette action ; en sorte qu'il ne manquera point de joindre le mot, qui signifie le cheval, avec celui qui signifie son action.

On pourrait, en suivant le même exemple, montrer comment un enfant apprend enfin à parler tout à fait, mais il suffit d'en avoir exactement observé les commencements, et l'on en peut comprendre aisément la suite. Ce qu'il y a seulement à remarquer est qu'il faut beaucoup plus de temps pour lui apprendre ce que valent les *adverbes* que les mots qui signifient des substances, les qualités, et les actions, parce qu'il n'importe pas tant à sa conversation de connaître ce plus, ce moins, et cet excès, ou ce défaut, qui s'expriment par les adverbes qu'on joint aux choses, aux qualités, ou aux actions que les choses, les qualités, ou les actions mêmes.

| Il est bon aussi de considérer que quand il commence à s'apercevoir du 25
plus, du moins, de l'excès, ou du défaut, il l'exprime ordinairement par quelque mouvement, ou quelque démonstration de grandeur ou de petitesse, à proportion de ce que les choses le touchent fortement ou faiblement, par leurs qualités ou par leur action.

Il en est de même des *conjonctions,* et des autres particules inventées pour lier, ou pour séparer les choses. Un enfant ne les emploie que rarement, et après un long temps, parce que, suivant absolument la nature, il croit avoir exprimé la chose et sa qualité, quand il a mis les deux mots qui les signifient l'un avec l'autre.

C'est ce qu'il fait aussi pour l'action, qu'il exprime, en mettant le mot qui la signifie, proche du nom de la chose, sans pouvoir encore discerner cette précision des temps, ni remarquer cette diversité de terminaisons, laquelle appliquant le mot qui signifie une même action à diverses personnes, et à divers temps, forme la *conjugaison*.

On pourrait aussi montrer comment il vient à connaître le terme des actions, et l'on pourrait enfin tirer de l'ordre naturel, dans lequel les enfants apprennent à parler, des notions pour juger entre toutes les langues celles qui sont les plus parfaites. Car sans doute celles qu'on verrait dans leurs constructions ordinaires suivre le plus cet ordre naturel devraient passer pour les plus parfaites.

26 Mais, ne cherchant ici que les principes, je ne | dois pas aller jusqu'à ce détail. Je désire seulement qu'on observe une vérité très importante que nous découvre évidemment cet exemple des enfants; qui est que, dès la naissance, ils ont la raison toute entière, car enfin cette manière d'apprendre à parler est l'effet d'un si grand discernement, et d'une raison si parfaite, qu'il n'est pas possible d'en concevoir un plus merveilleux.

Que, si dans la suite de l'âge, ils paraissent sans conduite, et presque sans raison, il faut considérer ce qu'est la connaissance des affaires et de tous les sujets sur lesquels ils doivent raisonner, qui leur manque plutôt que la raison. Joint à cela que les coutumes du monde, qui en font toute la sagesse, sont souvent si contraires à ce que la nature bien ordonnée exigerait des hommes, que ceux qui naissent ont besoin de vivre plusieurs années pour apprendre des choses si éloignées de ce que la nature enseigne. Mais toujours il est évident que leur raison est entière dès le commencement, puisqu'ils apprennent parfaitement la langue du pays où ils naissent, et même en moins de temps qu'il n'en faudrait à des hommes déjà faits pour apprendre celle d'un pays où ils voyageraient sans y trouver personne qui sût la leur [1].

Il n'est pas difficile maintenant de concevoir pourquoi nous avons tant de facilité à apprendre une langue étrangère d'une personne qui la sait, et qui sait aussi la nôtre, car alors nous pouvons nous enquérir aisément du nom de chaque chose. Nous pouvons aussi par ce moyen apprendre
27 plusieurs | langues, étant manifeste qu'après avoir appris le mot qui signifie

1. Voir CG, n. 29, p. 336. À propos de la « raison » des enfants, et de leur facilité à apprendre, d'une façon plus mesurée que Cordemoy, voir Montaigne, *Essais*, Livre I, chap. XXVI, « De l'Institution des enfants », P. Villey (éd.), P.U.F.-Quadrige, 1992, p. 163-164, pour lequel le naturel des enfants peut sans difficulté être formé à la philosophie plutôt qu'à la rhétorique et à ses artifices. Voir aussi Malebranche, *Recherche de la Vérité*, II, I, VIII, § II, p. 138 : « Les plus petits enfants ont de la raison aussi bien que les hommes faits, quoiqu'ils n'aient pas d'expérience ; ils ont aussi les mêmes inclinations naturelles, quoiqu'ils se portent à des objets bien différents. Il faut donc les accoutumer à se conduire par la raison, puisqu'ils en ont ».

une chose en Français, on peut apprendre encore par quels mots les Italiens, les Espagnols, et d'autres nations expriment cette chose. Et ce qu'il y a de remarquable est que, quand nous sommes une fois convenus que plusieurs mots signifient une même chose, nous joignons si bien l'idée ou la pensée de cette chose à chacun de ces mots que souvent nous nous souvenons très bien qu'on nous en a donné l'idée, sans nous souvenir duquel de tous ces mots on s'est servi. D'où vient que quand on se trouve avec des personnes de différents pays, dont on sait les langues, on retient aisément chaque nouvelle, et tout ce qui a été dit sur les sujets dont on a parlé, sans pouvoir précisément se ressouvenir des mots ni de la langue, dont on s'est servi pour nous donner les idées qui nous en restent.

Cela fait voir encore bien clairement, ce me semble, la distinction qu'il y a entre nos pensées, et les mots par lesquels nous les exprimons. Et, comme la principale fin pour laquelle je me suis proposé cet ouvrage est de faire connaître cette distinction, je ne crois pas devoir omettre en cet endroit une autre considération qui la rend, à mon avis, si évidente, qu'il n'est pas possible d'en douter.

C'est que, lorsqu'un homme parle en public, et qu'il est écouté de plusieurs personnes de différentes nations, le sens de ses paroles n'est compris que de ceux qui savent la langue dont il se sert, bien que le son de ses paroles affecte également tous les autres. | Cependant, si l'âme n'était 28
pas distincte du corps, et si les pensées n'étaient pas distinctes des mouvements, il arriverait que, dès que le cerveau de plusieurs personnes serait affecté de même façon, ils penseraient tous la même chose en même temps, car ils font tous également ce qui dépend en cela de l'oreille et du cerveau. Mais, parce que tous ne sont pas convenus que certains mouvements de ces parties signifieront certaines choses, et qu'ils ne les ont pas joints aux idées qu'ils en ont, il arrive qu'on parle inutilement de ces choses devant eux, et qu'ils ne les comprennent pas, bien que les mots qu'on emploie pour les exprimer frappent leur oreille et leur cerveau, comme elles frappent l'oreille et le cerveau de ceux qui en ont l'intelligence.

La même chose se peut reconnaître encore par ceux qui étudient quelque langue. Ils savent souvent en un instant la signification d'un mot, et ne la savent plus en un autre. Cependant ils se souviennent bien du mot, et ils ont encore l'idée de la chose qu'il leur doit représenter, mais ils n'ont pas encore si bien joint l'une à l'autre, que cette idée revienne à leur esprit dès qu'on prononce le mot qui la signifie.

Quoique je sois persuadé que je n'ai rien avancé jusqu'ici qui ne soit appuyé sur des principes assez clairs pour ne laisser aucun doute, et que peut-être ils fussent suffisants pour en tirer d'autres conséquences qui nous pourraient encore découvrir quelques vérités assez importantes, néanmoins je crois que pour donner un entier éclaircissement sur ce qui me
29 | reste à dire, et même sur ce que j'ai déjà dit, il est bon, avant que d'aller plus loin, de bien démêler tout ce qui se trouve en la parole dépendant absolument du corps d'avec ce qui s'y trouve dépendant de l'âme, et de considérer ce qu'elle emprunte de leur union.

Comment se forme la voix. De la part du corps en celui qui forme la voix, il faut considérer qu'il a des poumons où l'air entre par la tranchée artère, lorsque les muscles de la poitrine en étendent tous les côtés par leur mouvement, comme il entre dans un soufflet par le bout quand on l'étend en séparant ses deux côtés.

Il faut aussi concevoir que comme le vent qui sort d'un soufflet, quand on le referme, pourrait pousser l'air d'autant de façons diverses qu'on pourrait mettre de différents sifflets à l'endroit par où sort le vent, de même l'air qui sort des poumons, quand la poitrine s'abaisse, est diversement poussé selon que l'entrée de la trachée est diversement disposée. Ce que je n'explique pas plus au long, car je suppose que tout le monde sait qu'outre plusieurs petits anneaux de cartilage, qui servent à empêcher que les côtés de la membrane, qui forme le canal par où l'air entre et sort du poumon, ne se rapprochent trop, il y en a trois considérables, dont l'un entre autres se peut serrer de si près que quand il est en cet état, l'air ne peut sortir du poumon qu'avec un grand effort, et quelquefois aussi il se peut élargir de telle sorte que l'air en sorte fort doucement. Or, comme entre la plus grande
30 et la plus petite ouverture | dont il est capable, il se trouve une diversité infinie d'autres ouvertures dont chacune fait une différente impression à l'air, il ne faut pas s'étonner si l'air, qui sort de la bouche, peut faire tant de différents effets.

Je suppose aussi que chacun s'imagine bien que le cartilage qui sert à modifier l'air ne manque pas de tous les muscles propres à l'ouvrir, à le fermer, et même à le tenir en certains états, autant qu'il est besoin pour la durée d'un même son. Ces muscles sont arrangés avec un ordre si merveilleux qu'il n'est pas possible de le voir sans l'admirer. Les deux autres cartilages ont aussi leurs muscles, et toutes choses sont si bien disposées en cet endroit que l'on peut hausser ou baisser cette entrée, et l'ouvrir ou la fermer, avec lenteur ou avec vitesse, sans que jamais le mouvement des petits muscles qui servent à quelques-unes de ces actions soit empêché par le mouvement de ceux qui servent aux autres. Ce qui nous fait connaître que c'est de la seule disposition de cet endroit de la trachée que dépend la différence des sons.

Et il faut remarquer que s'il n'y avait que cette partie, il n'y aurait aucune différence entre les sons qu'elle rendrait, et ceux d'une flûte, c'est-à-dire qu'elle ne rendrait que des sons vagues et non pas des voix. Mais, pour leur donner une certaine détermination, la bouche est taillée de sorte que ces sons, venant à s'y entonner, reçoivent différentes terminaisons selon les différentes manières dont elles s'ouvre [1].

Les voyelles. Si, par exemple, on ouvre la bouche autant qu'on | la peut 31
ouvrir en criant, on ne saurait former qu'une voix en A. Et à cause de cela le caractère, qui dans l'écriture désigne cette voix ou terminaison de son, est appelé A[2].

Que si on ouvre un peu moins la bouche, en avançant la mâchoire d'en bas vers celle d'en haut, on formera une autre voix terminée en E.

Et, si l'on approche encore un peu davantage les mâchoires l'une de l'autre, sans toutefois que les dents se touchent, on formera une troisième voix en I.

Mais, si au contraire on vient à ouvrir les mâchoires et à rapprocher en même temps les lèvres par les deux coins, le haut et le bas, sans néanmoins les fermer tout à fait, on formera une voix en O.

1. Voir CG, n. 31 et 32, p. 337. Bernard Lamy, dans la *Rhétorique ou l'art de parler,* Livre III, chap. I-IV, traite de « la partie matérielle de la parole ». Concernant la prononciation des voyelles, des diphtongues, et des consonnes, voir l'étude de G. Rodis-Lewis, « Un Théoricien du langage au XVIIe siècle : Bernard Lamy », *op. cit.* Mme Rodis-Lewis présente un tableau documentaire sur l'importance du langage, et ses liens avec l'anthropologie, dans l'école cartésienne. Elle fournit aussi des éléments d'histoire de la phonétique, et elle situe Cordemoy dans une lignée de réflexion, considérablement enrichie au XVIIe siècle, et dont l'objet d'intérêt est au-delà de la production physiologique des sons, la phoniatrie ainsi que l'histoire des langues

2. CG, n. 32, suite. Cordemoy reprend certains éléments à propos des voyelles et des consonnes à la *Grammaire générale et raisonnée* d'Arnauld et Lancelot, *cf.* Première partie, chap. I-II, éd. de Lausanne, p. 6-10 du volume XLI. Sa phonétique reste peu originale. L'étude de G. Rodis-Lewis, précédemment citée, met en avant les sources probables de Cordemoy et de la phonétique des cartésiens en général. Bernard Lamy cite en effet ses sources : Marius Victorinus († vers 370), qui suit, en y ajoutant quelques précisions, les descriptions versifiées de Terentianus Maurus (Ier siècle après J.-C). Ces deux auteurs, ainsi que Priscien, sont d'ailleurs largement cités par Ramus, *Scholæ grammaticæ,* Paris, 1556. Le *De litteris* de Terentianus et le *De orthographia* de Marius Victorinus sont en effet collectés en un même volume (Genève, 1584). Autre source probable : l'abbé Deschamps qui, dans son *Cours élémentaire d'éducation des sourds-muets,* Paris, 1779, reproduit en conclusion les descriptions phonétiques de M. Victorinus.

Enfin, si on rapproche les dents sans les joindre entièrement, et si en même temps on allonge les deux lèvres en les rapprochant, sans les joindre tout à fait, on formera une voix en U.

Il est aisé de concevoir comment les mouvements qu'on donne à toutes les parties de la bouche en chacune de ces formations de voix, étant mêlés, on pourra former des voix, dont la terminaison sera moyenne entre deux de ces cinq voix ; que je ne m'amuserai pas à examiner comment se forment ces voix moyennes ou composées qu'on appelle *Diphtongues.*

Les Consonnes. Mais je crois qu'il est nécessaire d'examiner un peu comment se font ces battements de la voix, qui en font les différentes
32 articulations, et que l'on exprime | dans l'écriture par des caractères qu'on appelle *Consonnes.*

Quelques-unes sont articulées par les lèvres seulement ; ainsi, quand on a les lèvres jointes sans que les dents le soient, on ne saurait former la voix A qu'en desserrant les lèvres d'une manière qui fait qu'on articule la syllabe Ba, dont la dernière lettre, exprimant la terminaison du son, c'est-à-dire la voix est appelée *voyelle*, et la première qui marque la manière dont cette voix est articulée, sonnant avec elle, est appelée *consonne.* D'où, en passant, on peut connaître que souvent la voix peut être belle sans être bien articulée, car le poumon qui pousse l'air, et l'entrée de la trachée, peuvent être en une si bonne disposition que la voix soit fort agréable. Mais en la même personne qui aura cet avantage, les autres parties de la bouche peuvent être si mal disposées que ne se remuant pas assez aisément et ne se rapportant pas les unes aux autres avec une justesse assez entière, la voix sera mal articulée.

Ce qui est dit du B, avec la voix A, se peut dire de la même consonne avec les autres voix, sans qu'il y ait de différence dans l'articulation, laquelle commençant toujours par desserrer les lèvres est toujours la même, et ne reçoit sa différente terminaison que de la situation différente où les parties de la bouche se mettent pour former ces différentes voix.

Les consonnes P et M se forment comme le B en desserrant les lèvres, mais il y a cette différence entre ces trois consonnes que les lèvres doivent
33 être | simplement jointes pour prononcer le B en les ouvrant, qu'elles doivent être un peu plus serrées et retirées en dedans pour prononcer le P et qu'elles doivent être encore plus serrées et plus retirées pour bien prononcer le M.

La lettre F se prononce quand on joint la lèvre de dessous aux dents de dessus, au lieu que les consonnes précédentes se forment en joignant les deux lèvres.

La consonne V se prononce comme la lettre F avec cette différence qu'on presse plus les dents contre la lèvre pour la lettre F que pour le V consonne.

La lettre S se prononce en approchant les dents de dessous assez près de celles de dessus, et la langue assez près du palais pour ne laisser passer l'air qui va sortir de la bouche qu'en sifflant. Le Z se prononce de même avec cette différence seulement que pour le Z on laisse un peu plus d'espace à l'air, en n'approchant pas tant la langue du palais, et en l'étendant d'une manière qui l'approche plus près des dents que quand on prononce un S.

Le D se prononce en approchant le bout de la langue au-dessus des dents d'en haut, et le T en frappant du bout de la langue à l'endroit où se joignent les dents d'en haut et d'en bas. Pour la lettre N, elle se forme en donnant du bout de la langue entre le palais et le haut des dents, et la lettre R en portant le bout de la langue jusqu'au haut du palais, de manière qu'étant
frôlée par l'air qui sort avec force, elle lui | cède et revient souvent au même 34
endroit, tandis que l'on veut que cette prononciation dure. La lettre L se prononce en portant le bout de la langue entre l'endroit où se forme la lettre N et celui où se forme la lettre R [1].

Le G se prononce en approchant doucement le milieu de la langue de l'extrémité intérieure du palais, et le K en l'approchant de cet endroit même, avec un peu plus de force.

Quant à l'X c'est une prononciation composée de l'S et du K. Pour le C on peut dire qu'il se prononce souvent comme l'S et souvent comme le K. La lettre Q se prononce aussi comme le K.

Enfin le J consonne se prononce en portant le milieu de la langue vers l'extrémité intérieure du palais, avec moins de force qu'au G quand il se prononce avec un A, un O, ou un U. Pour le Ch c'est une prononciation du C jointe à une aspiration douce, tellement que la syllabe Ga vient presque du fond du gosier, la syllabe Ka d'un peu moins avant, la syllabe Ja d'un endroit encore plus proche du milieu du palais, et la syllabe Cha du milieu du palais.

Je n'examine point pourquoi les uns prononcent mieux certaines consonnes que les autres, car on connaît aisément que la facilité ou la difficulté de prononcer ne vient que de la disposition qui se rencontre dans les parties de la bouche, en sorte que si les muscles de quelques-unes sont bien disposés, et ceux de quelques autres le sont mal, on prononcera bien les
lettres, et l'on aura besoin du | mouvement des parties qui sont dans une 35

1. C'est le passage célèbre du *Discours physique de la parole* que Molière reprend, de manière comique, dans *Le Bourgeois Gentilhomme,* Acte II, sc. IV.

bonne disposition ; et l'on prononcera mal celles où l'on aura besoin du mouvement des parties qui sont mal disposées. Ainsi les enfants prononceront mieux le B, le P, le D, et quelques autres où l'on n'a pas besoin que des lèvres, de quelques dents et du bout de la langue, que les lettres pour la prononciation desquelles il se faut servir du milieu de la langue, ou la replier jusqu'au haut du palais, comme la lettre R, parce que les humidités de leur cerveau rendent leur langue trop épaisse. De là vient qu'on a coutume, en leur parlant, de changer le nom des choses qu'ils connaissent les premières, quand il y a des lettres qu'ils ne peuvent prononcer, et que parmi nous on leur désigne leur père et leur mère par des mots, dont les consonnes sont aisées, à cause qu'elles se prononcent des lèvres et des dents ou du bout de la langue [1].

Les effets du son dans les animaux. Après avoir remarqué, autant qu'il est nécessaire, comment se forme le son ; comment il se termine en voix ; et comment il s'articule en syllabes, par celui qui prononce, à ne considérer que le corps, il faut maintenant examiner l'effet que ce même son produit dans l'oreille qu'il frappe et dans le cerveau qu'il ébranle.

Comme on sait communément l'anatomie de l'oreille, et même qu'il suffit que chacun soit persuadé en général que c'est un organe disposé à recevoir l'air quand il est poussé par les corps qui en se touchant le chassent
36 d'entre eux, ou repoussé | par les corps durs, ou sortant des poumons d'un animal, je n'en ferai point la description. Je souhaite seulement qu'on

1. G. Rodis-Lewis fournit le tableau à double entrée de Wallis qui combine, tant pour les voyelles que pour les consonnes, l'ouverture majeure, moyenne ou minime de la bouche, avec la distinction des points d'articulation (labiales, palatales, gutturales), et qui comporte pour les consonnes aussi trois subdivisions (muettes, semi-muettes et semi-voyelles). Plusieurs de ces traits se trouvent déjà chez les Anciens et sont cités par Ramus. Cordemoy, dans ce *Discours* de 1668, paraît s'inspirer de la classification de Wallis. Voici ce que note G. Rodis-Lewis : « On retrouve chez Cordemoy d'abord les labiales de la première colonne (ouverture majeure) ; mais il présente la semi-muette avant la muette (B, P, M), alors qu'il garde l'ordre de Wallis pour les labiales d'ouverture moyenne (F, V). Il passe ensuite aux palatales en commençant cette fois par la seconde colonne de Wallis (Z, Z). Ainsi les palatales d'ouverture majeure (D, T, N, énumérées toujours en mettant la semi-muette avant la muette) se trouvent rapprochées des deux lettres suivantes, R et L, dont Cordemoy, comme Wallis, précise qu'elles se situent entre N et D. Puis viennent les gutturales, la semi-muette G étant encore étudiée avant la muette K ou C dur ; Cordemoy y joint X que Wallis ne considérait pas comme un son simple. Enfin la troisième colonne de Wallis, où dominaient les phonèmes propres à l'anglais, ne retient que Y consonne et J ; il termine par Ch (seconde colonne des gutturales chez Wallis) » (art. cit. p. 264). Cordemoy n'explique pas l'ordre qu'il suit et pourtant il se distingue de la succession traditionnelle (Terentianus et Victorinus) que reprend dans l'ensemble Gassendi, (*Opera,* t. II, 1658, p. 512 *b,* 523 *b*-524 *b*).

observe que l'air ne peut être diversement ébranlé par quoi que ce soit qu'il n'entre diversement dans l'oreille, et que, selon ces diversités, il ne donne un branle différent à la membrane tendue dans le fond de l'oreille et aux nerfs qui y répondent [1].

On peut juger aussi par ce qu'on sait de la construction des animaux, même des bêtes, que selon que cet ébranlement des nerfs de l'oreille est différent, le cerveau doit être ébranlé en différentes parties, et qu'enfin c'est toujours selon que ces différentes parties sont ébranlées que les esprits se distribuent diversement dans les membres.

Or tout cela se fait par une suite nécessaire de la disposition mécanique de tout le corps de chaque animal, et même de chaque bête, qui étant d'une certaine espèce, c'est-à-dire constituée pour une chose ou pour une autre, a justement tout ce qu'il faut pour effectuer ce que l'Auteur de la nature s'est proposé en la formant. Elle a le cerveau tellement ajusté selon son tempérament à tout ce qui la peut conserver que si les objets qui lui peuvent nuire meuvent son cerveau, c'est toujours d'une façon qui le fait ouvrir aux endroits d'où les esprits peuvent couler dans les muscles qui servent à la reculer de ces objets, et si les objets qui lui peuvent servir meuvent son cerveau, c'est toujours d'une façon qui le fait ouvrir aux endroits d'où les esprits peuvent couler dans les muscles qui servent à l'approcher de ces
| mêmes objets, tellement que si nous supposons qu'un même bruit, 37
frappant les oreilles de deux bêtes de différente espèce, vienne à ébranler en même temps leurs cerveaux, nous devons croire que cet ébranlement, se faisant diversement en chacune, et en différentes parties de leur cerveau, selon que ce qui causera le bruit lui sera convenable ou contraire, il arrivera aussi que le cours des esprits, étant nécessairement différent en ces deux bêtes, l'une sera portée fort loin de l'objet, tandis que l'autre s'en approchera. Ainsi le hurlement d'un loup fera fuir une brebis et pourra faire approcher en même temps un autre loup [2].

1. Voir Aristote, *Les Parties des animaux,* et aussi Descartes, *Principes,* IV, art. 194, AT, IX-2, 314 ; *Traité de la lumière,* AT, XI, 5 ; *Traité de l'homme,* AT, XI, 149-151. Dans Gassendi, *Opera omnia,* t. I, *Physicæ,* section I, Livre VI, chap. X, p. 414 (*De sono*), voir le texte français de Bernier, *Abrégé de la philosophie de Gassendi,* Lyon, Anisson & Posuel, t. VI, 1678, p. 107 *sq.*

2. Voir Descartes, *Quatrièmes réponses,* AT-IX, p. 177-179 ; *Primæ Cogitationes circa generationem animalium et nonnula de saporibus,* AT, XI, 519-520, mais les passages cités ne sont de Descartes que de manière très hypothétique, voir Ch. Adam, dans l'Avertissement, p. 500-504. Voir aussi *Passions de l'âme,* I, art. 38, AT, XI, 358.

Mais il est besoin de remarquer en cet endroit qu'encore que l'artifice avec lequel le cerveau des animaux est composé soit infiniment varié, et qu'il soit admirable, en ce que, suivant leurs différentes conformations, il se trouve toujours si artistement disposé qu'ils doivent nécessairement, et selon toutes les règles de la mécanique, être approchés de ce qui leur est naturellement bon, ou reculés de ce qui leur est naturellement mauvais ; toutefois il n'a pas été possible que dans la petitesse de leur cerveau il y eût tant de ressorts différents qu'ils pussent avoir une proportion nécessaire, et toujours bien marquée avec toute sorte d'objets.

Mais au lieu de cela, leur cerveau a été fait d'une substance assez molle pour recevoir aisément de nouvelles impressions, et néanmoins assez
38 consistante, pour conserver celles que font en quelques endroits | certains objets, qui ne leur étant naturellement ni bons ni mauvais ne laissent pas de leur faire par occasion un bien ou un mal considérable. Et souvent ces vestiges, qui n'étaient pas d'abord dans le cerveau, y demeurent si bien marqués que dès que les objets qui les ont causés se présentent, les endroits qui en conservent l'impression, en étant plus ébranlés que les autres laissent couler des esprits dans les muscles qui peuvent servir à transporter l'animal près ou loin de ces objets, selon qu'ils lui ont été utiles ou dommageables.

Au reste, comme il y a bien plus de péril pour l'animal de souffrir l'approche des objets qui lui peuvent nuire, qu'il n'y en aurait à ne pas approcher de ceux qui pourraient lui être utiles, lorsqu'il n'y a encore aucune impression dans son cerveau à l'occasion d'un objet, s'il arrive que ce soit par quelque bruit que cet objet commence à ébranler son cerveau, il ne manquera jamais de fuir, surtout si l'air a été fortement ému, ou d'une manière qui ait apporté du trouble dans le cerveau.

Je crois qu'il n'y a personne qui n'ait souvent senti en soi-même les effets de cette surprise, et qui n'ait éprouvé combien la volonté, que l'âme a pour lors de retenir le corps en de certains lieux est contrariée par cette disposition naturelle qui fait que tous les esprits et les muscles conspirent à le transposer loin des endroits où se fait quelque bruit, surtout quand il est si grand que tout le corps semble être menacé d'y être détruit.

39 | Chacun peut aussi avoir éprouvé combien l'ébranlement que fait dans le cerveau un bruit qui n'est pas ordinaire, et qui arrive subitement, a de force pour faire couler, sans qu'on y pense, les esprits dans les muscles qui servent à transporter le corps hors des lieux où ce bruit arrive.

Mais, comme ce n'est pas encore ici le lieu d'examiner ce qu'il y a de la part de l'âme en *la parole,* il faut pour achever de connaître tout ce qu'elle emprunte du corps qui forme la voix, ou de celui qu'elle affecte, se

ressouvenir que les mêmes nerfs qui répondent aux oreilles envoient des rameaux aux dents, à la langue, à l'entrée de la trachée artère, et généralement à tous les endroits qui servent à former ou à modifier la voix, si bien que, suivant l'institution de la nature, le même ébranlement des nerfs de l'oreille, qui fait que le cerveau est affecté du mouvement qu'une voix cause en l'air, fait aussi que les esprits répandus du cerveau dans les nerfs de toutes les parties propres à former à la voix en disposent les muscles d'une façon qui, répondant à l'impression que cette voix a faite dans le cerveau, les met en état d'en former une toute semblable. Et, s'il a été nécessaire que le rapport qu'il y a des nerfs de l'oreille au cerveau fût tel que quand il serait ému par les ébranlements de l'air, ce fût en différents endroits, selon la diversité des bruits, afin que suivant cette diversité, il pût couler des esprits dans les muscles qui peuvent transporter ou arrêter l'animal, selon que les causes de ce bruit sont utiles ou nuisibles à tout le
| corps, il n'a pas été moins nécessaire qu'il y eût assez de rapport entre les 40
nerfs de l'oreille et ceux des parties qui servent à la voix, pour faire que dès qu'une voix frapperait l'oreille, aussitôt les muscles de ces parties se disposassent comme il faut qu'ils le soient pour en former une semblable.

Et, pour mieux connaître cette nécessité, il est besoin de faire deux réflexions. La première, que s'il importe aux animaux que leur cerveau soit ébranlé par le bruit de certains corps, avant qu'ils en soient trop proches, afin de les pouvoir éviter, il leur importe aussi qu'il puisse être ébranlé par le bruit de quelques autres corps, afin d'être transportés vers eux quand ils en sont plus loin qu'il ne faut pour leur conservation, ou pour leur commodité.

La seconde que, comme à ne considérer chaque animal que selon son espèce, il n'y a rien qui lui soit plus nuisible que ceux qui sont d'une espèce contraire ; il n'y a rien aussi qui lui soit plus convenable que ceux de son espèce.

Cela posé, il est évident que rien ne pouvait être si utile que cette communication qui est entre les oreilles et les parties qui servent à la voix. Car, par ce moyen, le cri d'une bête venant à ébranler le cerveau d'une autre bête de son espèce, il arrive aussitôt qu'elle est non seulement transportée vers celle qui a fait le cri (suivant ce qui a été dit) mais outre cela que les muscles de son gosier se disposent de telle sorte qu'elle fait en même temps
un cri tout | semblable, et ce nouveau cri, frappant le cerveau de celle qui a 41
crié la première, fait qu'il coule nécessairement des esprits dans les muscles qui servent à la transposer vers la seconde, de sorte qu'elles se

rencontrent plutôt, et peuvent, selon les causes du cri qui les fait approcher, tirer l'une de l'autre ce qui peut servir à leur conservation [1].

Je sais bien que cette nécessité de former des cris ou des voix semblables à celles qui ont frappé les oreilles, n'est pas si générale que cela doive toujours arriver, et qu'il y a deux cas où il faut que cela soit autrement, même dans les bêtes.

Le premier est lorsque celle qui a l'oreille frappée, et le cerveau ébranlé par un cri, n'est pas de même espèce que celle qui a fait le cri. Car nous savons, par ce qui a précédé, non seulement que les dispositions des parties qui forment la voix dans les animaux d'espèce différente, étant toutes diverses, cela ne peut arriver, mais aussi que ce qui fait qu'une bête pousse un cri semblable à celui que fait une autre bête de son espèce n'est qu'afin qu'elles puissent plutôt être présentes au besoin qu'elles peuvent avoir l'une de l'autre.

Le second cas est qu'il peut souvent arriver, même entre les bêtes d'une même espèce, que le cerveau de l'une soit ému par la voix ou le cri de l'autre d'une manière, selon laquelle il sera plus utile pour celle dont le cerveau aura été frappé de ce cri, que les esprits coulent en d'autres muscles
42 qu'en ceux qui servent à former un cri semblable. Par exemple, si | un coq fait le bruit qu'il a coutume de faire, lorsqu'il rencontre du grain, il pourra être que ce bruit frappant l'oreille des poules ébranlera leur cerveau d'une manière à les faire approcher du lieu où est ce grain, sans former une voix semblable à celle qui sera cause qu'elles y seront transportées. Comme aussi, il peut arriver qu'une bête crie de telle sorte à l'occasion d'un objet dangereux, qu'elle fasse fuir toutes les autres bêtes de même espèce, sans qu'elles fassent un semblable cri. Mais toutes les fois qu'une bête n'est pas dans ces pressants besoins qui sont toujours ce qui détermine le plus fortement en elle le cours des esprits, dès que son oreille est frappée par un cri, ce rapport qu'il y a des oreilles au larynx fait que du même endroit que les nerfs de son oreille ont ébranlé son cerveau, il coule nécessairement des esprits dans les muscles du larynx, qui le disposant d'une manière répondante à l'impression du cerveau font que la bête pousse un cri tout semblable. De là vient que les oiseaux s'excitent à chanter.

1. CG, n. 38, p. 340. Voir La Forge, *Traité de l'esprit de l'homme,* chap. XX, p. 295-296 : Le corps des bêtes « est tellement disposé, que lorsque le bruit et l'accent de quelqu'une de leurs semblables, frappe leurs oreilles, cela conduit les esprits animaux dans les muscles qui les font agir comme nous voyons qu'elles font ; d'autant qu'il n'y a pour l'ordinaire que les animaux d'une même espèce qui suivent cet accent, et que les autres qui sont dans le même lieu ne s'en remuent pas, quoique, du moins par usage, ils auraient pu apprendre ce qu'il signifie, s'ils avaient quelque connaissance ».

Enfin cette connexité des nerfs de l'oreille, et de ceux des parties qui servent à la voix, est en général tellement la cause du bruit que font la plupart des bêtes, que pourvu qu'elles ne soient pas dans de pressants besoins, dès que leurs oreilles sont excitées par quelque bruit, l'impression qu'il fait dans le cerveau est cause que les esprits qui ne sont point divertis ailleurs coulent vers le larynx pour le disposer à faire un bruit semblable. Et, comme le bruit, qui a ébranlé leur cerveau, ne peut pas toujours être
imité par | les voix, qu'ils sont capables de rendre, selon la disposition natu- 43
relle de leur gosier, ils en rendent souvent de très différents. C'est ce qui fait que les instruments de musique excitent les oiseaux à chanter, et que ce qu'ils chantent est différent de ce qu'on joue sur ces instruments. Mais, pour faire connaître que ce n'est que le peu de rapport qu'il y a entre les instruments et la disposition de leur gosier, qui empêche qu'ils ne les imitent, c'est que toutes les fois qu'il se rencontre assez de proportion entre leur gosier et les voix qui frappent leur oreille, ils ne manquent point d'en former enfin de semblables.

Comment quelques oiseaux imitent le chant des autres, et même nos paroles. Ainsi les linottes apprennent avec le temps le chant des rossignols, celui des autres oiseaux, et tout ce qu'on joue sur des instruments. Elles apprennent même, comme les perroquets, à prononcer quelques-unes de nos paroles, parce qu'elles ont la langue et le bec disposés à les articuler. Que si elles sont longues à apprendre le chant des autres oiseaux, ou nos paroles, c'est que les nerfs qui répondent de leurs oreilles aux muscles de leur gosier, de leur langue, et de leur bec, ne sont pas si tôt ajustés à ces nouvelles manières de voix, qu'elles les puissent former tout d'un coup. Mais enfin il paraît que, dès que ces parties sont capables de former des voix, elles les forment.

Et nous devons surtout remarquer que le changement qui arrive en elles, quand elles apprennent, est que leur cerveau étant diverses fois frappé au même endroit des mêmes chants, ou des mêmes mots, l'impression en
demeure si forte en cet endroit que | les esprits qui en sortent pour s'écouler 44
dans les muscles de leur gosier, de leur langue, ou de leur bec, les disposent enfin à répéter ces chants, ou ces paroles.

Il est aussi fort à remarquer que jamais elles ne rendent les chants ou les mots qu'elles ont appris que, quand elles n'ont aucun besoin qui divertisse les esprits ailleurs, et que si dans ces occasions elles forment un cri, ou une voix, c'est toujours le cri ou la voix de leur espèce, si bien qu'elles ne forment ces chants étrangers, ou les paroles humaines, que quand rien ne leur manque, et que les esprits étant en abondance, ou fort échauffés, coulent sans que rien en divertisse le cours, de l'endroit du cerveau que ces chants ou ces paroles ont le plus ébranlé, vers les parties qui servent à la voix ; si ce n'est qu'on ait fort observé de ne leur donner toute la nourriture dont elles ont eu besoin, que dans le temps qu'on chantait ou qu'on parlait auprès d'elles, car alors la présence de la pâture ne manque pas de les exciter à répéter les mêmes chants ou les mêmes paroles [1].

Et pour bien entendre cela, il faut concevoir que les bêtes apprennent leur cri des autres bêtes de leur espèce, et qu'ordinairement la pâture en est cause. Car les petits ayant en même temps l'oreille frappée des cris que fait toujours leur mère, en la présence d'une pâture qu'ils ne tiennent pas encore, et les yeux frappés de cette pâture, il doit arriver que l'endroit de leur cerveau, qui reçoit toujours ces deux ébranlements à la fois, en ait à la
45 continue une impression, telle que les esprits venant à couler de cet | endroit vers le gosier et les muscles qui servent à la voix, les doivent nécessairement disposer d'une façon qui, répondant à l'impression du cerveau, fasse pousser à ces petites bêtes un cri semblable à celui de leur mère.

Mais, quand elles sont élevées par des hommes, que les linottes, par exemple, sont nourries dans une cage, et qu'au lieu du cri de leur mère, il arrive qu'en présence de la pâture certains chants étrangers, ou même des paroles humaines frappent leur oreille ; il ne faut pas s'étonner si ces paroles ou ces chants, faisant impression au même endroit du cerveau, d'où cette pâture aurait dû faire couler des esprits dans les muscles du gosier et du bec, pour leur faire faire le bruit que font les oiseaux en présence d'une pâture qu'ils ne tiennent pas encore, sont cause que les esprits étant autrement dirigés, disposent autrement les muscles du gosier, de la langue et du bec de ces petits oiseaux, et font qu'au lieu du cri qu'ils auraient poussé, si leurs mères les avaient élevés, ils récitent des chants, ou prononcent des paroles. Cela doit nécessairement arriver ainsi, et même ces chants ou ces paroles peuvent alors être appelés leur cri ou leur chant naturel, parce qu'ayant toujours accompagné une action, qui a fait une si forte impression sur leur cerveau, il n'est pas possible que cette action ébranle leur cerveau, qu'aussitôt les esprits ne coulent vers les muscles qui servent à former ces chants ou ces paroles. De même, si pour les mieux
46 faire apprendre, on les a mises en un | certain état, ou en un certain lieu, elles répèteront plutôt ce qu'on leur aura appris, si on les remet dans le même état ou dans le même lieu qu'en tout autre.

Il est aisé aussi d'entendre pourquoi il est quelquefois arrivé qu'un grand bruit, comme celui d'une trompette, ayant tout d'un coup ébranlé l'oreille d'un oiseau, a fait une si forte impression dans son cerveau,

1. Voir la *Lettre au Marquis de Newcastle,* 23 novembre 1646, déjà citée.

qu'ayant effacé toutes les autres, les esprits n'ont plus coulé vers son gosier que d'une façon qui pût disposer les muscles du larynx à rendre des sons tout semblables à celui de la trompette. Et il ne faut pas s'étonner si les passages par où ces esprits coulent vers le gosier, étant plus difficiles à émouvoir que le cerveau à ébranler, l'oiseau demeure quelquefois plusieurs jours dans une espèce de silence, avant que de rendre ce son, ni même si quelquefois ce silence est perpétuel, quand les parties qui servent à la voix ne sont pas capables d'en former une semblable au son qui a si fortement ému le cerveau.

Enfin il n'y a personne de bon sens, qui après cette discussion ne voit pourquoi un animal, étant né sourd, doit nécessairement être muet.

De tout cela, il résulte avec assez d'évidence à qui le voudra bien considérer ; premièrement, que c'est le poumon et la construction de la trachée, de la langue, du palais, des dents, et des muscles de toutes ces parties, qui est cause en reculant, et en repoussant, ou en modifiant diversement l'air, qu'on peut former des voix et les articuler.

Secondement, que c'est à cause du rapport qui est | entre le cerveau et 47
les autres parties du corps de chaque animal, qu'il est diversement agité de ces voix.

Et en troisième lieu, qu'en tout animal capable de former des voix, il y a une telle communication de l'oreille au cerveau, et du cerveau à toutes les parties propres à la voix, que la même voix, qui ébranle le cerveau par l'entremise de l'oreille, le dispose à laisser couler dans les muscles de ces parties des esprits qui, les mettant dans une situation répondante à la manière dont cette voix a frappé le cerveau, font qu'elles forment une voix toute semblable, si quelque pressant besoin de l'animal ne divertit ailleurs le cours des esprits.

Ce qui étant une fois bien conçu, il sera facile de connaître mille choses qu'on ignore assez ordinairement touchant les effets différents du bruit et du cri des animaux, que je n'expliquerai pas néanmoins plus particulièrement, parce que tous ceux qui ont assez d'attention pour concevoir le peu de principes que j'ai posés en tireront tout ce qu'il faut pour cette explication ; et que ceux qui ne sont pas capables d'une telle attention ne concevront pas ce que j'en pourrais dire dans un plus grand détail.

Que les bêtes n'ont pas besoin d'âme pour crier, ou former des paroles. Je m'arrêterai seulement à faire considérer que selon ces principes, les bêtes n'ont pas besoin d'une âme pour crier, ou pour être émues par des cris, car si on les touche en quelque endroit, où leurs nerfs soient atteints avec assez de force pour faire que leur cerveau soit fort ébranlé, il est assez aisé de concevoir que cette action agitant les esprits, ils doivent couler

48 beaucoup plus vite dans les muscles, et qu'ainsi la | vitesse de ceux qui coulent incessamment vers le cœur, augmentant, doit rendre ses battements plus précipités ; ce qui fait qu'il pousse dans l'artère du poumon une si grande quantité de sang que cette artère, s'étendant plus qu'à l'ordinaire, presse la trachée, et fait que l'air est chassé du poumon avec une impétuosité qui répond à celle dont le sang y est entré.

Le second effet de cette prompte agitation des esprits est qu'en même temps qu'il en coule vers le cœur, il en coule aussi vers tous les autres muscles qui sont dans une action continuelle, comme ceux de la poitrine, parce que, comme les chemins qui conduisent les esprits en ces sortes de muscles sont toujours ouverts, à cause de la nécessité de leur action qui dure toujours, les esprits ne peuvent recevoir de nouveau mouvement, sans le communiquer incontinent à ces muscles ; ce qui fait que ceux du diaphragme et de la poitrine la pressent de sorte que l'air en doit sortir avec effort, et comme les muscles du larynx sont aussi fort agités, l'air en sortant est battu d'une manière qui tient de cette agitation.

Ainsi l'on peut concevoir par la seule disposition du corps pourquoi une bête crie, et pour connaître comment elle peut être émue par des cris sans avoir d'âme, il n'est besoin que de se ressouvenir du rapport qui est entre le cerveau, les parties qui servent à la voix, et toutes les autres parties du corps. Car si, selon la différence des cris, les cerveaux sont diversement
49 | ébranlés et si, selon cette diversité des ébranlements du cerveau, le corps est diversement transporté, il ne faut pas chercher ailleurs que dans le corps pourquoi les bêtes d'une même espèce sont émues à s'approcher par les cris qu'elles font, et pourquoi leurs cris font souvent éloigner celles d'une autre espèce. Comme il ne s'agit que de conserver un corps en elles, et que ce corps est si mécaniquement disposé que sa seule construction peut être la cause de ce qu'il est transporté vers les objets qui lui peuvent être utiles, et loin de ceux qui lui pourraient être nuisibles ; il me semble que, quelque merveilleux que nous paraissent leurs mouvements, nous ne pouvons raisonnablement les attribuer qu'à la construction de leurs corps, et surtout leurs cris, puisque si nous y prenons garde de près, nous trouverons en nous-mêmes que les cris ne se font que par le corps seulement. Car enfin, si nous crions, ce n'est pas parce que nous avons une âme, mais c'est parce que nous avons un poumon et d'autres parties qui peuvent recevoir et repousser l'air, avec certaines modifications.

De même, si les nerfs de notre oreille sont émus par une voix, c'est-à-dire par un air que d'autres corps ont agité, en sorte que notre cerveau, qui en est ébranlé, laisse couler des esprits dans les muscles de toutes les parties, dont le mouvement peut former une voix semblable à celle qui l'a émū, c'est-à-dire, repousser l'air d'une façon répondante à celle qui l'a ébranlé, ce n'est que parce que nous avons un corps.

Enfin si notre cerveau, quand il est ébranlé par un | bruit ou par une voix, 50
laisse plutôt couler les esprits dans les muscles qui servent à transporter notre corps près ou loin de ceux qui ont causé ce bruit, ou formé cette voix, que dans les muscles du larynx ou des autres parties qui pourraient servir à former une voix semblable, c'est parce que nous avons un corps.

De sorte que, s'il ne se rencontre dans les bêtes que des effets semblables, nous ne pouvons pas dire raisonnablement qu'elles aient autre chose que le corps.

Que la parole dans les hommes marque qu'ils ont une âme. Mais pour nous, il faut avouer (quoique nous devions attribuer à nos corps ce qui regarde les causes et les effets de la voix) qu'il y a toujours quelque chose qui les accompagne qui ne peut être que de la part de l'âme. Car, s'il est vrai en général que les mouvement, auxquels notre corps est propre, et les effets que font sur lui les divers objets qui agitent son cerveau suffisent pour le conserver, parce que la proportion que Dieu a mise entre lui et les autres corps de l'univers lui donne, sans que nous y pensions, tout ce qui le peut entretenir dans un état convenable à sa nature ; il est vrai aussi que tout cela se passerait en nous sans que nous nous en aperçussions si nous n'avions que le corps. Cependant si nous faisons réflexion sur ce qu'il nous arrive, lorsque quelque bruit frappe les nerfs de notre oreille, nous reconnaîtrons évidemment qu'outre cet ébranlement des nerfs de l'oreille, qui se continuant jusqu'au dedans du cerveau, y agite les esprits, et les fait couler dans les muscles propres à mouvoir tout notre corps près ou loin de la cause
| de ce bruit, il y a toujours une perception jointe à chacun des ébranlements 51
de notre oreille, ou des autres parties de notre corps. Nous sentons même souvent une volonté toute contraire aux mouvements que ce bruit excite en notre corps, et bien que souvent l'impétuosité de ces mouvements soit telle qu'à peine les pouvons-nous arrêter, néanmoins il est évident que cette contrariété ne se rencontrerait pas en nous, si ce qui nous rend capables de vouloir n'était fort différent et tout à fait distinct de ce qui nous rend capables d'être mus.

Or de ces deux choses que nous reconnaissons en nous outre les mouvements, je veux dire la perception que nous avons dès que les nerfs de notre oreille sont ébranlés, et la volonté que nous avons ensuite de consentir au mouvement auquel tout notre corps est excité, ou de le retenir, il me semble que la dernière est si évidemment distincte de notre corps qu'il n'y a que les personnes, dont le jugement est fort précipité, qui n'en connaissent pas la distinction.

Pour la perception que nous avons, à l'occasion de l'ébranlement que la voix cause dans les nerfs de l'oreille, bien qu'elle soit un peu plus difficile à distinguer de cet ébranlement, parce qu'elle l'accompagne toujours, il est aisé toutefois, à qui s'est un peu accoutumé à juger des effets par leurs causes, de reconnaître que l'ébranlement, étant un mouvement, ne peut appartenir qu'à notre corps et que la perception, étant une pensée, ne peut appartenir qu'à notre âme. Et, comme nous avons reconnu par d'autres
52 réflexions, | que l'union de notre âme et de notre corps ne consiste qu'en ce que certaines pensées sont tellement unies à certains mouvements que jamais les uns ne sont excités, que les autres ne le soient en même temps, nous ne devons plus nous étonner de voir que les nerfs de notre oreille ne soient jamais ébranlés que nous n'ayons aussitôt en l'âme une sensation[1], ou si vous voulez une perception répondante à la manière dont ces nerfs sont ébranlés, ni croire que cet ébranlement et cette perception soient une même chose, bien qu'ils s'accompagnent toujours.

Il faut donc considérer deux choses en ce que l'on appelle *son,* l'une est la façon dont l'air, en frappant le nerf de notre oreille, ébranle notre cerveau, et l'autre est la sensation de notre âme à l'occasion de cet ébattement du cerveau.

La première appartient nécessairement au corps, puisque ce n'est qu'un mouvement, et la seconde appartient nécessairement à l'âme, puisque c'est une perception.

De même, dans la parole il y a deux choses, savoir la formation de la voix qui ne peut venir que du corps, suivant tout ce que j'en ai dit, et la signification ou l'idée qu'on y joint, qui ne peut être que de la part de l'âme.

De sorte que *la parole* n'est autre chose qu'une voix, par laquelle on signifie ce qu'on pense[2]. Ce n'est pas qu'on ne puisse (comme je l'ai déjà remarqué) joindre ses pensées à d'autres signes qu'à la voix, comme aux
53 caractères de l'écriture, ou à certains | gestes, et qu'en effet toutes ces

1. Nous avons noté précédemment, à propos du *Sixième Discours,* plus haut p. 164, une occurrence du mot « sensation ». Cordemoy fait usage de ce terme nouveau en français pour désigner ce que Descartes nommait pour sa part « le sens ».

2. Voir Augustin, *De Doctrina Christiana,* Livre II, chap. I-IV, Bibliothèque Augustinienne, vol. 11/2, p. ex. chap. II, 3 : « Les signes intentionnels (donnés) sont ceux que tous les êtres vivants s'adressent mutuellement pour manifester autant qu'ils le peuvent les mouvements de leur esprit, tout ce qu'ils sentent et tout ce qu'ils pensent. La seule raison qu'on a de signifier, c'est-à-dire de faire des signes, est de mettre au jour et de faire passer dans l'esprit d'autrui ce que porte dans son esprit celui qui fait signe. C'est donc cette sorte de signes que, dans la mesure où ils concernent les hommes, j'ai résolu de considérer et d'examiner ».

manières de s'exprimer ne soient des façons de parler, à prendre le mot de *parler* en général.

Mais enfin, parce que la voix est le signe le plus facile, on lui a déféré le nom de *Parole,* laissant aux caractères celui d'*écriture,* et aux autres manières de s'exprimer le nom de *signe,* qui est celui du genre commun à ces trois espèces.

La différence des signes, dont se servent les hommes pour se faire entendre. J'en ai peut-être déjà dit assez de chacune pour les faire suffisamment distinguer. Mais peut-être aussi que ne les ayant examinées que par ce qu'elles ont de commun entre elles, je ne ferai rien d'inutile ni d'ennuyeux, si j'en parle séparément pour faire observer ce qu'elles ont de différent les unes des autres.

Et pour commencer par cette espèce, à qui l'on a laissé le nom du genre, je veux dire par *les signes,* il faut pour comprendre en peu de mots ce qu'on en peut savoir, remarquer qu'il y en a qui *sont naturels,* d'autres qu'on peut appeler *ordinaires,* et d'autres encore qu'on peut appeler *particuliers.*

Les naturels sont ceux par lesquels, à cause du rapport nécessaire qu'il y a des passions de l'âme aux mouvements du corps, on connaît à l'extérieur les différents états de l'âme. J'ai dit que ces mouvements sont les mêmes en tous les hommes. Mais il est bon de se ressouvenir que, comme par étude, ils les peuvent contraindre, ou les exciter à plaisir, il ne faut pas trop s'y fier, ni croire qu'ils signifient toujours ce qu'ils doivent signifier.

| Les signes que je nomme ordinaires sont ceux par lesquels une grande 54
partie des hommes a coutume de témoigner certaines choses, et ceux-là sont purement d'institution. Les uns sont plus universels, et d'autres le sont moins, par exemple, quand on veut, sans se servir de la voix, dire que l'on consent, on fait un signe de tête tout différent de celui qu'on ferait pour montrer qu'on ne consent pas. De même, on fait certains signes de la main pour chasser quelqu'un et ces sortes de signes sont assez universels. Mais ceux par lesquels on témoigne son respect, quoiqu'ils soient ordinairement d'une même façon dans tout un pays sont souvent très différents dans un autre.

Les signes que j'appelle particuliers sont ceux dont toute une nation, ou toute une communauté, ne convient pas, mais qui sont institués entre deux personnes, ou peu d'autres, pour signifier certaines choses, dont ils ne veulent pas que d'autres s'aperçoivent.

Pour l'Écriture, il n'y en a point de naturelle, et ce n'est que par art que les hommes en ont trouvé le secret. Comme ils ont vu qu'on faisait signifier tout ce qu'on voulait aux gestes et aux voix, ils ont cru que donnant des significations aux caractères que la main pouvait former et [XVIII] qui restent, ces sortes de signes pourraient faire savoir nos pensées à ceux qui seraient éloignés, ou qui naîtraient longtemps après nous.

55 Et cela s'est fait de diverses manières. D'abord on | a usé de caractères, dont chacun signifiait une chose. Mais cette manière était embarrassante, il fallait connaître trop de caractères et retenir trop de significations. D'ailleurs il n'y avait que les choses qui puissent être signifiées ; les actions ne le pouvaient être commodément par ce moyen.

Dans la suite, comme on a observé que toutes les diversités de la parole ne venaient que de la différente façon de former les voix, ou de les articuler, et que cinq voix seulement, diversement articulées, ou diversement assemblées, formaient toutes les paroles, on s'est avisé de donner un caractère à chacune de ces voix. Puis on a institué des caractères pour marquer leurs articulations, et l'assemblage de ces différents caractères a fait des syllabes qui, jointes ensemble, ont composé des mots entiers, si bien que, disposant ces caractères dans un ordre semblable à celui dont on forme la voix ou les articulations qu'ils représentent, on se souvient des paroles, et ces paroles font souvenir des choses qu'elles signifient. Ainsi on voit que l'Ecriture est un moyen de parler aux yeux, qui véritablement demande plus de temps pour l'expression, mais qui dure aussi plus longtemps[1].

Elle a encore un autre défaut, c'est que peu de personnes peuvent voir à la fois les pensées de celui qui s'en sert. Mais, comme en récompense elle a ce merveilleux avantage de pouvoir apprendre malgré la distance des lieux ou des temps ce que pensent les personnes qui écrivent, elle a toujours paru
56 | si commode que cherchant à suppléer ce qui lui manquait, on a enfin trouvé le secret de l'Impression. On fait des caractères de métal ou de bois, qui étant une fois arrangés et chargés de noir ou de couleur, marquent toutes les feuilles dont on a besoin pour faire lire en même temps et en divers lieux une même pièce à plusieurs personnes.

Je n'explique pas ici qu'il y a des manières d'écrire ordinaires, et d'autres que l'on appelle *chiffres,* qui sont particuliers à certaines gens[2]. Je

1. Voir Augustin : « Seulement, comme ces signes, dès qu'ils ont frappé l'air, passent aussitôt et ne durent pas plus longtemps qu'ils ne résonnent, on a créé au moyen des lettres des signes de ces mots. C'est ainsi que les paroles sont montrées aux yeux, non en elles-mêmes, mais par des signes qui leur sont propres. » (*De Doctrina Christiana,* II, IV, 6).

2. Sur l'importance des chiffres, mais aussi des énigmes, des anagrammes, et des récréations mathématiques pour Descartes, voir *Regulae,* VII, X, XIII, AT, X, 391, 404-405, 433, 435), *Principes,* IV, art. 205, AT, IX-2, 323-324. Descartes a proposé à Élisabeth un chiffre pour assurer la sécurité de sa Correspondance avec elle, septembre et 10 octobre 1646, AT, IV, 493 et 524.

n'explique pas aussi la manière dont on exprime les nombres sur le papier par des caractères qui portent plus communément le nom de *chiffres,* ni comment on exprime les sons par d'autres caractères qu'on appelle *notes,* car tout cela s'entend assez de soi-même [1].

Quant à la manière de s'exprimer par la voix, à laquelle on a donné principalement le nom de *Parole,* on peut dire qu'il y a des voix naturelles, comme celles que l'on pousse dans la douleur, dans la joie, et dans les autres passions. Mais (comme je l'ai déjà dit des signes naturels) il ne faut pas toujours se fier à ces voix, et l'on peut souvent les contraindre, ou les employer pour faire croire qu'on ressent ce qu'on ne ressent pas en effet.

Il y a d'autres voix, dont les hommes se servent pour s'expliquer mutuellement leurs pensées. Les unes sont plus universellement reçues, comme celles qui composent la langue de tout un Peuple, et d'autres sont particulières à des personnes qui conviennent | entre elles de mots tous 57
nouveaux, pour signifier leurs pensées.

J'ai déjà remarqué comment on apprend à parler en naissant ; comment on peut apprendre une nouvelle langue ; et s'il me reste quelque chose à faire sur ce sujet, c'est de considérer comment celui qui apprend une nouvelle langue en peut former l'habitude.

Comment on apprend une nouvelle langue. Pour cela il faut remarquer que nous joignons, dès la première langue que nous apprenons, l'idée d'une chose au son d'un mot, ce qui est entièrement de la part de l'âme, car la sensation, qu'on appelle son, et l'idée de la chose qu'on lui fait signifier sont toutes de l'âme, ainsi que nous l'avons déjà reconnu. De la part du corps, il y a un mouvement des esprits et du cerveau qu'excite chaque voix et une impression qu'y laisse chaque chose. Or ce mouvement est toujours joint à cette impression, comme la perception de chaque son est toujours jointe en l'âme avec l'idée particulière d'une certaine chose, tellement que, quand on veut exprimer l'idée de cette chose, on conçoit en même temps le son de voix qui la signifie, puisqu'à l'occasion de cette idée et de la volonté que l'âme a que le cerveau se dispose comme il faut qu'il le soit pour laisser couler des esprits dans les parties qui la doivent former, il arrive qu'il est ébranlé à l'endroit où l'impression de cette chose est restée, d'où les esprits coulent dans les muscles des parties qui servent à la voix, pour les disposer à former celle qui signifie ce qu'on veut dire. | Comme on a appris à joindre 58
toutes ces choses dès la naissance, cela suit de si près la volonté qu'on a de parler que l'on s'imagine que ce qui se fait si promptement est beaucoup

1. Voir *Discours de la méthode,* II, AT, VI, 18 et 20.

plus simple. Et, comme on ne voit aucune machine fort composée, qui ne fasse ses effets avec beaucoup de difficulté, on a peine à croire, voyant la facilité qu'on a de parler, qu'il soit besoin de faire jouer tant de ressorts pour cela. Mais il faut s'accoutumer, en admirant celle de notre corps, à considérer qu'elle est faite par un Ouvrier incomparable, et qu'on ne saurait imiter. D'ailleurs, si nous sommes convaincus que l'union du corps et de l'âme ne vient que de la parfaite correspondance, que Dieu a mise entre les divers changements du cerveau et les diverses pensées de l'âme, nous ne devons pas nous étonner que l'un agisse si aisément sur l'autre, et que leurs actions s'accompagnent toujours si bien tandis que Dieu fait durer leur union.

Mais, parce que c'est une des plus importantes vérités qu'on puisse considérer, il est bon pour en démêler toutes les difficultés de remarquer qu'il y a trois sortes de correspondances entre l'âme et le corps.

La première est naturelle, et c'est cette correspondance nécessaire, par laquelle certaines sensations naissent toujours en l'âme dès que certains mouvements sont excités dans le cerveau, comme des mouvements sont excités dans le corps dès que l'âme en a la volonté. Or cette correspondance ne peut cesser absolument qu'avec la vie, et ce qui la change entièrement donne la mort.

59 | Outre cela, il y a une seconde correspondance entre les idées que l'âme a des choses, et les impressions que ces choses laissent dans le cerveau. Cette correspondance, non plus que la première, ne peut changer en son tout, et tandis que l'âme est unie aux corps, jamais elle n'a l'idée des choses corporelles que leur impression ne soit dans le cerveau.

Mais il y a une troisième correspondance entre le nom de chaque chose et son idée, qui n'étant que d'institution se peut changer ; néanmoins, comme le son du premier nom qu'on donne à une chose est une sensation que l'âme joint étroitement à l'idée de cette chose, et que d'ailleurs l'impression de ce nom se trouve jointe à celle de la chose dans le cerveau, on a grande peine à les séparer. D'où vient que, quand on commence à apprendre une langue, on explique ordinairement par le premier mot dont on nommait une chose le nouveau mot par lequel on se propose de l'entendre dans la langue qu'on apprend.

Il y en a même dont le cerveau est disposé de sorte que quand ils apprennent une nouvelle langue, ils joignent toujours aux mots de celle qu'ils savaient déjà les mots de la seconde pour se représenter ce qu'ils signifient.

D'autres, qui ont une autre disposition du cerveau, joignent si aisément le son du nouveau mot par lui-même à l'idée de la chose qu'elle leur est également représentée par les deux mots, sans qu'ils soient obligés de penser à l'un pour entendre l'autre.

Ainsi l'on peut si bien joindre une même pensée | à plusieurs signes, et à 60
des mots de diverses langues, qu'on pourra avec une facilité égale se servir des uns et des autres pour l'exprimer. Mais, pour peu qu'on ait de raisonnement, on pourra facilement juger par les peines qu'on a dans les commencements à joindre les mots d'une nouvelle langue à l'idée de chaque chose, par la nécessité où l'on est de joindre celle du nouveau mot à celle du nom ancien qui la faisait entendre, et même par la difficulté qu'on a à prononcer ceux que l'on apprend, qu'en effet la parole dépend du rapport de bien des choses, et que si dans la suite elle devient aisée, ce n'est que par l'excellente manière dont notre cerveau est composé, et l'admirable correspondance qui est entre ses mouvements et nos pensées.

Que l'âme séparée du corps pourrait plus aisément communiquer ses pensées à un autre[1]. Au reste, il me semble que si l'âme est obligée, tandis qu'elle est unie au corps, de joindre ses pensées à des voix qui ne se peuvent ouïr ni former sans les organes de la langue et de l'oreille, elle pourrait, si cette union cessait, découvrir bien plus aisément à tout esprit ce qu'elle penserait. Et véritablement, si c'est une peine à qui l'examine que de concevoir comment la pensée d'un homme qui parle est jointe au mouvement de son cerveau, et les mouvements du cerveau à ceux des parties qui servent à la voix ; s'il est difficile de comprendre comment cette voix, qui n'est qu'un air agité, frappe l'oreille, et peut, en émouvant le cerveau, exciter en l'âme de celui qui écoute le son des mots et l'idée des

1. Voir CG, n. 48, p. 341-342. La Forge, *Traité de l'esprit de l'homme,* chap. XXV (De l'État de notre âme après la mort) : « Notre âme étant alors séparée du corps, et n'y ayant que l'union qu'elle a avec lui, qui la rende susceptible de l'action des objets extérieurs, les corps ne pourront plus agir sur elle, et ainsi notre esprit sera le maître de ses pensées et ne pensera plus qu'à ce qu'il voudra penser, si ce n'est peut-être que son Créateur, ou les autres Esprits avec lesquels il pourra converser, lui donnent quelque nouvelle pensée » (p. 324) ; « Deux Esprits séparés qui auraient le pouvoir de se joindre ainsi à tel corps qu'ils voudraient, pourraient aussi se parler, soit en attachant leurs pensées à certains signes extérieurs dont ils seraient convenus, soit par la seule volonté de se communiquer leurs pensées. [...] Il est ce me semble de la bonté et de la sagesse du Créateur, afin que deux Esprits puissent parler l'un à l'autre, d'avoir voulu qu'au même temps que l'un a dessein de faire connaître sa pensée à l'autre, tout aussitôt la pensée de celui-ci prenne la forme de la pensée de l'autre, et lui représente ce qu'il veut qu'il connaisse » (p. 325-326). Voir, avec quelques réserves de Malebranche, *Recherche de la Vérité,* III, II, I, § I, *OC,* I, 416.

61 choses qu'ils signifient ; si, dis-je, cela fait tant de peine à concevoir, | à cause que l'on sait qu'il y a une étrange différence entre la nature de l'esprit et celle du corps, on doit aisément comprendre que si deux esprits n'étaient point unis à des corps, ils auraient bien moins de difficulté à se découvrir leurs pensées, puisqu'il y a naturellement bien plus de proportion entre les pensées de deux esprits semblables qu'entre des pensées et les mouvements de deux corps. Et, pour peu de réflexion que l'on fasse sur la facilité et sur la netteté, avec laquelle un homme conçoit les pensées d'un autre homme par la parole, on avouera qu'une âme pourrait concevoir incomparablement plus nettement et plus facilement les pensées d'un autre esprit, s'ils ne dépendaient ni l'un ni l'autre des organes du corps. Car enfin l'esprit doit plus aisément apercevoir une pensée, qui est une chose spirituelle, que le signe de cette pensée, puisque ce signe est une chose corporelle.

Ainsi j'estime qu'il est bien plus naturel aux esprits de se manifester, c'est-à-dire de se communiquer leurs pensées par elles-mêmes et sans aucuns signes que de se parler, c'est-à-dire de se communiquer leurs pensées par des signes qui sont d'une nature si différente de celle des pensées. Aussi la peine que chacun a dans les entretiens, et dans toutes les occasions où les hommes communiquent leurs pensées par les signes ou par les paroles, n'est pas de comprendre ce qu'un autre pense, mais c'est de démêler sa pensée des signes ou des mots qui souvent ne lui conviennent pas.

62 | C'est aussi l'ignorance des signes et des mots qui fait que des hommes élevés en des pays différents sont longtemps ensemble sans se pouvoir entendre. Mais, sitôt que l'habitude leur a donné ce qu'il faut pour démêler avec promptitude ce que veut dire chaque signe, ou chaque mot, ils n'ont plus de peine à concevoir leurs pensées, de quelque différente nation qu'ils soient. Ce qui fait connaître avec évidence que les hommes s'entendent naturellement ; que la pensée de l'un est toujours claire à l'autre, dès qu'il la peut apercevoir ; et que s'il y a des hommes qui conçoivent mieux que d'autres ce que l'on dit, cette facilité d'entendre ne leur vient que de la construction de leur cerveau, qui étant disposé de sorte que les impressions, dont j'ai parlé, y sont plus aisément reçues, mieux arrangées, et plus distinctement marquées, fait que les pensées qui y répondent sont aussi plus faciles, plus suivies, et plus claires. Au lieu que ceux qui n'ont pas le cerveau si bien disposé doivent être plus lents à concevoir, à cause de ce rapport nécessaire, qui est entre les mouvements du cerveau et les pensées de l'âme, tandis qu'elle demeure unie au corps ; mais qui ne voit que cet embarras cesserait, si elle en était séparée ?

C'est aussi de la disposition du cerveau et des autres parties qui servent à la voix que vient la facilité ou la difficulté de l'expression. Et la peine que plusieurs ont à parler procède seulement de ce que les parties de leur cerveau, qui répondent aux pensées de l'âme, ou celles qui servent à la voix, sont mal | disposées, mais non pas de leurs pensées qui s'expliquent 63
toujours clairement par elles-mêmes, et ne seraient jamais obscures, si elles étaient séparées des signes, ou des voix, qu'on emploie pour les faire entendre, et qui souvent ne leur conviennent pas.

Les causes physiques de l'Eloquence. Enfin cette nécessité indispensable, où l'on est pendant la vie, de s'exprimer par les paroles, est cause que ceux qui ont naturellement le cerveau mieux disposé en tout ce qui peut servir aux opérations de l'âme, qui ont les impressions les plus vives de chaque chose, qui les savent le mieux disposer, et qui se sont accoutumés à les exprimer par les mots les plus propres, sont toujours ceux qui parlent avec le plus de facilité, le plus d'agrément, et le plus de succès, tellement que, si l'on veut rechercher les causes physiques de l'Eloquence, on les trouvera toutes dans cette heureuse disposition du cerveau.

En quoi elle consiste. En effet, on sait que la première partie d'un excellent Orateur est de pouvoir aisément discerner, entre toutes les choses qui se présentent à son esprit sur le sujet qu'il traite, ce que les auditeurs en doivent savoir, pour ne leur dire précisément que cela. Et il est évident qu'à moins que d'avoir un cerveau disposé à conserver des impressions bien distinctes de chacune de ces choses, il n'en peut pas faire un juste discernement.

La seconde consiste à bien arranger tout ce qui peut faire concevoir ce qu'il y a dessein d'expliquer, en sorte que ce qui est le plus simple, le plus clair, et le premier dans l'ordre naturel, serve comme de | lumière pour 64
éclairer ce qui suit, et qui de soi-même pourrait être plus embarrassé. Mais cela ne peut être quand les parties du cerveau sont mal disposées, ou le cours des esprits mal réglé, car alors les impressions des choses, se confondant, offrent souvent tout d'abord à l'esprit ce qui ne doit être proposé que le dernier, ou bien elles se remuent avec tant de précipitation que l'esprit ne peut ni réfléchir sur l'ordre de chacune, ni la mettre bien à sa place.

La troisième est de bien savoir et de trouver aisément le mot, par lequel chaque chose est proprement signifiée dans la langue dont on se sert. Et cela dépend d'une mémoire qui ne peut être fidèle comme il faut qu'elle le soit, à moins que les parties du cerveau n'aient un arrangement et un tempérament qui empêche que les impressions ne se confondent, ou que l'idée d'un mot ne se présente quand on en cherche un autre [1].

Voilà trois choses absolument nécessaires dans le dessein d'instruire qui n'est que la première partie de l'Eloquence ; et ces trois choses demandent un cerveau dont les parties soient bien ordonnées et assez arrêtées. Elles demandent outre cela que le cours des esprits soit merveilleusement réglé, ce qui est fort difficile à trouver.

Mais, quand on vient à considérer que pour l'autre partie de l'Eloquence, qui tend à émouvoir, il faut connaître les passions des auditeurs, et leurs causes, pour les fortifier ou les changer, selon qu'il en est
65 besoin pour la fin qu'on se propose, et que le plus grand | secret de bien exprimer une passion pour l'émouvoir dans les autres est de la ressentir en soi-même, on est obligé d'avouer que pour y bien réussir, les parties du cerveau semblent ne pas pouvoir être trop agitées, ni le cours des esprits trop impétueux.

Véritablement, si l'on parlait à des gens qui ne fussent sujets qu'à l'erreur, et qui ne le fussent point aux passions, il suffirait de dire les choses d'ordre, de les exposer nettement et de les prouver pour les persuader, et pour cela il suffirait d'avoir les parties du cerveau bien ordonnées, et d'un tempérament à n'être pas facilement émues.

Mais ordinairement, on parle à des personnes qui, outre leurs erreurs, sont si sujettes aux passions qu'on ne les persuade point, à moins que d'avoir également ce qu'il faut et pour instruire et pour émouvoir. Or ces deux choses dépendent de deux dispositions si opposées qu'il est difficile de trouver des hommes dont le cerveau ait ce juste tempérament qui peut donner l'un et l'autre de ces talents.

Aussi voyons-nous que pour l'ordinaire tous ceux qui sont propres à instruire ont une froideur qui fait languir quand ils veulent émouvoir, et que ceux qui sont fort propres à émouvoir ont un feu qui fait qu'on ne peut concevoir qu'à peine ce qu'ils disent pour instruire ; à quoi l'exemple que Cicéron rapporte de deux Orateurs revient merveilleusement. Il dit que l'un avait beaucoup de netteté d'esprit, mais il était froid, et voyant qu'il avait
66 deux fois essayé de faire | absoudre des accusés, sans y avoir pu résoudre

1. Sur la mémoire corporelle, voir Descartes, *Traité de l'homme,* AT, XI, 177 ; *La Description du corps humain et de toutes ses fonctions,* AT, XI, 227 ; *Lettres à Mersenne,* 1er avril 1640, 11 juin 1640, 6 août 1640, AT, III, 48, 84, 143 ; *Lettre à Mesland,* 2 mai 1644, AT, IV, 114-115 ; *Lettre à Arnauld,* 29 juillet 1648, AT, V, 220, *Regulae,* XI et XVI, AT, X, 408, 454-455. Au sujet de l'éventuelle « confusion » des impressions, voir Louis de La Forge, *Traité de l'esprit de l'homme,* chap. XIX, p. 279-296.

leurs Juges, qu'il avait parfaitement instruits, il pria l'autre dont le génie était tout différent de parler pour eux : ce qui réussit. Et Cicéron remarque que ce véhément Orateur, voyant qu'il ne lui restait plus qu'à émouvoir des Juges déjà instruits se mit quelques heures, avant que d'aller à l'audience, à parler de l'affaire dans une chambre avec tant de vivacité qu'il était déjà en sueur quand il se présenta aux Juges, qu'il força par la véhémence de son action à lui accorder ce que le premier n'avait pu obtenir d'eux par ses raisons [1].

Toutes les fois que je pense à cet événement, je ne puis m'empêcher d'admirer les avantages que celui qui les rapporte avait dans l'une et dans l'autre partie de l'Éloquence. Et quoique je le regarde comme le modèle que tous ceux qui veulent réussir en cet art se doivent proposer, j'avoue qu'il me paraît inimitable, mais il peut servir d'exemple pour montrer qu'une même personne se peut rendre capable d'émouvoir et d'instruire. Je dis « s'en rendre capable », car je n'estime pas qu'on puisse naître propre à ces deux choses, à ne considérer que ce qui se rencontre naturellement en chacun, et je pense que des deux talents, qui servent à rendre un homme parfaitement éloquent, il y en a un qui se peut suppléer par l'étude, quand on a l'autre naturellement, mais cela n'est pas réciproque.

Et afin de mieux examiner cette difficulté, il faut remarquer que ceux qui ont la conception vive ont | ordinairement les passions violentes, parce **67**
qu'ils ont toutes les parties du cerveau fort déliées, et fort mobiles, mais ordinairement ils ont peu de mémoire, et s'ils trouvent aisément les choses, ils s'en souviennent fort difficilement [2]. Au contraire, ceux qui ont les parties du cerveau plus grosses, et plus fixes, conçoivent moins de choses et moins aisément. D'ailleurs ils n'ont pas les passions si promptes, mais en récompense ils retiennent plus longtemps et les choses, et les passions.

Or il est aisé de voir que ces derniers sont capables de parler quand il ne s'agit simplement que d'instruire. Mais, s'il faut ménager les esprits, et ne leur faire savoir certaines choses qu'après leur avoir inspiré certaines passions, ils n'en viendront jamais à bout. Que si quelquefois, à force d'observer d'autres Orateurs, ou en lisant leurs ouvrages, ou en les écoutant, ils en reconnaissent les adresses, ils ne les peuvent imiter qu'en les copiant dans des sujets tous semblables à ceux que ces Orateurs ont traités, sans jamais rien produire qui soit original. Quelquefois même,

1. Voir Cicéron, *Brutus*, XXII-XXIII, 85-89, Paris, Les Belles Lettres, trad. fr. J. Martha, p. 29-31.

2. Voir La Forge, *Traité de l'esprit de l'homme*, chap. XVIII-XIX ; voir Malebranche, *Recherche de la vérité*, II, I, VI, § III, *OC*, I, p. 231.

comme la mémoire est toute leur force, ils empruntent jusqu'aux paroles de ceux qu'ils copient, et souvent ils nomment leurs Auteurs pour donner quelque poids aux choses qu'ils débitent ordinairement si mal à propos, et toujours si froidement qu'elles seraient insupportables, si elles n'étaient soutenues de quelques noms révérés entre les grands hommes.

68 Des Orateurs de cette espèce ont beau s'exercer, | ils ne pourront tout au plus être que de bon copistes d'une pièce toute entière, mais ils n'auront jamais l'adresse de réunir plusieurs traits de différents desseins, et moins encore celle d'en faire de nouveaux [1].

Au lieu que, ceux qui sont du tempérament contraire, ayant une imagination vive et prompte, connaissent aisément ce qu'il y a de fort et de faible dans un sujet. Ils discernent facilement ce qu'il faut exposer ou ce qu'il faut cacher. S'ils sont obligés de tout dire, ils savent prévenir les esprits, avant que de proposer ce qui peut nuire à leur parti, ou déplaire à l'auditeur, et quand ils forment le dessein de leur discours, s'ils imitent d'autres Orateurs, ce n'est qu'autant que cela convient à leur sujet, et à vrai dire, un homme de génie tombe plutôt dans les pensées des grands hommes qui l'ont précédé, parce que la raison lui suggère ce qu'elle leur a suggéré, que parce qu'il a lu leurs ouvrages.

Il est vrai que cette fécondité d'esprit qui le fait aisément concevoir et produire, peut-être cause qu'il s'emporte trop en certaines choses, ou qu'i les arrange mal, ou enfin qu'il ne les puisse retenir, mais ces défauts ne sont pas sans remèdes.

On peut suppléer au premier en s'exerçant souvent à parler sur les sujets, où l'on sent qu'on s'emporte le plus aisément, et en s'accoutumant à ne point passer certaines bornes qu'on se prescrit à soi-même, ou qu'on se fait prescrire par ses amis, et il n'est pas difficile de se donner ce frein, depuis qu'une fois on connaît son emportement.

69 | Pour remédier au second inconvénient, il faut s'accoutumer à démêler ses pensées, et à les bien ordonner sur tous les sujets qu'on se propose, de quelque nature qu'ils soient. Et, comme le biais de les exposer est très différent de celui dont on les conçoit, il faut aussi, pour s'accoutumer à bien dire ce que l'on sait, se demander souvent à soi-même comment on exposerait une chose ou une autre, si on y était obligé ; de quelle manière on traiterait le même sujet devant un grand peuple, ou devant une assemblée moins tumultueuse ; ce que l'on en dirait devant des personnes puissantes et de respect, ou devant ses égaux ; de quelle figure on se servirait selon les

1. Concernant l'exercice chez les orateurs, voir Quintilien, *Institution oratoire,* Livre X, chap. VII ; Livre XI, chap. II, III ; Livre XII, chap. VI.

temps et les lieux. Mais pour rendre cette pratique plus utile, il faut encore examiner quand d'autres ont parlé en public, en quoi ils ont bien réussi, et en quoi ils ont manqué ; tâcher même, après avoir trouvé la raison de leur manquement, à refaire les mêmes discours mieux qu'ils ne les ont faits, et continuer ces exercices jusqu'à ce qu'on ait accoutumé son esprit à bien digérer toutes sortes de sujets.

Quant au troisième inconvénient, qui est celui de la mémoire, elle [XIX] ne peut être fautive que parce qu'elle ne représente pas dans l'occasion les choses ou les mots. On peut remédier au premier défaut, en mettant les choses dans un ordre si naturel que l'une fasse nécessairement souvenir de l'autre par la liaison qu'elles auront ensemble. D'ailleurs, après avoir formé le dessein, et ordonné toutes les parties d'un discours, il faudra le rebattre souvent, afin de s'y accoutumer [1].

| Pour les mots, il ne faut pas craindre qu'ils ne viennent aisément à la **70**
bouche, quand on aura les choses présentes à l'esprit, pourvu qu'on ait fait habitude de parler. Et pour cela, il faut s'imposer la nécessité de parler sur toutes choses, s'accoutumer en écrivant à les bien tourner, et à choisir toujours les matières les plus difficiles ou les plus abstraites. Car, lorsqu'à force de chercher, on peut trouver des biais pour les faire entendre, on n'a presque pas de peine à trouver des paroles et des expressions dans tous les autres sujets plus ordinaires, et que les différentes nécessités de la vie rendent plus communs.

Que le mensonge est opposé à la véritable Eloquence. Après avoir examiné combien l'Eloquence dépend du tempérament [2], et comment on peut le corriger ou le perfectionner par l'exercice [3], il est bon, ce me semble,

1. Voir CG, n. 56, p. 343. Sur la répétition, et sa nécessité pour consolider la mémoire, Quintilien, *op. cit.*, Livre I, chap. I, p. 9 : « Car la mémoire est une partie très nécessaire à l'orateur [...] qui s'entretient et se fortifie par l'exercice ».

2. CG, n. 58, p. 344. Sur l'éloquence naturelle, voir Cicéron, par exemple *De Oratore*, III, IX, 38, trad. Fr. E. Courbaud, Paris, Belles-Lettres, 1927 : « Les aptitudes naturelles, il est vrai, ont une telle importance qu'on voit des hommes de toutes professions, dans tous les domaines, manier assez bien la parole sans avoir fait de celle-ci une étude spéciale ». Voir Arnauld et Nicole, *La Logique ou l'art de penser*, III, XVII, (éd. Clair et Girbal, p. 234) : « On peut dire véritablement des Lieux ce que saint Augustin dit en général des préceptes de la Rhétorique. On trouve, dit-il, que les règles de l'éloquence sont observées dans les discours des personnes éloquentes, quoiqu'ils n'y pensent pas en les faisant, soit qu'ils les sachent, soit qu'ils les ignorent. Ils pratiquent ces règles parce qu'ils sont éloquents ; mais ils ne s'en servent pas pour être éloquents ».

3. CG, n. 59, p. 344. Concernant l'équilibre nature / exercice, voir Quintilien, *Institution oratoire*, Livre II, chap. XIX, (« Si l'Art contribue plus à l'éloquence que la nature ») : « Car si vous retranchez absolument une partie de l'autre ; la nature quoique sans art ne restera point

de considérer qu'il n'y a rien de plus ennemi de la véritable Éloquence que le mensonge[1]. En effet, comme l'Eloquence est un moyen, non seulement d'exprimer ce que nous pensons, mais aussi d'obliger les autres à penser comme nous, elle ne doit jamais être employée qu'à faire connaître la vérité, ou à la faire suivre. Et celui qui s'en sert pour exciter dans les autres des sentiments injustes, ou pour leur faire croire des choses fausses, commet la plus indigne de toutes les trahisons. Car enfin, si la société ne s'entretient que par la parole, n'est-ce pas violer le droit le plus saint qui soit entre les hommes, que d'employer pour les jeter dans l'erreur, ou pour leur persuader le mal, des talents qui ne doivent servir qu'à leur faire
71 connaître ce qui est véritable ou ce qui | est juste ? Si l'on y pensait bien, on aurait plus de sincérité, surtout quand on parle en public, où les moindres déguisements peuvent toujours avoir de périlleuses conséquences.

Au reste, il me semble que, pour s'accoutumer à ne dire que la vérité, c'est un puissant motif que de se représenter souvent que nous n'avons la facilité de nous expliquer, que parce que Dieu, à qui nous devons nos pensées, et les mouvements de notre langue, veut bien exciter les uns, dès que nous voulons faire entendre les autres. Il me semble comme impossible à qui fait souvent cette réflexion de mentir, car enfin si nous sommes convaincus que Dieu n'est sujet ni à l'erreur ni au mensonge, ni à l'iniquité qui le suit toujours de si près, comment oserons-nous employer des signes et des voix qui ne se forment que par sa puissance, à faire ce qui lui déplaît le plus ? J'admire qu'un Païen ait pu connaître cette vérité jusqu'à dire qu'un homme ne pouvait être éloquent sans être homme de bien[2], et que nous ayons des sentiments si contraires.

Mais, pour mêler ici la Morale qu'autant qu'elle convient à un discours de Physique, il est à propos d'examiner en cet endroit d'où vient que non seulement l'Orateur doit être homme de bien, mais même qu'il ne peut être

sans force, mais la doctrine sans la nature restera sans effet. Quand même elles seront assorties entre elles et toutes deux également médiocres, je ne laisserai pas de croire que le naturel est le plus important ; mais que les doctes et les gens consommés en savoir sont plus redevables à la doctrine qu'à la nature ».

1. CG, n. 60, p. 344. Voir *La Logique ou l'art de penser, Second Discours* (1664), éd. Clair et Girbal, p. 29-30 : « L'article où l'on parle des mauvais raisonnements où l'éloquence engage insensiblement, en apprenant à ne jamais prendre pour beau ce qui est faux, propose en passant une des plus importantes règles de la véritable Rhétorique, et qui peut plus que tout autre former l'esprit à une manière d'écrire simple, naturelle et judicieuse ».

2. CG, n. 61, p. 344. Voir Quintilien, *op. cit.*, « Préface », p. IV : « Au reste nous entreprenons d'élever un Orateur parfait, qui par conséquent ne peut être qu'un honnête homme », voir aussi Livre I, chap. II ; Livre II, chap. XV, chap. XVI, XVII, et XX en entier, « si la rhétorique est une vertu », chap. XXI ; Livre III, chap. VII.

parfaitement éloquent s'il n'a cette qualité. Et cela n'est pas difficile à concevoir, car si l'on convient que pour être parfaitement éloquent, il faut savoir l'art d'instruire les auditeurs, et celui de réprimer ou d'exciter leurs passions, selon | qu'il est utile pour la fin qu'on se propose, il faut aussi 72
convenir qu'un Orateur, qui dit le contraire de ce qu'il sait, ne doit pas trouver si aisément des paroles pour l'exprimer, que s'il disait la vérité. Et si, pour ne se point méprendre, il étudie ce qu'il doit dire, il faut avouer que son discours, qui ne sera que de mémoire, ne pourra jamais avoir la grâce ni la force qu'a toujours celui d'un homme qui ayant appris à bien parler, et disant ce qu'il pense, ne craint pas de se tromper.

D'ailleurs, il faut demeurer d'accord que, si celui qui n'est pas homme de bien, veut exciter dans les autres des mouvements et des passions qui ne sont pas véritablement en lui, ce sera toujours froidement qu'il exprimera ces passions étudiées[1]. Ou si, pour surmonter l'effet de cette contrainte (qui paraît toujours quand on veut retenir ses mouvements pour en feindre d'autres), il veut effacer tous les traits et les petits mouvements, par lesquels son visage, ses yeux et ses gestes diraient le contraire de ce que ses paroles expriment, il faut qu'il fasse de si grands efforts que non seulement il perd cette grâce, sans laquelle on ne saurait plaire ni persuader, mais encore il se rend odieux. Et, loin d'exciter dans les autres les mouvements qu'il n'a pas en lui-même, il fait horreur à tous ceux qui se persuadent qu'il ressent en effet la violence des passions dont il paraît agité.

En un mot, il est évident qu'il y a naturellement un tel rapport entre les sentiments des hommes, et les signes ou les paroles, dont ils se servent pour les | exprimer, que jamais une même personne ne saurait de si bonne grâce 73
dire un mensonge qu'une vérité. Et, comme on ne peut être bien éloquent lorsqu'on se contraint à dire ce qu'on ne pense pas, ou à témoigner ce qu'on ne ressent point, il est impossible d'être fort éloquent qu'on ne soit fort

1. CG, n. 62, p. 345. Sur la nécessité d'apparaître sincère, voir Cicéron, *De Oratore*, Livre II, chap. XLV, n° 189 *sq.* « J'ajoute qu'il n'est pas possible que nos auditeurs soient amenés à la douleur, à la haine, à l'envie, à la crainte, aux larmes, à la pitié, si toutes les passions que l'orateur veut leur communiquer, il ne paraît d'abord les porter, profondément imprimées et gravées en lui-même. Que s'il fallait jouer l'émotion, si dans une plaidoirie on n'exprimait par ses paroles que des sentiments faux, imités ou contrefaits, un art plus grand encore serait peut-être nécessaire » (n° 189) ; « Comment voulez-vous obtenir que le juge s'irrite contre votre adversaire si vous restez vous-même froid et insensible ; [...] qu'il cède à la pitié, si tout, paroles, pensées, voix, physionomie, larmes enfin, n'apporte la preuve de votre douleur ? [...] Il n'y a point d'âme, tellement disposée à recevoir les impressions de l'orateur, qu'elle puisse s'allumer, pour ainsi dire, si l'on n'approche d'elle la flamme dont on est soi-même dévoré » (n° 190).

homme de bien, puisqu'il n'appartient qu'à l'homme de bien de dire naïvement ce qu'il pense [1]. Ses mouvements sont si justes qu'il n'est point obligé de se contraindre. D'ailleurs, la vérité qui accompagne toutes ses paroles, et cet amour de justice qui anime tous ses mouvements donnent tant de poids et de grâce à son action, qu'il est comme impossible d'y résister. Surtout on se laisse facilement emporter aux mouvements d'un homme que l'on croit vertueux, et dès que celui qui parle a l'avantage d'exciter dans les autres les mêmes passions qu'il ressent, comme il est bientôt le maître de leur pensée, il rend bientôt leur jugement favorable à ses prétentions. Et, puisque nous voyons que ceux qu'une semblable disposition de corps rend sujets à des mouvements semblables ont ordinairement les mêmes sentiments sur les mêmes choses, il faut croire que le plus beau moyen de faire que les autres aient des sentiments conformes à ceux que nous avons, est d'exciter en eux des mouvements tout semblables aux nôtres. Car enfin (et cela ne se peut trop répéter) tandis que nos âmes demeureront unies à nos corps, tous nos mouvements seront si bien
74 d'accord avec | nos sentiments que jamais nous ne pourrons inspirer les uns que par les autres [2].

Quelle peut être l'éloquence des purs Esprits. Cette réflexion me fait penser que, comme l'on peut concevoir des Esprits qui ne soient pas unis à des corps, s'il y a de l'éloquence entre eux ce ne peut être par le moyen des mouvements, puisqu'ils n'en sont pas capables. Mais si l'on suppose que ces Esprits soient dans cet état de liberté qui fait qu'on peut se déterminer à une chose ou à l'autre, il est aisé de concevoir que si l'un d'eux étant plus éclairé a quelque désir pour une chose qu'un pur Esprit soit capable de vouloir, par exemple pour sa propre gloire, il pourra mettre les pensées qu'il manifestera aux autres sur ce sujet, dans un ordre qui leur paraîtra si beau qu'il excitera en quelques uns le même désir qu'il ressent. D'ailleurs

1. CG, n. 63, p. 345. Pour Cicéron, les pensées de l'orateur peuvent devenir propres en conséquence de pensées qui lui sont d'abord étrangères et dont l'expression par des paroles adéquates l'imprègne de leur vérité : « Telle est la force des pensées (*sententiarum*), et des lieux que l'orateur emploie et développe, qu'il n'a nul besoin de feinte ni d'artifice. Par leur nature même les paroles auxquelles il a recours pour remuer l'âme d'autrui le remuent lui-même plus fortement qu'aucun de ceux qui l'écoutent » (*De Oratore,* n° 191). Mais pour Cordemoy, les paroles de l'orateur se modèlent sur ses pensées préalablement propres et les reproduisent fidèlement. La sincérité réelle de la parole est un idéal qu'on retrouve aussi chez Bernard Lamy, *De l'Art de parler,* chap. II, § III.

2. CG, n. 64, p. 345. À propos de l'éloquence, voir encore, après Cordemoy, B. Lamy, *La Rhétorique ou l'art de parler,* éd. 1715, Livre IV, les chap. V-XIV, et Livre V, chap. premier, qui s'inspire largement du *Discours physique de la parole* de Cordemoy.

(pour suivre le même exemple) un Esprit encore plus éclairé et mieux intentionné que le premier pourra faire concevoir à ceux qui auraient pu tomber dans cette erreur que la gloire ne pouvant appartenir qu'à la souveraine puissance, c'est une folie d'y prétendre quand on n'est pas Dieu.

On pourrait concevoir, de même, comment de purs Esprits se pourraient inspirer divers sentiments sur toutes les choses, pour lesquelles ils seraient capables d'avoir des désirs, supposé, comme je l'ai dit, qu'ils fussent en état de choisir l'un des deux partis.

Comment ils se peuvent découvrir leurs pensées. Mais, pour ne tirer de
cette notion que ce qui peut | servir à mon dessein, il faut considérer que si **75**
un homme a besoin, pour parler, du mouvement des parties qui servent à la voix et un autre, pour écouter, de l'ébranlement de celles qui servent à l'ouïe, deux Esprits n'ont besoin pour se communiquer leurs pensées que de le vouloir. Et, comme on reconnaît que la pensée d'un homme se conçoit aisément par un autre homme, dès que le premier a parlé, c'est-à-dire dès que par des mouvements qui servent à battre l'air, il a remué l'oreille de celui auquel il veut que sa pensée soit connue, il est aisé aussi de reconnaître que si deux Esprits, qui ne dépendent point du corps dans leurs opérations, se veulent découvrir leurs pensées, ils n'ont qu'à le vouloir [1].

Il y a, ce me semble, bien moins de peine à concevoir l'un que l'autre, comme je l'ai déjà remarqué, car dans la parole il y a deux choses, savoir la volonté de communiquer ses pensées, et les mouvements par lesquels on les communique. Or ces mouvements ont si peu de rapport par eux-mêmes avec les pensées qu'il est étonnant de voir comment la pensée peut être si bien unie au mouvement, que l'un soit une occasion de connaître l'autre. Au lieu que dans la manifestation, que deux Esprits se font de leurs pensées, il n'est besoin que de la volonté de les communiquer, et les Esprits

1. Voir Thomas d'Aquin, *Somme théologique,* I, Qu. 107. « Pour comprendre de quelle manière un ange peut parler à un autre ange, il faut considérer ce que nous avons dit au sujet des actes et puissances de l'âme : c'est la volonté qui meut l'intelligence à son opération. [...] C'est par la volonté que le concept de l'esprit est mis en rapport avec une autre réalité, qu'il s'agisse de faire quelque chose à partir de l'idée qu'on en a, ou de manifester sa pensée à autrui. Quand l'esprit s'applique à considérer en acte ce qu'il possède sous forme d'*habitus*, on peut dire qu'il se parle à lui-même ; car le concept mental ainsi formé est ce qu'on appelle le verbe intérieur. Du fait que l'ange, par sa volonté, ordonne son concept mental en vue de le manifester à un autre, aussitôt ce dernier en prend connaissance : c'est ainsi que l'ange parle à un autre ange. Car parler à autrui, ce n'est pas autre chose que manifester à autrui sa propre pensée » (art. 1, Réponse). C'est cette définition du langage qu'on retrouve chez Cordemoy quand il écrit que « parler à mon avis n'est autre chose que faire connaître ce que l'on pense à qui est capable de l'entendre ».

étant de même nature, il est évident qu'une pensée peut être plus aisément l'occasion d'une autre pensée que le mouvement.

Comment un pur Esprit se peut faire entendre à un esprit uni à un corps. Au reste, ce qui se dit de la communication de deux purs Esprits se doit dire
76 de celle qui peut | être entre un esprit uni à un corps, et un esprit qui n'y est pas uni. Car enfin ce qui fait que deux hommes ne se peuvent communiquer leurs pensées sans mouvements, c'est qu'ils ont des corps, et que l'un ne peut être averti par l'autre qu'à l'occasion des mouvements du corps, auquel son âme est unie. Mais, si l'on suppose que l'un des esprits n'ait point de corps, il pourra se rendre présent par ses pensées mêmes à celui qui aura un corps, comme à celui qui n'en aura pas ; et réciproquement, l'esprit, qui sera uni à un corps, pourra sans le secours de la voix exprimer ses pensées à tout esprit qui n'aura point de corps.

Cependant nous sommes si accoutumés à juger de toutes choses, par celles que nous voyons, que voyant les hommes user de la voix, et s'entendre fort aisément, nous jugeons témérairement qu'il serait bien difficile à deux esprits de se communiquer leurs pensées. Quelques-uns même estiment qu'il est impossible qu'un esprit qui n'a point de corps (par exemple un Ange) communique avec nous. Mais il est évident que cela ne vient que de la précipitation de notre esprit qui ne réfléchit point sur ce qui lui arrive dans la communication qu'il a avec celui d'un autre homme. Car s'il considérait que le battement de l'air et les autres choses qui servent à lui faire concevoir la pensée de celui qu'il entretient n'ont rien de semblable à cette pensée, il s'étonnerait plus de ce qu'il entend qu'il ne s'étonne quand
77 on veut lui persuader que deux Anges se | parlent, ou même qu'un Ange peut communiquer avec nous, sans le secours de la voix [1].

1. Comme on l'a montré dans la note précédente, ces questions ne sont pas cartésiennes. Elles s'inscrivent plutôt dans les débats médiévaux et scolastiques sur la motion de la créature par une autre : l'illumination d'un ange par un autre, l'action des anges sur les hommes. Ainsi, on trouve la question : « Un ange parle-t-il à un autre ? » dans la *Somme théologique* de Thomas d'Aquin, I, Qu. 107, art. 1. Ces questions sont importantes car elles mettent en œuvre la notion de verbe intérieur ou de langage intérieur de la pensée, « le concept mental est formé de ce qu'on appelle le verbe intérieur », dont on trouve la première formulation latine chez Augustin. Dans la Solution à la deuxième Objection, Thomas écrit en effet : « Le langage qui s'extériorise par la voix nous est nécessaire à cause de l'obstacle du corps. C'est pourquoi il ne convient pas à l'ange, qui ne connaît que le langage intérieur. Celui-ci ne consiste pas seulement à se parler à soi-même en formant un concept, mais aussi à ordonner, par le moyen de la volonté, ce concept en vue de le manifester à un autre. Ainsi la langue des anges est une métaphore pour signifier la puissance qu'ils ont de manifester leur pensée » (trad. Cerf, 1984).

Je ne puis en cet endroit m'empêcher de faire remarquer combien la réflexion que nous faisons sur ce qui se passe en nous, est capable de nous faire bien juger de ce qui se fait ailleurs, ou du moins de ce qui s'y peut faire. L'exemple que je tire de la manière dont nous communiquons avec les hommes est si propre à faire concevoir ce qui se pourrait passer entre les Esprits qui n'auraient pas de corps, comme nous en avons, et même entre ces Esprits et nous, que si l'on examine bien la chose, on ne trouvera point d'autre différence entre l'une de ces communications et l'autre, sinon que la communication qui est entre les hommes, est la plus malaisée à concevoir, à cause qu'elle se fait par le moyen des mouvements qui sont tout à fait différents des pensées et que celle que nous pouvons avoir avec de purs Esprits est moins sensible, parce qu'elle se fait sans aucun de ces mouvements qui nous rendent comme sensibles les pensées des hommes dont la voix frappe nos oreilles.

Pourquoi les Anges ont quelquefois emprunté des corps pour parler aux hommes. Aussi est-ce peut-être la cause pour laquelle nous apprenons que quand des Esprits ont voulu donner des avis importants à quelques hommes, ils ont emprunté des corps, et qu'ils ont formé des voix semblables à celles des hommes. Mais ces choses extraordinaires ne doivent pas empêcher de concevoir que naturellement nous pouvons communiquer avec de purs Esprits plus facilement qu'avec les hommes, de
| sorte que si la Foi nous propose qu'il y a des Esprits qui ne sont point unis à 78
des corps, et que celui qui les a créés comme nous, leur ayant commis le soin de notre conduite, ils sont toujours présents à notre esprit pour le diriger sans le contraindre, il n'y a rien en cela qui soit au-dessus des choses que nous pensons le mieux savoir. Car enfin, comme nous concevons que la communication entre deux hommes se fait par *la parole,* c'est-à-dire par une volonté d'exprimer ce qu'ils pensent, et par des mouvements qui répondent à cette volonté, nous pouvons aussi concevoir, ce me semble, que celle de deux Esprits se peut faire par la seule volonté de se manifester, et que si un pur Esprit communique avec un homme, encore que ce soit d'une façon moins sensible que ne sont les paroles ordinaires, c'est toutefois d'une manière intelligible, qui peut lui donner insensiblement les pensées, dont il a besoin pour sa conduite, et en un mot l'inspirer. De même nous concevons aisément que Dieu, qui fait que nos esprits agitent des

Sur la question du *verbum mentalis*, voir Claude Panaccio, *Le Discours intérieur. De Platon à Guillaume d'Ockham,* Paris, Seuil, 1999.

corps, peut (s'il est nécessaire) donner à un Ange le même pouvoir pour se faire entendre par *la parole.*

Enfin, pour peu que nous examinions les pensées de ces grands Personnages admirés dans l'Église pour la sainteté de leur vie, et pour la pureté de leur doctrine, nous en trouverons tant au delà de celles que l'entretien des hommes leur a pu donner, et nous verrons qu'ils savaient des choses tellement au-dessus de la nature qu'il ne nous est pas permis de
79 douter | qu'ils n'aient eu communication avec d'autres Esprits qu'avec les hommes qui nous parlent tous les jours. Et, comme on ne saurait trop faire de réflexion sur de semblables sujets, je crois ne me pouvoir trop répéter à moi-même ces dernières vérités.

Ce que c'est qu'inspiration. Je vois maintenant, ce me semble, ce que l'on doit entendre proprement par le mot d'*inspiration,* et je crois ne me point tromper, quand je dis que c'est par ce moyen seulement que nous peuvent venir ces pensées qui n'ont point de rapport à toutes celles qui ne sont naturellement en notre âme que parce que nous avons un corps.

Secondement, je vois que nous ne connaissons pas plus les esprits de tous les hommes qui nous parlent, quand ils nous inspirent leurs sentiments que ces purs Esprits que je tiens capables de nous inspirer de meilleurs [1]. Et comme les nouvelles pensées qui nous viennent par l'entretien que nous avons avec les hommes sont un témoignage assuré à chacun de nous, qu'ils ont un esprit comme le nôtre, nous devons prendre les nouvelles pensées qui nous viennent sans que nous en puissions trouver la cause en nous-mêmes, ni l'attribuer à l'entretien des hommes, pour une certitude qu'il y a encore d'autres Esprits qui nous les peuvent inspirer.

1. Voir Thomas d'Aquin, *Somme théologique,* I, questions 111-113 ; et en particulier qu. 111, art. 2, où l'ange peut changer la volonté des hommes de l'extérieur, par l'action d'un bien connu par son intelligence, soit sous forme de conseil, ou de persuasion, soit « à l'aide d'une passion suscitée dans l'appétit sensible ; ainsi, par le désir intense ou la colère, la volonté est inclinée à vouloir telle ou telle chose. Ainsi encore les anges, en tant qu'ils peuvent exciter ces passions, peuvent mouvoir la volonté. Une telle motion n'est cependant pas contraignante, car la volonté demeure toujours libre de consentir à la passion ou de lui résister » ; Qu. 113, art. 1 (« Les hommes sont-ils gardés par des anges ? ») : « Or, quand il s'agit de la conduite, il est clair que la connaissance et les sentiments de l'homme peuvent de mille façons différer et s'écarter du bien. C'est pour cela qu'il fut nécessaire de désigner des anges pour garder les hommes, afin de les diriger et de les pousser au bien ». *Cf.* Chomsky, dans *Cartesian Linguistic,* p. 95, n. 61, qui à propos de la possibilité selon lui d'une « pensée créatrice » évoque et cite Cordemoy à propos de l'inspiration et ajoute : « many others of the period would agree that in some way or other, man possesses some analogy to the Divine attributes in his intellectual faculties ».

Je connais même que la coutume de concevoir les pensées des autres hommes, par les gestes et par la voix, fait que cette manière nous affecte davantage que les choses qui nous sont inspirées sans cela. Mais quand j'y prends garde de près, je vois que nous | ne connaissons pas davantage 80
l'esprit des hommes qui nous parlent que les Esprits qui nous inspirent. Un peu d'air poussé par les poumons de celui qui nous entretient, frappant nos oreilles, excite, à l'occasion de l'ébranlement du cerveau, des sons en notre âme et en même temps les idées que nous avons jointes à ces sons. Mais en vérité ni cet air poussé, ni tout ce qui passe dans le corps de celui qui nous parle n'est sa pensée, et si nous avons quelque raison de croire qu'il ait des pensées, c'est à cause seulement que nous éprouvons qu'il en excite en nous de nouvelles. Or, si toute la raison que nous avons de croire qu'il y a des esprits unis aux corps des hommes qui nous parlent est qu'ils nous donnent souvent de nouvelles pensées que nous n'avions pas, ou qu'ils nous obligent à changer celles que nous avions, pouvons-nous douter, lorsqu'il nous vient de nouvelles pensées, qui sont au-dessus de nos lumières naturelles, et contraires aux sentiments que le corps peut exciter en nous ; pouvons-nous, dis je, lorsque des hommes ne nous les inspirent pas, douter qu'elles ne nous soient inspirées par d'autres Esprits ? Encore un coup, je n'estime pas que cela se puisse raisonnablement, et la coutume que nous avons d'en recevoir par l'entremise de la parole, qui est une manière sensible, ne nous doit point faire méconnaître celles qui nous sont inspirées par une voie différente de celle des sens.

Je connais aussi que, s'il nous est libre de cacher nos pensées tandis que notre âme est unie à un corps, |[1] nous aurions la même liberté, si elles en 81
étaient séparées, et qu'en quelque façon elle serait plus grande encore, puisque souvent, lorsque nous parlons à une personne, les signes et les voix, par lesquels nous nous exprimons, peuvent être aperçus ou entendus par un tiers à qui nous ne voulons pas découvrir nos pensées, au lieu qu'un pur Esprit, qui n'est point obligé de se servir de ces moyens extérieurs, peut manifester ses pensées à l'esprit qu'il en veut informer, sans qu'un autre les connaisse[2].

En effet, en l'état où nous sommes maintenant, pour découvrir nos pensées, nous ne faisons autre chose que de le vouloir, et bien que ce vouloir soit joint à des mouvements qui ne manquent point d'être en certaines parties de notre corps, sitôt que nous en avons besoin pour

1. La pagination du manuscrit est fautive à partir de cette page, elle porte la page 71 et suivantes jusqu'à 76. Nous corrigeons par souci de cohérence.

2. Voir Thomas d'Aquin, *Somme théologique,* I, Qu. 107, art. 5.

signifier nos pensées, néanmoins nos âmes ne sont pas cause de ces mouvements (suivant ce qui est démontré dans le *Quatrième Discours* [1]) et elles ne font autre chose pour s'exprimer que de le vouloir, de sorte que si, tandis qu'elles sont unies à nos corps, nous ne pouvons exprimer les pensées qui nous viennent qu'en remuant la langue, le gosier, et la bouche, c'est par la nécessité que cette union nous impose. Mais, sitôt qu'il n'y aurait plus une semblable nécessité d'emprunter des mouvements pour exprimer ce qu'on pense, on n'aurait plus, pour le faire concevoir à d'autres esprits, qu'à vouloir qu'ils le connussent, et pour le cacher on n'aurait qu'à ne vouloir pas qu'il leur fût connu.

82 J'ai expliqué ailleurs les raisons pour lesquelles il | paraît que toute l'action de l'âme consiste à *vouloir* [2], et je pense avoir assez montré que tout ce qui dépend d'elle est de se déterminer à une chose ou à l'autre, pour n'avoir pas besoin de rien répéter ici de tout ce que j'ai dit sur ce sujet.

Que nous n'avons pas d'idée claire de l'âme [3]. Mais il est bon de remarquer en cet endroit que, bien que Dieu ne nous fasse pas concevoir la

1. Note de Cordemoy, ajoutée après le IIIe état : Ci-dessus *Quatrième Discours,* de la Première partie, p. 64 et suivantes.

2. Note de Cordemoy, ajoutée après le IIIe état : Ci-dessus *Sixième Discours,* p. 88, et ci-après Deuxième partie, *Traité de métaphysique*.

3. Il convient de remarquer que ce titre ne figurait pas dans les éditions I-III. Cordemoy s'inscrit dans une manière de pensée qui est plus malebranchiste que cartésienne. Pour Descartes « Entendre, vouloir, imaginer, sentir, etc., conviennent entre eux en ce qu'ils ne peuvent être sans pensée, ou perception, ou conscience (*conscientia*) et connaissance » (*Troisièmes Objections et Réponses,* Réponse à l'Objection Seconde. De la nature de l'esprit humain, AT, IX, 137, en latin VII, 176). On trouve peut-être ici, dans la traduction de Clerselier, le premier usage du mot français « conscience » en un sens non moral, les traductions des autres définitions de la pensée rendent le latin *conscientia* par des périphrases, voir *Secondes Réponses,* Définition 7, et *Principes,* I, § 9 (voir aussi *Lettre à Mersenne,* juillet 1641, AT, III, 39 ; *Méditation,* AT, IX, 9, 26 ; *Secondes Réponses,* AT, IX, 103 ; *Quatrièmes Réponses,* AT, IX, 174 ; *Cinquièmes Réponses,* AT, VII, 360, trad. FA. II, 802 ; *Principes,* I, § 11, AT, IX-2, 29). Le terme de « conscience » est repris par Malebranche pour désigner la saisie directe que l'âme a de ses modes (*Recherche de la Vérité,* Livre III-2, chap. VII, § IV, *OC,* I, 451) la conscience, ou le sentiment intérieur, ne nous trompe pas sur ce qui se passe en nous, mais, contre Descartes, Malebranche soutient que ces propriétés que le sentiment intérieur nous découvre ne nous permettent pas de connaître la nature de notre âme. Malebranche accentue l'irréductibilité du qualitatif à son corrélat extérieur, et en radicalisant la thèse de la subjectivité des sensations accordée par les cartésiens, il oppose le caractère subjectif, vécu, des modalités de l'âme à l'évidence de l'idée. Et ainsi : « Je ne vois pas l'idée de mon âme, l'esprit archétype sur lequel j'ai été formé, en qui je suis lumière et hors duquel je ne suis à moi-même que ténèbres », *Réponse de l'auteur de la Recherche de la Vérité au livre de M. Arnauld Des Vraies et des Fausses Idées, OC,* VI, chap. 13.

substance de nos esprits mêmes, ni comment ils veulent, c'est-à-dire, comment ils se déterminent, néanmoins nous connaissons clairement que nous avons un esprit, et que notre esprit a le pouvoir de se déterminer. Or, comme nous sommes assurés que nous ne disons nos pensées que quand il nous plaît, nous devons croire que si nous étions en état de n'avoir plus besoin des signes ni de la voix, nous pourrions par notre seule volonté découvrir ou cacher nos pensées.

Nous devons aussi nous ressouvenir qu'il n'est pas plus difficile de concevoir que nous fissions alors apercevoir nos pensées à d'autres esprits, que de concevoir que l'esprit d'un autre homme aperçoive dans l'état présent ce que nous pensons, quand nous l'exprimons par la voix ou par les signes.

Au reste, quand je dis que des âmes affranchies du corps, pourraient se cacher ou se manifester leurs pensées, cela se doit entendre si elles avaient le même sujet de les cacher qu'elles ont en l'état présent. Mais il est apparent que si elles doivent être bienheureuses, comme elles n'auront de pensées que pour la gloire de leur Auteur, elles voudront | que tous les **83**
esprits les connaissent, et que si elles perdent pour jamais sa grâce, elles n'auront que des pensées, qui devant servir à publier les effets de sa justice, seront connues à tous les esprits.

Enfin, nous devons nous ressouvenir que, suivant ce que j'ai expliqué de l'action des âmes et des corps dans le *Cinquième Discours* de la première Partie[1], nous disons qu'une âme agit sur une autre âme toutes les fois que l'une a des pensées nouvelles à l'occasion de l'autre, de même que nous disons qu'un corps agit sur un autre corps toutes les fois que nous disons qu'un corps agit sur un autre corps, toutes les fois que cet autre corps reçoit quelque changement à son occasion.

Et, comme j'ai montré qu'un corps ne donne jamais le mouvement à un autre corps, mais seulement que leur rencontre est une occasion à la Puissance divine, qui mouvait l'un, de s'appliquer à l'autre[2], il faut concevoir aussi que dès qu'une âme veut faire connaître à une autre âme ce qu'elle pense, cela arrive parce que Dieu fait que suivant cette volonté de la première, la seconde la connaît. Et de même que la volonté que nous avons que notre corps soit mû ne le fait pas mouvoir, mais est seulement une occasion à la première Puissance de le mouvoir, au sens que nous désirons qu'il soit mû, aussi la volonté que nous avons qu'un esprit connaisse ce que

1. Note de Cordemoy : Ci-dessus *Cinquième Discours*, p. 77.
2. Note de Cordemoy : Là même, p. 60 et suivante.

nous pensons est une occasion à cette Puissance de faire que cet esprit l'aperçoive.

De là il résulte nécessairement qu'il est aussi impossible à nos âmes d'avoir de nouvelles perceptions sans Dieu qu'il est impossible au corps
84 d'avoir | de nouveaux mouvements sans lui.

D'ailleurs [xx], il est évident qu'il laisse à nos âmes la détermination toute libre de leur volonté [1]. J'ose même avancer (et la chose paraîtra manifeste à tout homme de bon sens, qui la voudra considérer avec attention) que comme le corps est une substance à qui l'étendue convient, de sorte qu'il cesserait d'être corps, s'il cessait d'être étendu, de même l'esprit est une substance, à qui le pouvoir de se déterminer de soi-même convient si naturellement qu'il cesserait d'être esprit s'il cessait de vouloir [2].

Dieu l'a fait ainsi pour en être aimé. Ce qui paraît si évidemment que, quand il ne l'aurait pas déclaré par tant de témoignages miraculeux de sa tendresse, qui va jusqu'à nous demander notre cœur, c'est-à-dire notre amour, nous devrions être très persuadés qu'il a voulu être l'objet de notre volonté dès ce monde, par cette seule considération qu'il n'y a point d'objet si grand qu'elle ne puisse embrasser [3].

1. Voir Descartes, *Lettre à Mersenne,* 27 mai 1641, AT, III, 379-382, *Lettre à Elisabeth,* janvier 1646, AT, IV, 353-354. Descartes, lorsqu'il s'efforce de penser plus précisément la nature de l'union de l'âme et du corps, inscrit la volonté dans une dimension plus concrète, celle de l'usage et de la maîtrise des passions. Dans la conception qu'il se fait de la causalité divine, Cordemoy tient à sauvegarder la liberté humaine, mais il doit la concilier avec la conception d'un Dieu tout-puissant et omniscient, voir Cordemoy, *Traité de métaphysique,* éd. Clair et Girbal, p. 284-285 (nous modernisons l'orthographe) : « IV. Si Dieu a fait tous les êtres, parce qu'il est tout-puissant, il est visible qu'étant tout sage, il les a faits pour la plus belle fin, c'est-à-dire pour lui-même. [...] Les esprits, qui connaissent cette fin, ont besoin d'action pour y aller. [...] VI. Dans la suite, lorsque, ayant délibéré, ils se déterminent à un moyen plutôt qu'à l'autre, il est encore vrai que sans Dieu cette détermination, qui est une action, ne serait pas en eux : mais il est visible aussi que cette action n'est point celle de Dieu. [... VII ...] Il est visible qu'il a fait, ou fait faire tout ce qui s'y trouve de réel, car il a porté les esprits à leur fin : il les a portés au choix des moyens d'y parvenir ; et sans lui, ils n'auraient ni délibéré, ni choisi. Ainsi il a fait ou fait faire tout ce qu'il y a de réel ; et si les esprits ont mal choisi, c'est un défaut, dont ils sont les seuls coupables. Dieu avait fait ce qui était de lui, et ce qui suffisait pour bien agir ; et les esprits n'ont pas usé du pouvoir, qu'il avait mis en eux ».

2. *Cf.* Descartes, *Principes,* I, § 48, AT, IX-2, 45 ; *Lettre à Mersenne,* AT, II, 628 ; *Troisième Objections et Réponses,* Réponse à l'Objection XII, AT, IX, 138 ; *Lettre à Regius,* mai 1641, AT, III, 372.

3. Voir Descartes, *Lettre à Mersenne,* 25 décembre 1639, AT, II, 628 : « Le désir que chacun a d'avoir toutes les perfections qu'il peut concevoir, et par conséquent toutes celles que nous croyons être en Dieu, vient de ce que Dieu nous a donné une volonté qui n'a point de bornes. Et c'est principalement à cause de cette volonté infinie qui est en nous, qu'on peut dire

Quant au pouvoir de connaître, peut-être ne nous l'a-t-il pas donné aussi grand, du moins en ce monde. Mais il est certain que nous avons assez de connaissance pour ne pouvoir manquer, si nous usons bien de nos lumières, et du pouvoir que nous avons de ne juger de rien qu'après l'avoir bien connu [1]. Car enfin, Dieu nous donne toutes les lumières dont nous avons besoin [2]. Nous avons des idées très distinctes pour connaître les choses de la nature autant qu'il est possible de les connaître, puisque nous pouvons, | lorsque nous usons de prudence, discerner en quoi chacune nous **85**
est utile ou dommageable. Et quoiqu'il ne nous donne pas l'avantage de connaître ce que [3] sont ces choses, cependant il nous découvre si bien en quoi elles nous peuvent nuire, ou profiter, que pour en bien user nous n'avons qu'à le vouloir.

Pour celles qui sont au-dessus de la nature, bien qu'elles surpassent infiniment notre connaissance, néanmoins nous avons des notions fort distinctes des raisons pour lesquelles nous ne saurions les concevoir, et de celles qui nous obligent à les croire. Car, si d'un côté dans ce que la Foi nous enseigne, il se trouve des choses au dessus de nos lumières naturelles, nous avons d'ailleurs des marques [XXI] très évidentes de l'obligation où nous sommes de soumettre notre esprit à l'autorité qui nous les propose, et de prendre tout ce qui nous vient de cette part pour des vérités infaillibles, ou pour des notions, que nous tenons de la Grâce [4], et desquelles, aussi bien

bornes. Et c'est principalement à cause de cette volonté infinie qui est en nous, qu'on peut dire qu'il nous a créés à son image ». Voir la *Meditatio Quarta,* AT, VII, 57, l. 11-15 et *L'Entretien avec Burman,* AT, V, 159, éd. Beyssade, p. 66-69.

1. Voir Descartes – dans un sens un peu plus restrictif, non pas « toutes les lumières », comme l'écrit Cordemoy un peu plus bas, mais « quelque lumière » –, *Discours de la méthode,* III, AT, VI, 27 ; *Méditation Cinquième,* AT, IX, 55-56 : « Mais après que j'ai reconnu qu'il y a un Dieu, pour ce qu'en même temps j'ai reconnu aussi que toutes choses dépendent de lui, et qu'il n'est point trompeur, et qu'en suite de cela j'ai jugé que tout ce que je conçois clairement et distinctement ne peut manquer d'être vrai : encore que je ne pense plus aux raisons pour lesquelles j'ai jugé cela être véritable, pourvu que je me ressouvienne de l'avoir clairement et distinctement compris, on ne peut m'apporter aucune raison contraire, qui me le fasse révoquer en doute ».

2. Sur la primauté de la volonté, voir Descartes, *Méditation Quatrième,* AT, IX, 45-46 : « Il n'y a que la volonté que j'expérimente en moi si grande, que je ne conçois point l'idée d'aucune autre plus ample et plus étendue ».

3. Note de Cordemoy ne figurant pas de [I-III] : « C'est-à-dire, quelle est la figure, la situation, ou le mouvement de leurs parties insensibles ».

4. Voir Descartes, *Secondes Réponses,* AT, IX, 116. Voir aussi *Lettre à ***,* Août 1638, AT, II, 347-348 : « il y a grande différence entre les vérités acquises et les révélées, en ce que la connaissance de celles-ci ne dépendant que de la Grâce (laquelle Dieu ne dénie à personne, encore qu'elle ne soit pas efficace en tous), les plus idiots et les plus simples y peuvent aussi

que de celles que nous tenons de la nature, nous pouvons tirer toutes les conclusions qui peuvent servir à régler notre croyance, et la conduite de notre vie, si bien que nous sommes coupables lorsque par précipitation ou par opiniâtreté, nous nous écartons de ces règles.

Mais, sans m'appliquer à la considération de toutes les grandes vérités qu'on pourrait déduire de ce Discours, je pense le devoir finir, puisque j'ai
86 |considéré toutes les diverses manières dont les pensées se peuvent communiquer, qui est proprement ce qu'on appelle *parler* ; et c'est ce que je m'étais proposé d'examiner.

bien réussir que les plus subtils ; au lieu que, sans avoir plus d'esprit que le commun, on ne doit pas espérer de rien faire d'extraordinaire touchant les Sciences humaines. Et enfin, bien que nous soyons obligés à prendre garde que nos raisonnements ne nous persuadent aucune chose qui soit contraire à ce que Dieu a voulu que nous crussions, je crois néanmoins que c'est appliquer l'Écriture sainte à une fin pour laquelle Dieu ne l'a point donnée, et par conséquent en abuser, que d'en vouloir tirer la connaissance des Vérités qui n'appartiennent qu'aux Sciences humaines, et qui ne servent point à notre salut ».

QUELQUES VARIANTES

I. Le lieu n'est pas mentionné dans le Deuxième état [II], éditions de 1670, 1671, 1679, 1680, 1683.

II. Variante supprimée [II] : « … quelques considérations m'empêchèrent de la faire dans le temps qu'il fut imprimé la première fois. Depuis j'ai donné dans *Un Discours de la parole* de quoi satisfaire au second point qui concerne les hommes. Pour le dernier qui concerne les bêtes, les mêmes considérations qui m'arrêtaient durent encore. Elles pourront… ».

III. Variante supprimée [II] : « Et bien que l'on conçoive qu'entre deux corps qui composeraient une certaine grandeur ou quantité, on pourrait mettre d'autres corps de la longueur de tant de pieds, on ne doit pas conclure pour cela qu'il y ait rien d'étendu entre ces deux corps. On doit seulement… ».

IV. Variante supprimée [II] : « … reculât. Mais dira-t-on cette distance n'est-elle rien ? non certes ; du moins ce n'est pas une substance, et comme la situation des corps n'est pas une substance, leur distance qui est une suite de leur situation n'est pas aussi une substance ; enfin comme il est vrai de dire que si un corps est entre deux autres, la distance qu'il y a entre ces deux corps vient de la situation qu'ils ont l'un à l'égard de l'autre, et non de ce troisième qui pourrait être ôté sans que cette situation changeât, de même il est vrai de dire que ces deux corps ne sont ni plus ni moins distants pour avoir un corps entre eux ou pour n'en avoir pas, et que s'ils sont quelquefois plus ou moins distants, cela vient de ce que leur situation permet de mettre quelquefois plus et quelquefois moins de corps entre eux. / 9. ».

V. Etat originel partiel publié dans l'édition de 1664 du *Monde* de Descartes : « … transporté, en sorte qu'il est successivement, et toujours différemment appliqué à différentes parties des corps qui l'environnent. / On pourrait… ».

VI. Etat originel partiel : « On pourrait demander ce qui fait cette application toujours différente en laquelle consiste le mouvement, et cette application toujours une, en laquelle consiste le repos : mais ce serait... ».

VII. Variante supprimée [II] : « ... fait... ».

VIII. Variante supprimée [II] : « ... survient pour changer cet état, je vois clairement que puisque cette lame d'acier, qui était auparavant droite, a été courbée, elle doit toujours demeurer en ce dernier état, et ne peut retourner... ».

IX. Variante supprimée [II] : « ... éclats, dont chacun pirouettant écarte l'air de toutes parts, si bien qu'elles ne sont plus entourées que de la plus subtile matière, et toutes... ».

X. Variante supprimée [II] : « ... que venant à rencontrer cette autre matière, dont les parties sont propres à nous faire sentir... ».

XI. Variante supprimée [Première état (édition de 1666), deuxième état, et troisième état, édition de 1690] : « ... objet. / 2. Ce que l'on conçoit de l'objet s'appelle idée ; on la nomme perception à l'abord, attention à la continue ; et mémoire, quand après avoir discontinué elle ... ».

XII. Variante supprimée [II] : « Je veux bien leur avouer que sans tant s'arrêter aux raisons qui pourraient (à parler philosophiquement) faire douter du corps, il est plus à propos de céder à l'autorité de la foi qui nous en assure. Et puisqu'elle enseigne que Dieu qui s'est fait homme a pris un véritable corps, nous ne pouvons raisonnablement douter que tout homme n'en doive véritablement avoir un. Mais enfin il est évident par tout ce qui précède que l'on n'a pas besoin de la foi pour être assuré de l'âme quand on veut un peu raisonner. Et que dans la difficulté qu'on a de se convaincre du corps par le raisonnement, on a grand besoin de la foi pour s'en assurer. Je dirai... ».

XIII. Lire en marge [I-III] : « Les idées. Les perceptions ».

XIV. Variante supprimée [II] : « ... convenables. Et ces esprits qui tournoyaient dans le cerveau n'y rencontrant aucuns pores ajustés ... ceux des endroits qui ... parties dont ce ... cœur, ont coulé avec abondance ... ». Dans les variantes I et III, on trouve sensiblement le même texte que dans le Quatrième état, édition de 1704, avec ces différences : « qui tournoyant dans le cerveau n'y ont ... parties dont ce... ».

XV. Variante supprimée [II] : « ... que l'âme ayant ressenti pour la première fois l'amour comme une passion à l'occasion d'un objet auquel elle ne pouvait s'unir, sans exciter tous ces mouvements... ».

XVI. Variante supprimée [II] : « ... vie, parce que l'ébranlement du cerveau en ce moment ne provenait ni de ce que la nourriture était bonne ou mauvaise, ni de ce qu'elle était abondante ou défectueuse, mais ils ont coulé avec effort... ».

XVII. Variante supprimée [II] : « ... cerveau, qui suivant le rapport qu'il a par sa construction admirable avec tous les objets dont le corps est entouré s'ouvrirait... ».

XVIII. Variante supprimée [I-III] : « ... former, ce serait des signes, qui restant longtemps après nous même, feraient savoir nos pensées, non seulement à ... éloignés, mais encore à ceux qui naîtraient ... ».

XIX. Variante supprimée [I-III] : « ... mémoire, comme telle ... fautive, qu'en ce qu'elle ne nous représente pas les choses, ou en ce qu'elle nous représente pas les mots, ... ».

XX. « ... lui ; et encore qu'il soit évident, que nos âmes dépendent de lui pour leur être, et pour leur conservation, il est pourtant vrai qu'il leur a laissé la détermination de leur volonté toute libre : et j'ose avancer comme une chose, qui paraîtra... *propre à* ». [II, *édit.* de 1671]. Variante supprimée [I-III] : « ... lui ; et d'ailleurs il est évident que nos âmes qui dépendent de lui pour leur être, et pour leur conservation, n'en dépendent nullement pour l'usage de leur volonté, dont il laisse la détermination libre : et j'ose avancer comme une chose qui paraîtra ... ».

XXI. Variante supprimée [I-III] : « ... des signes si évidents de l'obligation que nous avons de ... propose, et de si grandes convictions de ne pouvoir comprendre tout ce qui est, que nous avons sujet de prendre tout ce qui nous est dit de cette part... infaillibles, en un mot, pour... ».

BIBLIOGRAPHIE INDICATIVE

Cette bibliographie n'est pas celle de notre *Introduction*, ni de notre annotation de l'édition de 1704 des *Six Discours sur la distinction et l'union du corps et de l'âme* et du *Discours physique de la parole.* Elle cherche à rendre compte de la diversité des productions qui s'intéressent à Cordemoy ou éclairent ses textes : on y trouve aussi des numéros et des suppléments de Revues, des études et des ouvrages qui portent sur le XVIIe siècle en général, des études et des ouvrages qui font référence à Cordemoy ou qui envisagent les enjeux philosophiques de son œuvre.

ABLONDI, Fred, *Gérauld de Cordemoy: Atomist, Occasionalist, Cartesian,* Milwaukee, Marquette University Press, 2005.

BALZ, Albert G. A., *Cartesian Studies,* New York, Columbia University Press, 1951.

BATTAIL, Jean-François, *L'Avocat philosophe Géraud de Cordemoy,* La Haye, Martinus Nijhoff, 1973.

BARDOUT, Jean-Christophe, « Occasionalism : La Forge, Cordemoy, Geulincx », dans Nadler, Steven (ed.), *A Companion to Early Modern Philosophy*, Boston, Blackwell Publishers. 2002, p. 140-150.

BELAVAL, Yvon, *Leibniz critique de Descartes,* « Tel », Paris, Gallimard, 1960.

– (dir.) *Histoire de la philosophie,* « La Pléiade », Paris, Gallimard, 1973.

BUZON, Frédéric (de), « L'Homme et le langage chez Montaigne et Descartes », dans *Descartes et la tradition humaniste, Revue philosophique de la France et de l'étranger,* 1992, p. 451-466.

CANGUILHEM, Georges, *La Connaissance de la vie,* Paris Vrin, 1965.

– *La Formation du concept de réflexe au XVIIe siècle,* Paris, Vrin, 1977.

CHOMSKY, Noam, *Cartesian linguistics : a chapter in the history of rationalist thought,* New York, Harper & Row, 1966 ; trad. fr. *La Linguistique cartésienne,* par E. Delannoe et D. Sperber, Paris, Seuil, 1969.

CLAIR, Pierre, « Différences dans l'œuvre de G. de Cordemoy », *Recherches sur le XVIIe siècle,* 1982, p. 57-65.

— et GIRBAL, François, *Œuvres philosophiques de Gérauld de Cordemoy, avec une Étude bio-bibliographique,* édition critique, sixième volume de la collection « Le mouvement des idées au XVIIe siècle » (André Robinet dir.), Paris, P.U.F., 1968.

CLAVIER, Paul-Henri, *Géraud de Cordemoy : historien, politique et pédagogue,* thèse de doctorat soutenue en juillet 2006, Université Marc Bloch, Strasbourg.

DREYFUS, Ginette, « Le Fondement du langage dans la philosophie de Malebranche », dans *Le Langage, Actes du XIIIe congrès des Sociétés de Philosophie de Langue Française*, Neuchâtel, La Baconnière, 1966.

DEPRUN, Jean, « Cordemoy et la réforme de l'enseignement », dans *Le XVIIe siècle et l'éducation, Revue Marseille,* n° 88, 1972, p. 41-43.

FATTORI, Marta, *Introduzione a Francis Bacon*, Bari, Laterza, 1997.

– *Linguaggio e filosofia nel Seicento européo,* Firenze, Olschki, 2000.

FUMAROLI, Marc, *L'Âge de l'éloquence. Rhétorique et* "res literaria" *de la Renaissance au seuil de l'âge classique,* Genève, Droz, 1980.

FICHANT, Michel, *Science et métaphysique dans Descartes et Leibniz,* Paris, P.U.F., 1998.

GARBER, Daniel, *Descartes Metaphysical Physics,* Chicago, The University of Chicago Press, 1992 ; trad. fr. *La Physique métaphysique de Descartes* par S. Bornhausen, Paris, P.U.F., 1999.

– Descartes *Embodied. Reading Cartesian Philosophy Through Cartesian Science,* Cambridge, Cambridge University Press, 2001 ; trad. fr. O. Dubouclez*, Corps cartésiens. La Philosophie dans les sciences,* Paris, P.U.F., 2004.

— HENRY, John, LYNN, Joy and GABBEY, Alan (eds), « New Doctrines of Body and Its Power, Place, and Space », dans D. Garber and M. Ayers (eds), *The Cambridge History of Philosophy,* New York, Cambridge University Press, 1998 ; p. 553-623.

GAUKROGER, St., SCHUSTER, J., SUTTON, J. (eds), *Descartes' Natural Philosophy,* London and New York, Routledge, 2002.

GOUHIER, Henri, *La Vocation de Malebranche*, Paris, Vrin, 1926.

– *La Philosophie de Malebranche et son expérience religieuse,* Paris, Vrin, 1948.

– *Cartésianisme et Augustinisme au XVIIe siècle,* Paris, Vrin, 1978.

GREGORY, Tullio, « Studi sull'atomismo nel seicento », *Giornale Critico della Filosofia italiana,* 1966, p. 44-63.

GUERRINI, Luigi, « Occasionalismo e teoria della communicazione in Gerauld de Cordemoy », *Annali di dipartimento di filosofia*, IX, 1993 (1994), p. 63-80.

KOLESNIK-ANTOINE, Delphine (éd.), *Union et distinction de l'âme et du corps : Lectures de la Sixième Méditation,* Paris, Kimé, 1998.

– « Langage et pouvoir chez Gérauld de Cordemoy », dans P.-F. MOREAU et J. ROBELIN (dir.), *Langage et pouvoir à l'âge classique,* Besançon, Presses Universitaires Franc-Comtoises, 2000, p. 207-245.

– *L'Homme cartésien. La « force qu'a l'âme de mouvoir le corps ». Descartes, Malebranche*, Rennes, Presses Universitaires de Rennes, 2009.

LAPORTE, Jean, *Le Rationalisme de Descartes,* Paris, P.U.F., 1945.

LENNON, Thomas M., « Occasionalism and the Cartesian Metaphysic of Motion », *Canadian Journal of Philosophy,* 1974, supp. I : p. 29-40.

– *The Battle of Gods and Giants : The Legacies of Descartes and Gassendi, 1655-1715*, Princeton, Princeton University Press, 1993.

LEROY, Maxime, « Cordemoy, Le *Discours physique de la parole* et le *Bourgeois Gentilhomme* », *Bulletin de l'Académie Royale de Belgique,* 1966, p. 76-95.

– « Un précurseur méconnu de la phonétique : Cordemoy », *Actes du* Xe *Congrès des linguistes*, Bucarest, 1970, p. 307-311.

LE RU, Véronique, « La réception occasionaliste de Descartes : des Malebranchistes à l'Encyclopédie », *Recherches sur Diderot et sur l'Encyclopédie,* n° 38, avril 2005, p. 191-202.

LOJACONO, Ettore (a cura di), Gérauld de Cordemoy, *Discorso Fisico della Parola, con la Lettera a Gabriel Cossart S. J.,* Editori Riuniti, 2006 ; notes et traduction italienne, avec une introduction générale « Gérauld de Cordemoy nella cultura cartesiana e delle Accademie », et la reproduction du texte de l'édition de 1704.

MOUY, Paul, *Le développement de la physique cartésienne 1646-1712*, Paris, Vrin, 1934.

NADLER, Steven (ed.), *Causation in Early Modern Philosophy Cartesianism, occasionalism, and preestablished harmony,* Philadelphia, The Pennsylvania State University, 1993, avec son étude « The Occasionalism of Louis de La Forge », p. 57-73.

– « Occasionalism and the Mind-Body Problem », dans M. A. STEWART (ed.), *Studies in Seventeenth-Century European Philosophy,* Oxford, Clarendon Press, 1997.

– « Louis de la Forge and The Development of Occasionalism », *Journal of History of Philosophy,* 1998, p. 215-231.

– « Connaissance et causalité chez Malebranche et Geulincx », XVIIe *Siècle,* 1999, p. 335-345.

– « Malebranche on Causation », dans *The Cambridge Companion to Malebranche,* St. Nadler (ed.), Cambridge, Cambridge University Press, 2000, p. 112-138.

– *A Companion to Early Modern Philosophy,* Boston, Blackwell Publishers, 2002.

– « Cordemoy and Occasionalism », *Journal of the History of Philosophy,* 43, 2005, p. 37-54.

– Géraud de Cordemoy : *Six Discourses on the Distinction Between the Body and the Soul*, translated with an introduction by Steven Nadler, New York, Oxford University Press, 2015.

NICOLOSI, Salvatore, *Il Dualismo da Cartesio a Leibniz (Cartesio, Cordemoy, La Forge, Malebranche, Leibniz),* Venezia, Marsilio Editori S.P.A, 1987.

L'Occasionnalisme de Malebranche, XVIIe *Siècle*, n° 203, P.U.F., 1999.

PARIENTE, Jean-Claude, *L'Analyse du langage à Port-Royal,* Paris, Minuit, 1985.

PARKINSON, Georges Henry Radcliffe (ed.), *Routledge History of Philosophy,* vol. IV ; *The Renaissance and Seventeeth-century Rationalism,* New York, Routledge, 1999.

PROST, Joseph, *Essai sur l'atomisme et l'occasionalisme dans la philosophie cartésienne,* Paris, H. Paulin, 1907.

ROBINET, André, *Malebranche et Leibniz, Relations personnelles,* Paris, Vrin, 1955.

– *Système et existence dans l'œuvre de Malebranche,* Paris, Vrin, 1965.

RODIS-LEWIS, Geneviève, *L'individualité selon Descartes,* Paris, Vrin, 1950.

– *Le Problème de l'inconscient dans le cartésianisme,* Paris, Vrin, 1950.

– « Machineries et perspectives curieuses dans leur rapport avec le cartésianisme », *XVIIe siècle,* 1956, p. 461-474.

– « Un Théoricien du langage au XVIIe siècle », *Le Français moderne,* 1968, p. 19-50.

– « Descartes, Cartésiens et Anti-cartésiens français », dans *Histoire de la philosophie,* Y. Belaval (éd.), « La Pléiade », Paris, Gallimard, 1973.

– *L'Anthropologie cartésienne,* Paris, P.U.F., 1990.

ROSENFIELD, Leonora Cohen, *From Beast-Machine to Man-Machine : Animal Soul in French Letters from Descartes to La Mettre*, New York, Oxford University Press, 1940.

SCHEIB, A., *Zur Theorie individueller Substanzen bei Géraud de Cordemoy,* Frankfurt am Main, Peter Lang, 1996.

SCHMALZ, Tad M., « Descartes and Malebranche on Mind and Mind-Body Union », *Philosophical Review,* 1992, p. 281-325.

– *Radical Cartesianism. The French Reception of Descartes,* Cambridge, Cambridge University Press, 2002.

SEBBA, Gregor, *Bibliographia cartesiana,* La Haye, Martinus Nijhoff, 1964.

TABLE DES MATIÈRES

Imprimé par ISIPRINT
15 rue Francis de Pressensé
93210 La Plaine Saint-Denis

Dépôt légal : février 2016
Imprimé en France